民事信託の適正活用の考え方と実務

リスクマネジメント・倫理・登記・税務

一般社団法人民事信託推進センター◎編

発行　民事法研究会

発刊にあたって

　民事信託は、信託法（平成18年法律第108号）が施行されて15年目に入り、大きな転換期を迎えているようである。この10年間をみると、民事信託の幅広い活用に目を向け、どこまでもこれを追い求めることに終始し、適正な活用に配慮した組成がないがしろになっていたように思われる。私は、この間にも正しい信託の活用を強調してきた。

　私がいう正しい民事信託、そのあるべき姿は、法令や実務など信託の基本的ルールを遵守するのはもちろん、委託者の要望を最大限取り入れた、公序をも守られている家族のための信託だと考えている。このことに関して、少し敷衍して説明したい。

　信託は、「目的」、「物」、そして「人」で成り立っている。中心にあるのは、信託の目的だが、これをないがしろにすることは許されないのはいうまでもない。ここでいう信託の目的とは、もちろん委託者が考えている信託設定の目的であり、その根底にあるのは、「信託設定の意思」である。それは、信託という特殊な法律関係を創り上げる意思のことであるが、内容は複雑で判りづらいのも事実である。しかし、民事信託を組成する者がこれを知らないでは困る。

　ここで、大事な要件を理解するうえで必要な3つの項目をあげておきたい。その1は、信託財産の確かな信託譲渡である。登記留保という話もあるが、信託としてはアウトである。その2は、信託財産につき独立した管理がなされることだが、逃げのない分別管理ということである。いわゆるなんちゃって口座などでの金銭管理はこれに抵触しよう。その3は、家族のための民事信託を考えれば、人とのつながりが重要なので、受託者と受益者との信頼関係が確立されていることが求められていることである。これを実現するために、信託保護関係人、中でも受益者代理人の活用は不可欠なのである。

　ところで、今日、民事信託は、その組成を担う司法書士、そして弁護士など専門職に対して、法の定める法令実務精通義務を尽くした正しい民事信託の組成、そして本書のタイトルにもなっている民事信託の適正な活用が求め

られている。本書は、この民事信託の適正活用に目を向け、さまざまな視点で、信託の組成にあたる専門職の方々に示唆に富んだことがらをしっかりと提供している。特に、特異な民事信託を理解して、これを多くの人に説明責任を尽くして提供するうえで参考になるので、ぜひ読んでほしい。

　令和4年3月

弁護士　**遠藤　英嗣**

は し が き

　民事信託の適正な活用および普及をめざし、司法書士、弁護士、税理士等の専門職が中心となり執筆した『有効活用事例にみる民事信託の実務指針』（一般社団法人民事信託推進センター編・民事法研究会・平成28年）が刊行されて早6年近くが経過しました。その間、民事信託への需要は高まり、携わる専門職の役割はますます重要となってきています。また、最近のいくつかの裁判例からみてとれるように、専門職の依頼者に対する責任も質量ともに変化しています。

　本書は前掲の書籍のいわば「続編」で、読者の対象として、司法書士、弁護士、税理士等の民事信託に携わる専門職を念頭においています。この6年近くの民事信託に関する理論的または実務的な蓄積を更新するかたちで出版の機会をいただきました。

　第1章では、民事信託に携わる専門職の業務を「民事信託支援業務」と位置づけ、受任に際して潜むリスクを回避するために、また、適正な民事信託を提案するために、倫理および執務姿勢を理解することの重要性を展開しています。小見出しはあえて具体的な記載内容とし、専門職が民事信託支援業務に着手する際、目次を見れば、短時間で倫理および執務姿勢の留意点を見直すことができるように配慮しました。

　第2章では、一般社団法人民事信託士協会が主催し、今年で8回目を迎える民事信託士検定の過去の課題を題材としています。信託法上の用語の理解を深めるとともに、相談事例をどのように契約書に反映させていくのか、といった契約書作成の入口としての役割を担う章となります。

　第3章では、より実践的な事例を取り上げています（プライバシー保護のため、実際の事例の内容に修正を加えております）。さまざまな分野に拡がる民事信託の可能性をさらに高めるためには、専門職の創意工夫と創造力が不可欠です。さまざまな事例に触れ、自分の引き出しを多くもつことは、依頼者の個別具体的な要望に対し、適正な民事信託を提案することにつながります。

　第4章は、Q&A方式で、民事信託と親和性が高い成年後見制度等の他の制度と民事信託との併用または比較に関する論点および実務において検討が

必要となる場面が少なくない論点などを取り上げました。有意義ですが、実務上、明確な正解がない論点もありますので注意が必要です。

　民事信託支援業務に携わる専門職に求められるのは、民事信託に関する倫理を踏まえた執務姿勢の習得とその継続、そして、常に民事信託に関する動向に注目し、アップデートしていく心構えだと思います。

　本書はそのような目的にかなう内容であると自負します。民事信託支援業務に携わる専門職の方々の必携の書となれば幸いです。

　最後になりますが、本書を出版するにあたり、さまざまなご支援、アドバイス等をいただきました民事法研究会の南伸太郎氏をはじめとする関係各位に心から御礼申し上げます。

　令和4年3月

一般社団法人民事信託推進センター代表理事　森　登規雄
一般社団法人民事信託士協会代表理事　押井　崇

『民事信託の適正活用の考え方と実務』

◎目　　次◎

第1章　民事信託の適正活用に向けて

Ⅲ　民事信託における登記実務　　　　　　　／30

第2章　民事信託の適正活用の考え方
～民事信託士検定の事例を素材に

Ｉ　福祉型信託　　　　　　　　　　　　　　　　　　　　　　／94

第3章　民事信託の適正活用の実践
～民事信託士による実践例を素材に

第4章　民事信託の適正活用の 論点Q＆A

I　信託組成に関する論点　／184

Ⅱ　信託条項に関する論点　　　　　　　　　　　　　　　／203

第 1 章

民事信託の
適正活用に向けて

Ⅰ　民事信託に関する裁判例等の分析からみる リスクマネジメント

　近時、残念ながら、民事信託をめぐる裁判トラブル等が生じている。そこ
で、まず本項では、民事信託をめぐる裁判例等の事例を取り上げて、これら
の事例から民事信託支援業務（本章Ⅱ1参照）の担い手である専門職が信託
の紛争予防・適正活用のために押さえておくべき次の①～⑦の7つのポイン
トを検討する。

　①　委託者の意思能力・信託設定意思、委託者への説明に問題はないか[1]、
　　委託者は信託を理解しているか（詐欺・錯誤）[2]、依頼者は誰か

　②　新受託者に問題はないか[3]

　③　成年後見制度の潜脱とならないか（業務上横領罪・背任罪の共犯）[4]

　④　遺留分への配慮に問題はないか[5]

　⑤　受託者による受益者への金銭給付に問題はないか[6]

　⑥　受益者間の公平に問題はないか[7]

　⑦　信託終了の落とし穴に落ちていないか（撤回不能型の信託、目的達成
　　不能となった信託）[8]

1　意思能力につき東京地判平成30・9・12金法2104号78頁がある。信託設定意思につき信託の
　成立が争点となったものとして広島地判平成5・7・15金法1386号82頁〔不成立〕、東京地判平
　成31・1・25Westlaw Japan（文献番号2019WLJPCA01258009）〔成立〕、通謀虚偽表示が争点
　となったものとして名古屋高金沢支判平成23・4・27TKC（LEX/DB25502526）〔無効〕があ
　る。委託者への説明につき東京地判令和3・9・17家判35号134頁がある。

2　詐欺・錯誤につき東京地判平成30・10・23金法2122号85頁、前掲（注1）東京地判平成31・
　1・25、東京地判令和2・12・24Westlaw Japan（文献番号2020WLJPCA12248026）がある。

3　新受託者につき東京地判令和3・3・24Westlaw Japan（文献番号2021WLJPCA03246014）
　がある。

4　成年後見制度の潜脱につき平成27・1・29広島法務局長懲戒事例（月報司法書士518号（2015
　年）114頁）がある。

5　遺留分制度の潜脱につき前掲（注1）東京地判平成30・9・12がある。

6　受託者による受益者への金銭給付につき前掲（注2）東京地判令和2・12・24がある。

7　受益者間の公平につき Dennis v. Rhode Island Hospital Trust Co., 744 F.2d 893（5th Cir.
　1984）（佐久間毅『信託法をひもとく』（2019年・商事法務）120頁注76）がある。

1 委託者の意思能力・信託設定意思、委託者への説明に問題はないか

⑴ 意思能力の存在と公正証書

遺言能力をめぐる紛争と同様、信託設定においても、委託者の意思能力が問題となりうる。実際に、裁判例においてもこの点が争点となった事例がある[9]。

意思能力に関する紛争化リスクの可及的回避の意味でも、公正証書により信託契約書等を作成し、公証人による意思確認を行っておくべきである。その意味で、公正証書の作成は、代理人ではなく、委託者本人に作成の嘱託をさせるべきである。

公証人の意思確認にさえ耐えられないようであれば、成年後見制度の利用場面とすべきである。これが不可能であるにもかかわらず信託設定を行うことは事後的な紛争を招きかねず、不適切である。なお、具体的な専門職の対応については第4章ⅠQ2を参照されたい。

⑵ 信託設定意思の確認・事前説明と信託設定後の支援

委託者が信託契約書の内容を理解していなかったとして、信託の成立が争点となった裁判例がある[10]。この事例では、弁護士の作成したメモに基づいた事前説明や公正証書化した等の事情を前提に、信託契約の成立は認められている。

しかし、信託設定の外形のみを作出したにすぎないケースにおいては、信託契約の不成立ないし通謀虚偽表示無効の判断がなされている[11]。したがって、前述のように、事前説明を前提に、十分な意思確認、そして、設定後も信託財産としてあるべき管理が適切に行われるよう、信託登記、信託口口座開設および入金確認等、信託の設定後の支援が極めて重要となる。なお、あるべき具体的な説明内容については第4章ⅠQ10・Q11を参照されたい。

---

8 撤回不能型の信託として前掲（注2）東京地判平成30・10・23がある。目的達成不能となった信託として東京高判平成28・10・19判時2325号41頁がある。

9 前掲（注1）東京地判平成30・9・12参照。

10 前掲（注1）東京地判平成31・1・25参照。

11 信託不成立とされた前掲（注1）広島地判平成5・7・15、通謀虚偽表示として無効とされた前掲（注1）名古屋高金沢支判平成23・4・27参照。

　この点について、近時、信託契約に関する契約書の案文の作成、公正証書の作成手続の補助、不動産信託登記の申請手続の代理、受託者名義の預金口座開設の支援等の委任を受けた司法書士に、情報提供義務およびリスク説明義務違反があるとされた裁判例が出された[12]。

　本判決では、信託内融資および信託口口座（狭義）の開設不可リスクに関する判断ではあるものの、日本司法書士会連合会や一般社団法人民事信託推進センターの活動等を認定したうえで、「司法書士は、報酬を得て民事信託の支援等の業務……を受任する旨の委任契約を締結するに先立ち、当該業務を委任することを検討している者の民事信託の利用目的、民事信託に関する知識や経験の有無及び程度等の諸事情次第では、当該者に対し、信義則に基づき、当該業務に関し、必要な情報収集、調査等を行い、十分かつ適切な情報を提供すべき義務を負うことがあるものと解される」と判断されている。

　本判決は、民事信託に対する「専門家」の関与のあり方を議論するうえで、極めて重要な意義を有する裁判例である[13]。

┌─ コラム　1　司法書士による民事信託支援業務の法的根拠 ─┐

〔民事信託支援業務〕

　民事信託は、委託者、受託者、受益者を信託当事者とする複雑な様相を呈しているが、信託の目的（委託者の意思）に沿って、受益者を保護し、信託維持のために支援するという視点から、信託設定から期間中、終了まで支援することが民事信託支援業務だと考える。

〔法1条の改正（使命規定の新設）〕

（司法書士の使命）

第1条　司法書士は、この法律の定めるところによりその業務とする登記、供託、訴訟その他の法律事務の専門家として、国民の権利を擁護し、もつて自由かつ公正な社会の形成に寄与することを使命とする。

　近時における民事信託の設定における支援を業とする司法書士法の根拠については、司法書士法（以下、「法」という）29条で委任する司法書士法施行規

12　前掲（注1）東京地判令和3・9・17。
13　遠藤英嗣『家族信託の実務　信託の変更と実務裁判例』（2021年・日本加除出版）。

4

則31条を根拠にするのではなく、法3条を根拠として認められるとする見解（渋谷陽一郎『民事信託の実務と書式〔第2版〕』（2020年・民事法研究会）457頁以下）や、双方の見解ともに否定的な見解（金森健一「司法書士による民事信託（設定）支援業務の法的根拠について」駿河台法学34巻2号（2021年）19頁以下）があるが、令和元年法律第29号による法改正における法1条新設にあたり、司法書士は、現行の社会経済情勢の変化を背景に、登記・供託や訴訟の分野にとどまらず、「成年後見業務、財産管理業務、民事信託業務等を担う場面も大きく増加[14]」しており、その専門性を発揮する場面は著しく拡大してきていることを踏まえ、法律事務の専門家として国民の権利を擁護すべく使命が規定されたものである。旧法1条に定められていた、従来の狭い分野に限らない、より広い司法書士法の定める業務として、まさに、民事信託支援業務は司法書士が期待される業務である。

〔法1条において確認された規則31条業務と民事信託支援業務〕

（司法書士法人の業務の範囲）

第31条　法第29条第1項第1号の法務省令で定める業務は、次の各号に掲げるものとする。

　一　当事者その他関係人の依頼又は官公署の委嘱により、管財人、管理人その他これらに類する地位に就き、他人の事業の経営、他人の財産の管理若しくは処分を行う業務又はこれらの業務を行う者を代理し、若しくは補助する業務

　二　当事者その他関係人の依頼又は官公署の委嘱により、後見人、保佐人、補助人、監督委員その他これらに類する地位に就き、他人の法律行為について、代理、同意若しくは取消しを行う業務又はこれらの業務を行う者を監督する業務

　三・四　（略）

　五　法第3条第1項第1号から第5号まで及び前各号に掲げる業務に附帯し、又は密接に関連する業務

　上記のとおり、法1条新設の検討にあたり、司法書士に期待される業務として、「成年後見業務、財産管理業務、民事信託業務」が列挙されていたが、これは旧法1条が定めていた法3条以外の根拠規定に基づく業務で（七戸克彦「司法書士の業務範囲(1)総論(1)司法書士の業際問題の現在」市民と法98号

14　村松秀樹ほか「司法書士法及び土地家屋調査士法の一部を改正する法律の解説」登記研究863号（2020年）23頁。

（2016年）4頁）、かつ、例示列挙された業務内容からすると司法書士法施行規
則31条に基づく附帯業務（いわゆる「規則31条業務」）として行う財産管理業
務等が1条で確認されたものと考えられる。

　しかし、受託者として財産を管理・処分するのではなく（信託業法により認
められていない）、支援者としてかかわるため、規則31条業務の典型例とされ
る遺産整理業務と性格は異なるが、社会経済状況の変化を背景に、これまで以
上に法律事務の専門家として、職責を果たしていくことが求められる。

　具体的には、もっぱら利殖を目的とするものではない信託において、信託設
定時には、1号を根拠として信託契約書等を作成し、期間中には、1号および
2号を根拠として信託監督人、受益者代理人、指図人等の地位に就いたり、継
続的な相談業務として法務顧問契約を結ぶことなどの権限が認められる。ただ
し、当事者間や相談等において利害対立が顕著となり紛争性を帯びてきた場合
には、弁護士法との関係で業務範囲外となるため、注意する必要がある。なお、
弁護士法30条の5の弁護士法人の業務として、法務省令である弁護士法人及び
外国法事務弁護士法人の業務及び会計等に関する規則1条に規定しているが、
その1号・2号には、司法書士法施行規則31条1号・2号と同様の条文が規定
されている。

　一般社団法人民事信託推進センターとしては、役員の多くが司法書士である
以上、法的根拠論を蔑ろにせず、さらに検討を深め、見解を公開していく。

〔山﨑芳乃〕

(3)　委託者は信託を理解しているか、依頼者は誰か

　信託設定に関して、詐欺・錯誤があったとの主張がなされた裁判例がある[15]。
結論としては、いずれも事前説明等を前提とした委託者の理解があった等と
認定され、当該主張は排斥されている。特に、専門職による委託者への説明
が多数回あったこと等を認定したうえで、信託の有効性を維持する判断がな
されている裁判例には留意が必要である[16]。

　信託設定支援に関与する専門職としては、常に、依頼者は誰かを意識する
ことが重要である。

15　前掲（注2）東京地判平成30・10・23、前掲（注1）東京地判平成31・1・25、前掲（注2）
　　東京地判令和2・12・24参照。
16　前掲（注2）東京地判令和2・12・24参照。

　ここで、専門職による遺言書の作成支援については、依頼者が遺言者であることに争いはないであろう。そうすると、自身の財産についての管理と承継を定める遺言代用信託においても、委託者こそが依頼者と考えるのが自然ではないか。

　これを前提とすれば、受託者の意向ではなく、あくまで委託者の意向を十分に確認し、その想いを実現できるよう、信託設定支援に携わるべきである。

2　新受託者に問題はないか

　受託者が不幸にも当初受益者より先に亡くなってしまうケースもありうる。そこで、新受託者の指定が重要であることは、すでに広く知られているところである。

　では、指定された者が信託を引き受けなかった場合、どうなるのか。この点、近時、遺言信託の受託者となるべき者として指定された者が信託の引受けをしなかったとして、信託法6条1項に基づき遺言信託の受託者の選任を裁判所に求めた事例がある[17]。

　裁判所は、一般社団法人信託協会から受託者の候補となりうる者として2社の推薦を受けた。しかし、1社は、管理型の信託会社であり指図人がいない限り受託者として引き受けることができないとして辞退し、もう1社は当該遺言信託の内容に合った不動産管理信託として受託することは困難であるとして辞退した。

　この事例では、親族の受託者候補者を別途推薦できたため同人が選任されたが、それでも遺言者死亡から1年経過間際の受託者選任決定であり、受託者不在1年継続による信託終了（信託法163条3号）との関係も考えると、現実的に信託行為に定めた新受託者が就任するのか、意向確認および事前説明の実施が極めて重要といえよう。

17　前掲（注3）東京地決令和3・3・24参照。

3　成年後見制度の潜脱とならないか

受託者が成年後見制度を潜脱して違法行為を行うであろうことを知りながら信託という法形式を教示・設定支援をすれば、業務上横領罪や、背任罪の共犯にもなりかねない[18]。

このような事態を回避するためにも、①受託者の適格性を踏まえた信託設定自体の適否の慎重な検討や、②必要に応じた受益者保護関係人制度（1つの例として次の表のように整理できる）の活用も視野に入れつつ、組成支援を行うことが大切である（詳細については本章Ⅱコラム2を参照）。

委託者	信託行為の当事者	信託の当事者	信託関係人
受託者			
受益者			
信託管理人	受益者保護関係人		
信託監督人			
受益者代理人			
その他関係する者として、信託事務代行者、指図権者、受益者指定権者、同意・承諾権者などがある。			

4　遺留分への配慮に問題はないか

遺留分潜脱型の信託設定は、信託自体が公序良俗違反として無効となりかねないなど、トラブルのリスクがある[19]。

そこで、可及的に、①遺留分権利者にも実質的利益を与えることに努め、②万が一、委託者意向からしてやむを得ない場合にも、遺言の併用や生命保険の活用等により、遺留分侵害額請求に対応できる金銭給付を手当てするなど、相続全体の支援も視野に入れて助言を行うべきであろう。

18　関与士業が刑事事件として立件され、懲戒処分となった事例として前掲（注4）平成27・1・29広島法務局長懲戒事例参照。

19　前掲（注1）東京地判平成30・9・12参照。

5　受託者による受益者への金銭給付に問題はないか

　受益者に受益させない信託契約内容、すなわち、信託財産（収益不動産）の余剰収益をすべて受益者に渡して自由な使用を許す内容になっていない等として、公序良俗に反し無効との主張がなされた裁判例がある[20]。

　この事例では、信託する必要性の存在、受託者報酬の上限設定、「受託者が相当と認める額」を支払う旨の規定についても給付額の減少に制約を設けていたこと等を前提に、信託契約が公序良俗に反するものであるということはできないとされた。

　もとより、受託者を信頼して信託設定することが前提ではあるものの、①可能な限り給付条項の具体化ないし少なくとも給付額の減少に制約を設けるか、②必要に応じた受益者保護関係人制度の活用をすることが重要である。

6　受益者間の公平に問題はないか

　受益者が2人以上ある信託においては、受託者は、受益者のために公平にその職務を行わなければならない（信託法33条。公平義務）。これが問題となったアメリカの裁判例がある[21]。

　簡略化した概要としては、遺言により賃貸用ビルが信託され、70年以上の信託継続中、第一次受益者は賃貸収益を受け取っていた。しかし、第一次受益者が死亡し第二次受益者が受益権（第一次受益者死亡時に残存する信託財産交付）を取得したときには、同ビルの評価額は大幅に下落していた。判決では、ビルの売却権限を与えられていた受託者について、ある時点以降は不公平に行為したとして、第二次受益者への賠償を命じられた。

　アメリカでの議論だけでなく、今後日本においても、公平義務の問題が重視される可能性がある[22]。当然、受託者は結果責任を負うわけではなく、「公平」の判断は受託者の裁量権の逸脱の有無によることとなる。この限界（受託者は複数受益者をどのように扱うべきか）について、信託の目的と信託行為

20　前掲（注2）東京地判令和2・12・24参照。

21　佐久間・前掲（注7）120頁注76参照。

22　樋口範雄『入門　信託と信託法〔第2版〕』（2014年・弘文堂）201頁～205頁。

の定めにおいて、できるだけ明確にしておくことが重要である。また、その後も、受託者は、受益者をはじめとした信託の関係者に対し連絡をとりつつ、行為決定のプロセスや結果について適切に開示するなどの対応を通じ、意思疎通に配意することが必要であろう。[23]

7　信託終了の落とし穴に落ちていないか

(1)　撤回不能型の信託

　裁判例として、信託設定後、委託者が信託終了を希望したにもかかわらず、委託者兼受益者が単独で信託終了できる信託法164条1項に優先する、受託者との合意がなければ終了させられない趣旨の同条3項の「別段の定め」[24]が信託行為に規定されていたと解され、委託者による単独終了がかなわなかった事例がある。[25]

　いわゆる撤回不能型の信託は、確かに、受託者（多くは帰属権利者となる者）の地位の安定の観点からは有用である。

　しかし、その反面、委託者の意向変更には対応できないことになる。そもそも、遺言であれば、いつでも撤回可能である。これは、一度決めた財産承継であっても、再考することは当然ありうる以上、遺言代用信託においても、後戻りの余地を残しておくことが基本ではないか。

　そこで、仮に、財産承継者の地位の安定等の要請がある事例において撤回不能信託とするのであれば、委託者が、撤回不能信託の意味内容を本当に理解しているのか、十分に意向確認を行ったうえで、二義を許さぬよう「信託法164条1項の規定にかかわらず」と明記しておくなど、信託行為の規定趣旨を明確化しておくことが大切である。

(2)　目的達成不能となった信託

　遺言信託が設定されたものの、受益権放棄があったこと等を理由として、信託の目的達成不能終了（信託法163条1号）と解釈された裁判例がある。[26]

23　田中和明編著『信託の80の難問に挑戦します！』（2021年・日本加除出版）62頁参照。

24　なお、この限界を指摘するものとして、金森健一「信託行為の別段の定めに限界はないのか？──『本信託は、委託者兼受益者と受託者との合意によって（のみ）終了させることができる』を題材に〜『民事信託』実務の諸問題(4)」駿河台法学34巻1号（2020年）1頁以下参照。

25　前掲（注1）東京地判平成30・10・23参照。

　この点、受益権を放棄する権利（信託法99条１項）は、信託行為の定めにより制限することができない（同法92条17号）。そこで、委託者意思の実現のためには、受益者にも十分説明を行っておくほか、受益者に放棄されないよう、受益権を取得するインセンティブをもたせておく設計が必要であろう。

8　小括——トラブル回避・適正な活用に向けて

　以上のとおり、まず、大前提として、何でも信託を選択するということではなく、個々の事案に応じて、他の制度との適正な使い分けを行っていくことが大切である。

　また、信託を選択する場合においても、その支援に携わる専門職としては、委託者の意思確認、委託者への十分な説明、監督機能の導入検討等、信託の健全かつ適正な活用[27]を実現すべきである。

　そして、これを実現するためには、法務、税務、登記の各専門職との連携が不可欠であり、この連携における議論を重ね、よりよき適正な信託の活用をめざしていくことが重要と考える。

　そこで本書は、第２章以下において、「信託の健全かつ適正な活用の実現」のためには「他の制度との使い分け」＋「委託者の意思確認」＋「監督機能の導入」＋「各専門職との連携」が不可欠であることを解説するものである。

26　前掲（注８）東京高判平成28・10・19参照。
27　なお、詐害信託事例の存在にも留意すべきである（札幌地判令和２・10・30Westlaw Japan（文献番号2020WLJPCA10306003）ほか）。そのほか、信託口口座と差押えに関する東京地判平成24・６・15判時2166号73頁については、第４章Ⅱ Q８参照。

Ⅱ　民事信託支援業務に臨む実践的倫理

1　民事信託支援業務の内容

　信託業法の適用を受けない民事信託に関して、当事者の依頼により、以下のような業務が考えられるが、そもそも受託者として管理等を行うものではない（本章Ⅱコラム5参照）。

　数年前までは、民事信託支援業務のイメージは、スキーム構築・契約書作成に関与することのみに目を向けられていたが、現在では受益者のための財産管理として支援していくことが民事信託支援業務のあるべき姿として考えられるようになっている。

　長期にわたる財産管理支援について、企画制作にあたっては、何のために使うのか、合理的に説明できない信託の制作には手を貸さない、つくらないということが鉄則である。

　執行逸脱や財産隠蔽のような違法・脱法目的な相談に対しては、誘惑・脅迫に負けない精神力・倫理力が専門家には必須であると強く訴えたい。

　また、信託設定後の関与として信託関係人に就任することについても検討が必要で、次の①～④の内容を民事信託支援業務としてとらえている。ただし、渋谷陽一郎氏が提唱する[28]「法律判断権」と「信託維持の支援」や「信託の見守り」という視点からこの民事信託支援業務に関し、双方受任の中立的業務等がどこまで可能なのかについては今後も引き続き検討が必要である。

　①　民事信託に関する相談・スキーム構築

　　ⓐ　受益者の財産管理・処分のため

　　ⓑ　委託者の財産承継のため

　②　信託契約書案・遺言書案の作成

　③　信託開始後の受託者支援（個別の相談・助言、顧問、信託法28条によ

28　渋谷陽一郎『民事信託の実務と書式〔第2版〕』（2020年・民事法研究会）。

る信託事務代行者等）

④　信託開始後の受益者支援（個別の相談・助言、信託監督人・受益者代理人への就任、任意後見受任者等）

2　民事信託支援業務は成年後見業務をベースに行う

成年後見業務は、財産管理と身上保護のために本人から預貯金通帳、保険証、不動産権利証等を預かり、本人の権利擁護と日常生活の支援を行うものである。

実務においては、適正な財産管理の手法、民法858条の本人意思尊重義務や身上配慮義務、善管注意義務、利益相反、家庭裁判所への報告、医師や介護関係者との連携の方法等を学んできた。

信託業法上、民事信託支援業務では、専門職が受託者として報酬を得て財産を預かることはないが、相談や信託スキーム構築の業務等によって間接的に財産管理にかかわることになることから、成年後見業務の知識と経験は民事信託支援業務のベースとなるのである。

3　従来の財産管理業務とは異質であることを理解して臨む

民事信託支援業務に臨むにあたり、従来の成年後見業務等の財産管理業務をベースとすることは必要だが、さらに次の①～⑥の点で異質であることに注意しなければならない。

①　委託者・受託者・受益者が登場し、三者による主体的協力によりしくみが制作されること

②　信託法制、相続・遺言制度、成年後見制度、税制度の4つの知識が必要であること

③　よい実務書が少なく、不適切な説明も散見されるため、取捨選択する判断力が必要であること

④　判例が少ないこと[29]

⑤　相談者は民事信託を知らない、または誤解していることが多いこと

29　遺留分侵害額請求の回避を目的とした信託は無効であるとする前掲（注1）東京地判平成30・9・12は、倫理を考えるうえでリーディングケースとなるものである。

⑥　個別事情による設定となるため、手間暇がかかること

　信託条項の雛型が掲載されている実務書も増えているが、個別事情を確認していくと、雛型の全条項がそのままあてはまるということはまずない。民事信託はオーダーメイドだといわれるゆえんである。その点を十分踏まえて臨む必要がある。

　コラム　2　民事信託は他の財産管理制度の抜け道制度ではない

　専門職のウェブサイトやセミナーにおいて、時折、成年後見制度の利用を避けることや、所有権移転・信託登記の留保など、その提案内容が、「○○はしなくてよい」という他の制度の抜け道や逃げ道を強調する内容のものを見かけることがある。

　最近は、このような専門職の勧めで民事信託を設定した受益者や受託者から、受益債権の給付や信託財産の処分において「こんなはずではなかった」という相談が増えている。

　抜け道を強調することなどは専門職もまた、民事信託を十分理解していないまたは誤解している節がみられる。

　設定に関与した専門職への相談では、連絡したが「時間がかかる」ことなどを理由として相談に応じてもらえず、仕方なく別の専門職に相談したそうである。

　このような「契約書の作成まではおいしいけれど、その後の支援は面倒くさいからかかわりたくない」とする専門職も報告されている。間違っても信託契約書を高額な報酬で作成し、その後は関与しないという執務姿勢であってはならない。

4　専門職同士の協力関係が必要

　民事信託支援業務に関する情報については、いまだ限られているため、孤立し独善的になるおそれがあることを理解しなければならない。

　1人の力では限界があり、ネットワーク能力とコミュニケーション能力が求められ、最新の実務情報に関心を示さなければならない。時には第三者の検証（リーガルチェック）を積極的に求めることも必要である。

14

5　民事信託支援業務の担い手となるための執務姿勢

⑴　**相談内容により、従来の財産管理制度を利用することで、十分にその目的・希望が達成できるものについてまで、無理に民事信託を勧めるべきではない**

信託の活用が適している事案であるか否かを、次の①〜④の項目で見極めることが重要である。

① 遺言や生前贈与を活用できないか

② 任意後見を利用することで目的を達成できないか

③ 任意後見と民事信託の組合せを考える必要はないか

④ 財産を「移転」することを委託者は納得しているか

⑵　**委託者の意思を尊重する**

委託者の意思を無視した民事信託の設定は、いずれ破綻し、撤回を余儀なくされ、その責任は組成に関与した専門職にも及ぶということを理解する必要がある。

特に、委託者の意思の尊重にあたって注意を要するのは次の①〜③の点である。

① 受託者、推定相続人、利害関係人などの言い分や願望をそのまま契約に盛り込んではならない、それらに左右されてはならない

② 受託者候補者の意見に対して、委託者は「嫌だ」と言えず、言いなりになってしまい、事実上対等でない関係にあることが多い

③ 委託者のほか、新受託者にも面談し、その意思を尊重する

⑶　**信託はすべて受益者のためにある**

信託はすべて受益者のためにあるという視点から、次の①〜⑤の点を確認しておきたい。

① 信託設定をすれば、委託者は「蚊帳の外」におかれ、信託設定後の主体は受益者となることに注意する

② 信託は、一定の目的に従い「財産の管理又は処分及びその他の当該目的の達成のために必要な行為」（信託法2条1項）を行うが、これは、究極には、受益者の利益をかなえるための制度である

③　受益者となるべき者として指定された者（信託法88条1項）は、受益権を取得したことを知らないことも多い。税務上は受益者課税とされているので、受益者となるべき者として指定された者が受益者となる時点で、その旨を知らせるべきである

④　当初受益者だけではなく、次順位以下の受益者の生活状況にも目を向ける

⑤　受益者保護関係人の活用や成年後見制度の併用を視野に入れる

(4)　信託関係人の判断能力のレベルに目を向ける

委託者、受益者、受託者、信託監督人等の判断能力は月日の経過とともに変化するということを常に意識し、成年後見制度で得た経験を活かし、時には、医師の「診断書」や長谷川式認知症スケールなどの活用も視野に入れることが必要である。

たとえば、次の①～③の点が考えられる。

①　委託者の判断能力が低下していれば、信託契約は締結できず、委託者に成年後見人等が就任しても信託を利用することは容易ではない

②　受託者の判断能力が低下していれば、信託事務遂行能力は不十分となることから、信託契約において任務終了事由を明確に定めておく必要がある

③　受益者の判断能力が低下していれば、受益債権の受給能力、受益権を行使する能力不十分となり、成年後見人等による支援が必要となる

なお、③について受益者が判断能力を喪失した場合、受益者に成年後見人を選任せず、受益者代理人に成年後見人と同等の役割を果たすことが可能なのか。受益者代理人には「身上保護」機能がないことから同等の役割を果たすことを期待することはできない。

(5)　親族受託者を希望するケースであっても法人受託者も視野に入れて検討する

事案に応じて、よりふさわしい受託者を検討することは重要であり、ふさわしい受託者がいない場合は、無理に家族を受託者として決めたり、頼むようなことはしてはならない。

　　⑺　親族受託者の問題点と解決策

　民事信託を難しくする最大の要因は、受託者の給源をほぼ親族に頼っている点である。2019年度の第21回弁護士業務改革シンポジウム第10分科会（民事信託の実務的課題と弁護士業務）のアンケートによれば、委託者の家族が受託者となっているものが91％であり、その他（一般社団法人、委託者の友人、信託会社等）が９％とされている。家族という区分けをしているが、親族も含まれていると考えられ、そうなると受託者のほとんどが親族で占められている実態が明らかになった貴重な資料である。

　このように親族という極めて薄い層から受託者を選ぶというしくみ（宿命）から、無理をした結果、不適格受託者を選ぶ傾向にあり、不正行為や利益相反等のリスクが指摘されている。たとえば、①信託財産たる居住用不動産に受託者家族が住む、②信託監督人に受託者の長女を選任する、③未成年者を後継受託者にする、などである。

　この解決策として、第一に信託設定にかかわった専門職は契約書作成だけでなく民事信託支援業務として信託監督人、受益者代理人、信託事務代行者に就いたり、信託受託者の法律顧問のような役割に就くことで、信託全体を最後まで最大限サポートしていくことである。

　なお、現在、一般社団法人民事信託士協会（本章Ⅱコラム６参照）が取り組んでいる福祉型信託普及のための「ふくし信託株式会社」が設立されれば、受託者の選択肢が増え、解決策の１つとなろう（本章Ⅱコラム７参照）。

　　⑻　信託とはいえない「身内の財産管理」の特徴

　受託者として登場するのは、多くは委託者の子や配偶者であり、全員が素人である。信託を利用した経験もない人がほとんどで、仮に信託を知っていてもテレビ・雑誌等で、「成年後見より使いやすい」と誤解して相談に来る人もいる。

　大抵の高齢な親は、老後や認知症などの不安から財産管理を誰かに任せたい、子に頼りたいという気持が強くなる。子に能力があるのか否か、託して大丈夫なのかの警戒心も薄れる。

　そして、そこでつくられる信託契約書は、「なるべく簡単に」、「受託者に負担がないように」、「何でも受託者が自由にできるように」、「他人が入らぬ

ように」と、双方の希望を限りなく取り入れたものができ上がってくることになる。

　新井誠教授はそれを「身内の財産管理」と名づけ、「民事信託を普及させるために、個人、特に親族が受託者となる必要があるとの見解は妥当ではない。受託者像が親族・個人から専門家・法人へと変遷してきた、イギリスのヴィクトリア朝時代の歴史を踏まえるべきである。また2007年のフランス民法上の信託も受託者を法人に限定していることは注目に値しよう。親族・個人は、現代社会における複雑な財産管理を受託者として担うノウハウを通常有していないのである。それにも拘わらず、受託者の義務を緩和して親族・個人を受託者に就職させようとすれば、それは『身内の財産管理』に過ぎず、信託制度の否定に他ならない[30]」としている。

　　㋒　信託の目的が曖昧である

　信託の目的は、受託者が信託事務遂行の指針となるよう具体化すべき一定の事項であり、当該目的の実現可能性、社会的妥当性がなければならない。しかし、条項例①、②、③のように単に希望や動機が述べてあるだけで、曖昧で抽象的な表現にとどまっている契約条項がみられる。受益者の日常生活の支援や福祉の配慮より財産の運用や処分へ目が向いてしまっている。

条項例①
第○条　良き人生を全うするために老後の支援を甥に託したい。
条項例②
第○条　委託者Sは、祭祀を承継する二男において、その子孫を中心として管理・運用することにより、末永くS家が繁栄することを望む。
条項例③
第○条　受託者は、受益者が健康で文化的な生活を送るために必要な財産的給付を行い、その生活を支援するため（以下省略）。

　　㋓　分別管理が緩和されている

　分別管理（信託法34条）は、信託の根幹であるが、任意法規化され、「誰の財産か」の区別が曖昧となっている。

30　新井誠『信託法〔第4版〕』（2014年・有斐閣）534頁～535頁。

条項例①

第○条（専用の口座）

⑴　本信託金銭は、受託者固有の財産を管理する金融機関の口座とは別の当
　　該金銭を管理する専用の口座に預金し、その計算を明らかにする方法によ
　　り管理する。

条項例②

第○条

⑴　本信託不動産については、本契約後速やかに当初委託者と当初受託者に
　　より本信託に基づく所有権移転登記及び信託の登記手続を行うものとする。
　　なお、受託者の判断により、前項の所有権移転登記を一定期間留保するこ
　　とができる。

　条項例①については、明確に「信託口口座」と記載していないので、委託
者または受託者の「専用の口座」すなわち「受託者固有預金口座」や「屋号
口座」を新たに作成することも可能である。筆者は、「委託者が死亡したら
専用口座が凍結されてしまい困っている」という相談を受けたことがあるが、
本当に信託口口座なのか「信託もどき口座」なのかを確認する必要がある。

　条項例②については、受託者は、信託法上の強行法規である信託法34条の
分別管理義務に違反し、さらに善管注意義務にも違反するおそれがある。仮
に、司法書士がそれを助言・指導するならば、違法行為の助長として司法書
士法並びに司法書士倫理等の懲戒規程に抵触すると考えられる[31]。

　　㋔　利益相反等の事前承認が許容されている

　親子の関係から、利益相反等を可能な限り許容していることが特徴である。

　この条項例は「受益者の利益」であるはずが、「受託者ないしその関係法
人の利益」と逆転しており、これでは親は「子の言いなり」ではないか、真
に信託の契約意思があったか否かを問われかねない。

31　佐藤純通「民事信託契約書作成支援に当たり登記実務の専門家として留意すべき点」信託
　　フォーラム12号（2019年）35頁〜39頁、渋谷陽一郎「民事信託における『信託の登記』の作法」
　　信託フォーラム14号（2020年）39頁〜47頁。

> **条項例①**
> **第○条**　委託者は、本信託不動産について、受託者が適切と認める時期、方法、条件により、受託者の親族が代表である法人に売却をし、又は同法人が負う債務の担保として、本信託不動産に抵当権を設定することを承認する。
> **条項例②**
> **第○条**　委託者は、本信託不動産について、本信託の目的に照らし相当と認めるときは、受託者の親族が役員である法人に使用賃貸することをあらかじめ承認する。

　　(カ)　**報告義務が緩和されている**

　帳簿作成は義務であるが（信託法37条1項）、報告は「報告を求めることができる」（同法36条）とあって信託行為に別段の定めがあるときは、その定めるところによると任意法規化された（同法37条3項）。したがって、受益者から報告を求められたときにすればよいという解釈が成り立つ。

> **条項例①**
> **第○条**
> ⑴　受託者は、受益者から報告を求められたときは速やかに求められた事項を報告するものとする。その方法は、本信託の目的に照らし、受託者が適切と判断する方法で行うものとする。
> **条項例②**
> **第○条（受託者の義務）**
> 　受託者は、本信託財産に係る帳簿、貸借対照表その他法務省令に定める書類を作成しなければならない。ただし、委託者は、委託者が受益者である場合、又は信託が終了した場合における信託終了直前の受益者等が帰属権利者となる場合には、本項記載の書類の作成を要しないことをあらかじめ許可する。

　条項例①についての問題は、報告の方法が曖昧で口頭での報告も可能のように思える。

　条項例②については、帳簿作成の義務を免除または軽減すること、たとえ委託者が許容しても不可である。

(キ)　自己執行義務が大幅に緩和されている

　委託者は、能力的かつ人格的にみて、その信託事務を任せる最もふさわしい親族を受託者に選任したはずである。しかるに、自ら執行せずに第三者に全部の事務を委ねてしまうことは、信託の本質を歪めるものといわざるを得ない。さらに、この条項例は、利益相反の許容という問題を含むうえ、受託者が関係する法人の営業行為として有償（額は不明）としている。

> **条項例**
> **第○条**　委託者は、本信託不動産について、受託者が役員である法人を信託法28条・35条が定める信託事務処理代行者として、その事務処理全般（修繕・家賃等の受領、賃貸借契約の更新等）を有償で行わせることを承認する。
> 　費用に関しては、受益者の経済状況及び不動産市場等一切の事情を考慮したうえで適正に定めるものとする。

(ク)　第三者の介入が回避されている

　信託法は、受益者保護のため、信託監督人等の信託関係人をおいているが、「身内の財産管理」にあっては、なるべく他人を入れず「親子水入らず」の関係を維持したがる傾向が強い。専門職としては、受益者利益を守るために助言するのだが、「監督の必要がない」、「なるべく簡単にしてほしい」と聞き入れてもらえないこともある。残念ではあるが、当事者の意向である条項例①も尊重するしかない。

　条項例②は、受託者の家族に資格不適格事由はないが、身内ではたして誠実・公平に義務を果せるだけの能力をもっているかどうかは疑問である。留意すべきは、たとえ信託監督人をおいても、本当に信託監督人が監督をしているかを「監督する機関」が存在しないことである。

> **条項例①**
> 　「信託監督人」の規定なし。
> **条項例②**
> **第○条（信託監督人等）**
> 　受託者は、受益者からの要請があったとき又は信託事務処理上必要と認めたときは、受託者の親族から信託監督人又は受益者代理人を指定することが

> できる。

　㋘　委託者に判断能力の低下がみられる

　前記㋒〜㋗の共通点としては、委託者たる親に程度の差こそあれ判断能力の低下がみられることである。

　問題は、判断能力が後見開始相当に達するレベルにあっても、主として受託者になろうとする子から「どうしても利用したい」と懇願される場合の対応である。民事信託のしくみは、贈与や売買と異なり、素人には理解するのは相当難しい。まして、委託者が病院に入院し危篤な状況にあった場合などは、「意思能力がないため無効」と争われる可能性がある。

　相談にあたっては、「身内だから」といって判断を軽くしたり、免責証明等の細工をして契約を準備してはならない。免責証明等の細工とは、たとえば、司法書士に対して、委託者および推定相続人全員から「委託者Ｓについては、自己の財産を単独で管理・処分するための意思表示が可能で、かつ、それに伴う契約行為もしくは遺言を作成できる状態であることを、Ｓ及び推定相続人全員が証明いたします。また、下記推定相続人以外の相続人は他には存在せず、今後いかなる問題が発生しても、当事者で解決し、貴殿には責任を問いません」という旨の証明書が作成および徴求されるといったことが想定されるが、これは判断能力が著しく低下している委託者を対象としており責任追及を免れるために利用したのではないかと推測される。専門職は、成年後見制度で得た知識・経験を民事信託でも活かすべきである。

　⑹　そもそも信託の目的を実現させる内容になっているか

　信託契約書の作成時点では、その不備・欠陥がわからない場合も多い。問題が露呈するのは、委託者・受託者・受益者間の人間関係や生活状況等の変化、委託者ないし当初受益者に相続が発生する等のときである。

　当事者の生活状況が変化した場合には、状況に応じた内容に変更していけばよいが、しかし、将来を見据えて法制度の面から、また財産や財務の視点から総合的な点検を行うという姿勢は重要である。

　⑺　公正証書を活用する

　公正証書は、公正な第三者である公証人がその権限に基づいて作成した文

書として、当事者の意思に基づいて作成されたものであるという強い推定が働く。[32]

　金融機関においても、受託者名義での信託口口座開設の要件として、一般に公正証書によることを求めているが、「簡単かつコストを抑えることができる」という理由で、安易に公正証書を回避し、確定日付や私書証書を認証する形での民事信託契約の締結を勧めてはならない。

　また、遺言代用信託であるにもかかわらず、公正証書作成時に専門職が委託者の代理人となっているという事案も報告されている。この点は代理になじまない行為として取り扱う必要がある。

(8)　信託された金銭の管理のための信託口口座を開設する

　受託者の義務である分別管理の方法として、また、信託の倒産隔離機能を果たすための手段として、認識することが必要である。

　信託口口座の開設に応じる金融機関が少ないことを理由に、委託者や受託者名義の普通預金でよいなどと安易に勧めてはならない。

┌─ コラム　3　信託口口座開設の問題点 ═══

　専門職は、民事信託を設定する際、当初受託者が信託事務を遂行できなくなってしまう場合があることを、はたしてどのくらい想定しているだろうか。

　委託者や受託者の固有財産と分別管理するため、信託した金銭をいわゆる信託口口座で管理すべきということはほとんどの実務書に記載されている。だが現実として信託口口座を開設できる金融機関は、現在も少数で限られている。

　そのため、とりあえず受託者名義で新たな口座を開設したり、「委託者何某受託者何某」と、表面上は信託口口座であっても実質は単なる屋号として扱う金融機関で口座を開設している事案もあるといわれている。

　しかし、金融機関では上記口座は受託者固有の財産として扱われ、万一受託者が死亡した場合の解約手続は、新受託者から行うことはできず受託者の相続人が行わなければならない。もし受託者の相続人の協力が得られなかったり、相続人に未成年者がいるなどというときには、新受託者へのスムーズな引継ぎができず、生活支援を目的とする信託では信託事務が滞って継続できないおそ

32　日本公証人連合会ウェブサイト「第1　公証人の使命と公証業務について」〈https://www.koshonin.gr.jp/system/s02〉参照（2022年2月28日最終閲覧）。

れも出てくる。

　さらに、受託者において信託口口座を開設はしたが、契約で信託された金銭を口座に入金していない事案も出てきている。信託期間中に受託者が死亡してしまった際、関係者の誰も信託した金銭の保管場所がわからないというのである。信託設定に関与した専門職としては信託口口座への入金チェックまでは必要と考える。

(9)　信託された不動産の登記をする

　信託契約締結後、速やかに、名義を受託者に変える所有権移転および信託の登記が必要である。

　この登記は、信託設定を公示して不動産取引の安全を図るもので、信託法34条2項では登記義務の免除を禁じている。この点、免除ではなく留保は許されるかについては、許されないと考える（本章Ⅲ2(1)参照）。

(10)　民事信託と成年後見制度との連携・併用をする

　民事信託と成年後見制度の連携・併用は、具体的事案において受益者に対する支援の幅を広げ、信託の目的の真の達成のためには不可欠なものといえる。

┌─ コラム　4　民事信託と成年後見制度の連携・併用 ─

〔法定後見制度との併用〕

　民事信託には身上保護の機能がないため、これを必要とする者の支援ため法定後見制度を併用する。高齢者・障害者の多くは、財産管理のみならず身上保護も必要としている点を忘れてはならない。

〔任意後見制度との連携・併用〕

　任意後見契約は、財産管理のみならず、身上保護に関する法律行為が相当広範に含まれると解されている[33]。その任意後見による財産管理は、取消権はないものの包括的なものであるが、財産の活用については本人保護を重視する後見制度の趣旨から消極的とされている。

　一方、民事信託の場合、信託する財産は、信託行為で特定される必要があ

33　新井・前掲（注30）520頁。

ることから、「委託者名義の一切の財産」とする包括的な定め方はできない。

　また、法律や約定で譲渡禁止とされる債権は信託財産として認められないことから、委託者の預金債権や年金受給権等は信託財産と定めることはできず、受託者の管理対象から漏れる財産が出てくる。さらに、財産の活用については信託は、そもそも自分より財産管理能力が高い者に財産を託す制度でもあり、積極的と考えられている。

　民事信託も任意後見制度もどちらも委託者（委任者）がその意思に基づき行うことができることから、信託行為によって受託者が活用する財産を明らかにし、任意後見契約によってその他の財産の管理と身上保護に関する代理権授与を定め、双方を併用・連携することで、本人の意向に沿った、長期にわたる財産の管理・活用と身上保護ができると考える。

⑾　民事信託を利用すれば何でもできるという誘引行為によって過度な期待を抱かせない

　民事信託は、遺言制度や成年後見制度を排斥することなく取り入れた制度であるから、この枠内で組み立てることが必要である。これらの制度を度外視して組み立てたとしても法の社会で機能するはずがない[34]。

　そこで、民事信託を利用すれば何でもできるという誘引行為によって過度な期待を抱かせないように、次の①〜⑤のような点を指針としておきたい。

①　民事信託は、どのような内容を定めても構わないという誤った解釈に基づく説明をしない

②　法定後見制度は、本人の権利をすべて剥奪することを認める考え方に立っているという解釈は曲解であることを理解する

③　成年後見制度は本人を守るためのしくみであるから、これをデメリットとする位置づけではないことを理解する

④　遺留分侵害額請求は回避できる、「争続」の発生を回避できるという脱法信託を勧めない

⑤　民法や信託法の原理原則を守る

34　遠藤英嗣「家族民事信託と司法書士の取組みの在り方」月報司法書士546号（2017年）2頁以下。

⑿　ひとりよがりの解釈には危険が伴う

ひとりよがりの解釈には危険が伴う。たとえば、①成年後見業務は報告や監督があるから煩わしいので、これを回避したい、②研修はしなくてよい（過信）、組織は面倒だ（不遜）、報告は関係ない（誤解）、③組織を通さなくても1人で十分な活動ができるなどといった解釈に陥りやすいので留意したい。

⒀　違法・脱法的な信託はしない

①執行逸脱や財産隠蔽のための濫用、②租税回避の活用などの違法・脱法的な信託はしない。

⒁　急いで契約締結を求めない

契約締結に時間をかけて十分な説明を行うことは専門職としての責任であり、その時間を惜しんではならない。相談者・依頼者の不安をかき立てて契約を求めるなどということがあってはならない。

司法書士等の専門職においては、依頼者と業務委託契約等を締結して業務を行うところ、常に、消費者としての依頼者と事業者としての専門職という立場を忘れてはならない（消費者契約法1条・3条等）。

⒂　信託関係者は十人十色であるから安易に著書や他人の事例を拝借してはならない

模倣から独創が生まれるが、しかし、自分で考えることをせず、形式的に整えようとする契約書の丸写しはすべきでない。安易な信託条項は欠陥商品の温床となる。

⒃　報酬の設定は慎重に

高額な報酬を得る事例がたびたび聞かれるところである、その報酬に見合う仕事をしているか、継続してかかわっているかなど、裁判業務や成年後見業務等とのバランスを考えて報酬を設定すべきである。また、報酬は十分な説明を行って依頼者の理解を得なければならない。

報酬以外の金銭は受け取らない。贈与や遺贈を受けたり、金銭の貸付けを受けるなどはもちろんのこと、不明瞭な「預り金」は横領の温床となるため、避けなければならない。

⑴7　委託者・受益者・受託者との継続的な相談関係を築く

人間関係や法律関係の変化、誤りの発見など、信託条項の変更はあるものと考えて業務に携わらなければならない。

これは、「過去に作成された契約が使えるものになっているかどうか」の関心と振り返りにもつながるものである。決して、民事信託を設定して報酬をもらえれば終わり、というものではない。

コラム　5　民事信託の担い手①専門職

　民事信託の担い手は、主として専門職である。信託口口座開設のため、三井住友信託銀行に持ち込まれた民事信託の件数の割合が、司法書士73％、弁護士8％、税理士8％、行政書士7％、その他3％であり、ここ数年高止まりの傾向を示しているということからうかがい知れる（三井住友信託銀行・八谷博喜特別理事・講演資料）。

　ここで注意を要するのは、専門職の立ち位置は民事信託業務ではなく民事信託支援業務にある点である。実務の担い手は司法書士等をはじめとする専門職であるが、信託業法上専門職は受託者になれないためである。

　では、民事信託支援業務であることはよいとして、その担い手として誰がよいのか、司法書士、弁護士などの専門職なら誰でも支援業務ができるのか、という疑問がある。支援業務は、従来業務とは異質・特異であるため、信託を正しく理解して、適正な利用を提案するためには、専門的実務研修と相談できる体制という能力担保装置が必要となる。司法書士、弁護士以外の専門職にも担い手としての参入を求めるが、所属する団体による義務研修、職業倫理の徹底、指導体制の整備等が大前提となるものと考える。

コラム　6　民事信託の担い手②民事信託士協会

〔設立の経緯〕

　一般社団法人民事信託士協会（以下、「民事信託士協会」という）は、民事信託制度の適正活用を通じて、市民の権利の擁護と福祉の向上に寄与するため、民事信託支援に関する業務の担い手たる民事信託士の人材確保、育成および資質の向上を目的として2014年（平成26年）4月8日に設立された。

　民事信託士協会の構成員である民事信託士は、司法書士、弁護士に限定して

いる。民事信託支援業務は、専門職自ら受託者となり財産管理を行うわけではないが、財産管理に関係する業務ととらえ、財産管理業務を法律上の職責として定めている両資格者に限定したことによる。

〔設立の意義〕

　民事信託支援業務は、いまだ裁判例も少なく、確立された学説もない中で、実務のみが先行しているのが現状である。また、成年後見業務のような裁判所による監督制度もなく、実務に携わる者も手探りで業務を遂行しているといっても過言ではない状態である。さらに、民事信託は、まだ不確定要素も多く、内容の難しさもあり、特別に研鑽を積んだ専門職の関与なしには成り立たない法律ツールといえる。

　そのため民事信託士協会は、毎年検定を実施し、合格者に「民事信託士」の資格を付与し、民事信託支援業務を担える者としてウェブサイトでその氏名を公開している。2021年（令和3年）12月末現在で全国に約423名おり、今後も毎年合格者が増え、全国どこででも市民の民事信託に関する相談に応じられるようになることをめざしている。

　民事信託士協会が実施する検定は、単に講義を受講するだけで資格が付与されるものではなく、質量ともにほかにないハードな内容になっており、業務に従事するための十分な能力担保が図られている。資格取得後3年ごとに更新研修が義務づけられ、能力維持が図られるだけでなく、倫理綱領、執務規則も定められ、それらを踏まえた執務が求められるなど、民事信託士には、単に法律の知識だけではなく、業務を遂行するに関し倫理重視の姿勢が求められている。

　民事信託士協会は、民事信託士の育成と資質の向上を図ることに努め、民事信託士をとおして、民事信託の適正活用を推進し、市民の福祉に貢献していくことに組織としての存在意義を有している。民事信託は、専門職の関与なしでは成り立たない法律制度であり、専門職の中でも、さらに研鑽を積み倫理観の保持にも努める民事信託士の活躍は、各方面から大いに期待されるところである。

=コラム　7　信託会社の新設=

　民事信託の普及に伴い、受託者の確保ができず信託をあきらめざるを得ないケースが相当数出てきている。既存の信託銀行をはじめとする信託会社では主に採算性の面からいわゆる高齢者や障害者等の生活支援を目的にした福祉型信

託の取扱いを積極的に扱う信託会社は見当たらない。

　そこで受託者は、ほぼ親族受託者のみという現在の状況を何とか打破しない限り民事信託とりわけ福祉型信託の適正な普及は望めないとの想いから、司法書士が中心となり超高齢社会に備え、高齢者や障害者等の生活支援のため、日本初の福祉型信託に特化した信託業法7条に基づく管理型信託会社の設立に踏み切った。

　この新会社設立の準備段階においても、各方面から大きな反響や期待が寄せられており、新会社が設立されれば、受託者（第二次受託者も含む）の確保という高い壁に思い悩む多くの専門職や一般の方々に受託者の門戸を広げることになろう。

　2022年度（令和4年度）にはいよいよ開業予定で、開業後は、高度な倫理観と崇高な使命に裏打ちされた質の高い信託事務サービスを法人として継続的・安定的に、全国で提供することをその使命としている。

Ⅲ　民事信託における登記実務

1　民事信託における登記実務の動向

　家族・親族間による財産管理・承継のための信託業の適用を受けない民事
信託[35]の普及が急速に進み、受託者が専門職でないにもかかわらず、信託の内
容が複雑な事案が多いことから、信託の開始・期間中・終了における各登記
申請については、不動産登記法の規定や従前の先例・通達等に該当させるこ
とに無理があり、さまざまな問題が顕在化している。

　特に、資格者代理人としては職業倫理にもつながる信託登記の留保、信託
登記の公示の要ともいえる信託目録の記載事項、そして、信託終了時の残余
財産承継の登記申請および当該登記申請時に納付すべき登録免許税について、
多く議論されるようになっており、数カ月単位で取扱いが変更となることも
ある。

　そこで本項では、家族・親族間による財産管理・承継のための民事信託に
ついて、その開始から信託期間中、終了までにおいて関係する登記実務のう
ち、最近の議論や今後議論展開が予想される事項を中心に検討していくこと
とする。

　なお、いまなお見解が異なる点も多いため、本項の意見に関する部分は、
筆者の私見であることをあらかじめお断りしておく。そして、民事信託やそ
の登記に関与されている皆様には、ぜひ、現在、携わっている事案が、今後
の登記先例をつくっていくということを意識していただき、問題提起や議論
に参加していただければ幸いである。

35　渋谷陽一郎「金融機関のための民事信託の実務と法務⑷民事信託とは何か」金法2087号（2018
年）64頁～65頁。

2　基本となる規定等

(1)　信託財産に属する財産の対抗要件

登記または登録をしなければ権利の得喪および変更を第三者に対抗することができない財産については、信託の登記または登録をしなければ、当該財産が信託財産に属することを第三者に対抗することができないとされ（信託法14条）、信託の登記は、民法177条による物権変動の登記とは異なり、「信託」の目的であることを第三者（委託者、受託者、受益者、信託管理人、信託監督人、受益者代理人などの信託関係人や信託行為の当事者の包括承継人、不法行為者等を除いた者）に対抗するため、所有権移転等の登記とは別に「信託の登記」をもしなければならないとされている。

信託法14条は、所有権移転登記等のみでは、受託者の固有財産と信託された財産であることが明確ではないため、受益者の保護や取引の安全を図る観点から、「信託の登記」をもしなければならないとされている。また、対抗要件としての理由以外にも、受託者には、第三者による処分や強制執行を防止するため、信託された財産を分別管理しなければならないという義務もあり、これを免除することは認められないとされているので（同法34条）、登記することは必須となる。

ところで、信託行為によって、信託登記の義務を一時的に猶予することは認められるとする見解[36]がある。しかし、この見解は、抵当権付き債権を信託財産とする場合に関する実務との関連で提起されたものであり、不動産を信託した場合は、信託を登記原因として所有権移転登記と同時に信託の登記を申請するため、登記義務の一時的猶予の議論がそのまま妥当する局面には乏しいと考えられるとも指摘されている[38]。

また、信託法では、合意により信託契約が成立する（同法3条1号）ことを理由に、所有権移転登記および信託の登記申請をしないという考えがあるが、信託設定後も信託財産に属することを第三者に対抗できない状態のまま

36　寺本昌広『逐条解説　新しい信託法〔補訂版〕』（2008年・商事法務）138頁。

37　道垣内弘人編著『条解信託法』（2017年・弘文堂）284頁～285頁〔角紀代恵〕。

38　村松秀樹ほか『概説　新信託法』（2008年・きんざい）112頁～113頁。

委託者の意思能力が低下した場合、受託者が当該信託不動産を対象にした信託取引を行うには難点が多くなるのではないだろうか。たとえば、受託者が信託された不動産を権限に基づき売却することとなっても、売却時点で委託者名義のままでは登記義務者は委託者とならざるを得ない。あるいは、金融機関に対して信託された不動産を担保とする信託内借入れを申し出たとしても、金融機関からは、融資申込みの事前に信託の登記を済ませておくことを要求される。この時点での委託者の登記申請意思を確認できなければ、不動産の名義を受託者とする所有権移転はもちろん信託の登記の申請すらできないのだというリスクを想定して専門職はこれに対応すべきと考える。

(2)　信託の登記の申請方法等

　信託の登記の申請は、当該信託に係る権利の保存、設定、移転または変更の登記の申請と同時にしなければならず（不動産登記法98条1項）、信託の登記は、受託者が単独で申請することができる（同条2項）。そして、信託法3条3号に掲げる方法（信託宣言＝自己信託）によってされた信託による権利の変更の登記は、受託者が単独で申請することができる。

(3)　信託の登記の抹消

　信託財産に属する不動産に関する権利が移転、変更または消滅により信託財産に属しないこととなった場合における信託の登記の抹消の申請は、当該権利の移転の登記もしくは変更の登記または当該権利の登記の抹消の申請と同時にしなければならず（不動産登記法104条1項）、信託の登記の抹消は、受託者が単独で申請することができる（同条2項）。

(4)　信託の登記に関する通達

　平成18年法律第108号による信託法改正に伴い、平成19・9・28民二第2048号民事局長通達（信託法等の施行に伴う不動産登記事務の取扱いについて）および平成21・2・20民二第500号民事局長通達（不動産登記記録例について）が出されている（この通達は平成28・6・8民二第386号民事局長通達（不動産登記記録例の改正について）により改正されている。信託に関する登記の記載例は517〜565参照）。

3　信託の設定・開始等に関する登記申請

　信託行為による信託の効力が発生すると、当該財産の所有権は受託者に移転する。ただし、信託は、受益者のための制度であり、信託財産に属する財産の実質的な利益享受主体は受益者であることから、受託者の信託財産に属する財産の所有権は、信託の目的に拘束され、所有権から生じる利益が受託者に実質的に帰属することはない。

⑴　委託者と受託者の信託契約による場合

　委託者と受託者の信託契約による場合（信託法3条1号）に留意すべき記載事項と登記記録例（権利部（甲区）抜粋）は、次のとおりである。

```
登記の目的　所有権移転及び信託
原　　因　　年月日信託
権　利　者　（信託登記申請人）受託者住所氏名
義　務　者　委託者住所氏名
添付書類　　登記原因証明情報　登記識別情報　印鑑証明書
　　　　　　住所証明情報　代理権限証書　信託目録に記載すべき情報
登録免許税　所有権移転分　非課税（登録免許税法7条1項1号）
　　　　　　信託分（登録免許税法別表第1・1⑽イ）
　　　　　　土地（租税特別措置法72条1項2号）
　　　　　　建物
　　　　　　合計
```

順位番号	登記の目的	受付年月日・受付番号	権利者その他の事項
何	所有権移転	令和何年何月何日 第何号	原因　令和何年何月何日信託 受託者　何市何町何番地 　　何　某
	信託	余白	信託目録第何号

　所有権移転は、委託者を登記義務者、受託者を登記権利者とする共同申請となるが、同時に申請する信託の登記については、受託者の単独申請となるため、権利者（信託登記申請人）として、受託者の住所・氏名を記載する。

　添付書類は、所有権移転登記申請における法定添付書面のほか、「信託目録に記載すべき情報」が必要となる。

　信託の登記がなされると、不動産ごとに「信託目録」が作成されるため、不動産登記令15条の規定に基づき、信託目録に記録すべき情報を記載した書面（当該情報を磁気的記録で作成している場合にあっては、当該情報を記録した磁気ディスクを含む）を添付して提出する（同令7条1項6号・別表65項添付情報欄ハ）。

(2)　遺言による信託の場合

　遺言による信託の場合（信託法3条2号）に留意すべき記載事項と登記記録例（権利部（甲区）抜粋）は、次のとおりである。

```
登記の目的　所有権移転及び信託
原　　因　年月日遺言信託
```

順位番号	登記の目的	受付年月日・受付番号	権利者その他の事項
何	所有権移転	令和何年何月何日第何号	原因　令和何年何月何日遺言信託 受託者　何市何町何番地 　　　何　某
	信託	余白	信託目録第何号

　遺言による信託は、遺言者の死亡によって効力が発生するため、当該遺言に受託者となるべき者を指定する定めがあるときは、利害関係人は、受託者となるべき者として指定された者に対し、相当の期間を定めて、その期間内に信託の引受けをするかどうかを確答すべき旨を催告することができる（同法5条1項）。催告を受けた受託者として指定された者は、委託者の相続人に対し、相当期間内に確答することになる。相続人が複数あるときであっても、相続人の1人に確答すれば足りるものと解される[39]。

　受託者として信託の引受けを承諾すると、当該不動産について所有権移転および信託の登記を申請することとなる。

　登記義務者となるべき委託者は死亡しているため、遺言執行者が選任され

---

[39]　横山亘『信託に関する登記〔第2版〕』（2013年・テイハン）156頁。

ている場合は、遺言執行者が登記義務者となる。遺言執行者が選任されていない場合には、信託行為に別段の定めがある場合を除き、委託者の相続人は、委託者の地位を相続により承継しないとされているため（信託法147条）、信託の登記申請義務も承継しないと考えられ、家庭裁判所が選任した遺言執行者が登記義務者となる[40]。登記原因日付は、遺言の効力発生日である委託者の死亡日となる。

　なお、添付する登記原因証明情報としては、遺言書および遺言者の死亡を証する戸籍謄抄本とされている。

(3)　自己信託の場合

　自己信託の場合（信託法3条3号）に留意すべき記載事項と登記記録例（権利部（甲区）抜粋）は、次のとおりである。

```
登記の目的　信託財産となった旨の登記及び信託
原　　因　年月日自己信託
申　請　人　（受託者）何某
添付書類　登記原因証明情報　登記識別情報　印鑑証明書
　　　　　　住所証明情報　代理権限証書　信託目録に記載すべき情報
登録免許税　権利変更分　不動産1個につき1000円
　　　　　　信託分（土地につき、租税特別措置法72条1項2号）
```

順位番号	登記の目的	受付年月日・受付番号	権利者その他の事項
何	信託財産となった旨の登記	令和何年何月何日第何号	原因　令和何年何月何日自己信託 受託者　何市何町何番地 　何　某
	信託	余白	信託目録第何号

　自己信託は、委託者自身が受託者として、受益者のために管理・処分するものであり、「信託による権利の変更の登記」と定められ（不動産登記法98条3項）、受託者の単独申請となるが、当該申請人が申請権限を有する者であること（信託財産に属すべき不動産に関する権利の登記名義人であること）を担

40　横山・前掲（注39）156頁。

保するため、登記識別情報を提供し（不動産登記令8条1項8号）、印鑑証明[41]
書（作成後3カ月内）が必要とされている。

　添付する登記原因証明情報は、信託法3条3号および4条3項に基づき信
託の効力が発生したことがわかる公正証書の謄本または通知したことを証す
る情報とされている（不動産登記令別表65）。

(4)　共有者のうちの1人を受託者にする場合

　共有者のうちの1人を受託者にする場合（たとえば、共有者甲乙全員を委託
者兼受益者、共有者乙を受託者として、不動産の全体を一体として管理または処
分等する信託契約の場合）に留意すべき記載事項は、次のとおりである。

```
登記の目的　共有者全員持分全部移転及び信託
原　　　因　年月日信託
権　利　者　（信託登記申請人）乙住所氏名
義　務　者　甲住所氏名
　　　　　　乙住所氏名
```

　共有者のうちの1人を受託者にする場合は、1つの信託契約で設定された
信託であっても、信託登記手続では当該受託者の持分につき自己信託の方式
になることの指摘もあり、一部法務局においても、乙持分を自己信託と考え、[42]
「甲持分全部移転及び信託」と「乙持分が信託財産になった旨の登記及び信託」
の2件の登記申請が必要とする考えがあった。

　平成30・12・18民二第760号民事局民事第二課長通知では、上記のケース
において、当該不動産の全体を一体として管理または処分等をすべき旨の信
託契約をした場合、受託者以外の者（甲）が有する財産の管理または処分等
がその内容に含まれていることから、いわゆる自己信託には直ちに該当せず、
信託契約によるものとして、共有者全員持分全部移転および信託の登記の方
法により登記をすることが相当であるとされた。

　共有者全員を受益者とするため、信託目録「受益者欄」には受益者として
甲乙双方の表示をすることになる。

　本件通達の基になった事例は、被相続人Xが所有していた賃貸不動産（以

41　横山・前掲（注39）305頁。

42　遠藤英嗣ほか編『民事信託実務ハンドブック』（2016年・日本法令）500頁。

下、「本件不動産」という）を、相続により被相続人Xの妻である甲およびX
の子の1人である乙が共有していたところ、本件不動産が市街地再開発事業
の対象となることが判明したため、本件不動産に係る賃貸業務および今後の
再開発事業に乙のみが受託者として関与する信託として検討した事案（以下、
本件事案」という）であった。

　本件事案における信託は、本件通達において、本件不動産について一定の
目的に従い一体として財産の管理・処分等がされることを意図する契約がさ
れていることから、1つの信託行為（信託契約）とみるべきであるとされ、
信託行為のうち乙持分についてのみを切り出してこれを自己信託だと判断す
ることは相当ではないとされた。[43]

　ただし、これに関連して、本件事案のような信託を信託契約または自己信
託のいずれにとらえるかについて、執行免脱を防ぐために、差押えの後に、
以前から自己信託がされていたとすることを防ぐ必要があるか、詐害信託の
扱いについて特別の規律を適用すべきかという観点から判断されるべきであ
ろうとする見解がある。[44]そして同見解によると、本件事案のような、受託者
乙によって財産が拠出される部分については自己信託であるとみることも可
能だと思われる。この点から、乙に係る信託の部分が債権者詐害目的で利用
されていた場合には、たとえ乙持分も含めて1つの信託契約が締結されたも
のとしてその旨の登記がなされていたとしても、委託者乙に対する債務名義
を有する債権者は、少なくとも乙持分については、詐害信託の取消し（信託
法11条）の訴訟を提起することなく、直ちに、本件不動産に対して強制執行
等をする（同法23条2項）ことができる余地がありうるとも解される。

　乙に係る信託の部分を「自己信託」とする解釈がある以上、本件事案のよ
うな信託の信託契約書は、信託法3条3号に規定された自己信託の成立要件
を満たす意味でも、公正証書で作成しておくことが望ましいだろう。

⑸　未登記建物を信託する場合

　未登記建物を信託する場合に留意すべき記載事項と登記記録例（権利部（甲
区）抜粋）は、次のとおりである。

43　登記情報692号（2019年）57頁～58頁参照。
44　道垣内編著・前掲（注37）45頁〔道垣内弘人〕。

登記の目的　所有権保存及び信託

順位番号	登記の目的	受付年月日・受付番号	権利者その他の事項
1	所有権保存	令和何年何月何日 第何号	原因　令和何年何月何日信託 所有者　何市何町何番地 　　何　某
	信託	余白	信託目録第何号

　表題部登記における所有者の住所・氏名は、受託者の住所・氏名を登記することとなる（不動産登記法47条1項）。ただし、「受託者」であることは公示されず、所有権保存登記および信託の登記によって信託された不動産であることが公示されることとなる。

(6) 信託財産に属する金銭で不動産を新築した場合

　信託財産に属する金銭で不動産を新築した場合に留意すべき記載事項と登記記録例（権利部（甲区）抜粋）は、次のとおりである。

登記の目的　所有権保存及び信託財産の処分による信託
登録免許税　所有権保存分（登録免許税法別表第1・1(1)）
　　　　　　　信託分

順位番号	登記の目的	受付年月日・受付番号	権利者その他の事項
何	所有権保存	令和何年何月何日 第何号	原因　令和何年何月何日信託 所有者　何市何町何番地 　　何　某
	信託財産の 処分による 信託	余白	信託目録第何号

　土地活用等を信託の目的として、信託条項で定められた受託者の権限に基づき、信託財産に属する金銭で、建物を新築した場合が想定される。
　受託者名義で表題部登記がなされた後、所有権保存と同時に信託財産処分による信託の登記を申請する。甲区には「信託」でなく、「信託財産処分に

よる信託」と記入される。

　登録免許税は所有権保存分と信託分の納付が必要となる。

(7)　信託財産に属する金銭で不動産を購入した場合

　信託財産に属する金銭で不動産を購入した場合に留意すべき記載事項と登記記録例（権利部（甲区）抜粋）は、次のとおりである。

```
登記の目的　所有権移転及び信託財産の処分による信託
原　　　因　年月日売買
登録免許税　所有権移転分（登録免許税法別表第1・1(2)ハ）
　　　　　　　　　　　　（土地につき、租税特別措置法72条1項1号）
　　　　　　信託分
```

順位番号	登記の目的	受付年月日・受付番号	権利者その他の事項
何	所有権移転	令和何年何月何日第何号	原因　令和何年何月何日売買 所有者　何市何町何番地 　何　某
	信託財産の処分による信託	余白	信託目録第何号

　受益者の安定した収入を得ることを信託の目的として、信託条項で定められた受託者の権限に基づき、信託財産に属する金銭で不動産を購入した場合は、購入した不動産は信託財産に属することとなる（信託法16条1号）。

　委託者名義の不動産を信託する場合と事情は異なるので、登記の目的は「所有権移転及び信託財産の処分による信託」となる。

　登記義務者は売主、登記権利者は買主である受託者とし、登録免許税は、登録免許税法7条1項1号の適用を受けない。

　ところで、信託法26条ただし書に基づき、信託条項において、受託者が信託財産を処分するにあたり受益者の同意や承諾が必要であると定めていた場合、「登記原因について、第三者の許可、同意又は承諾が必要なとき」（不動産登記令7条1項5号ハ）に該当し、当該受益者が同意したことを証する書面および当該書面に受益者が署名捺印（記名押印）した印鑑証明書（同令19

条1項・2項）を添付すべきかという点で、信託条項に「受託者は受益者の承諾を得て管理処分をする」旨記載がある場合は、受益者の承諾書を提供する必要があるとする質疑応答があるが[45]、現状、管轄法務局によって取扱いが異なっているようである。もっとも、登記申請の添付書面としては不要であるとしても、資格者代理人としての意思確認は必要ではないかと考える。

(8)　信託の仮登記の可否

不動産登記法第105条1号に基づく仮登記（以下、「1号仮登記」という）は、義務者の登記識別情報や第三者の許可・同意・承諾書を添付できないなど、登記申請の条件不備であるのみで、物権変動は生じているため、旧信託法下の登記実務から、信託の仮登記は認められている。

一方で、不動産登記法第105条2号に基づく仮登記（以下、「2号仮登記」という）は、所有権の移転ということが信託の効力発生の前提とされていたため、その効力の発生の前には保全すべき権利は発生していないから仮登記はできないのではないかという議論があり、現時点では、多くの法務局において、消極的な取扱いがなされている。

その理由として、旧信託法下の登記実務の取扱いとして、昭和34・9・15民甲第2068号民事局長回答、登記研究508号（1990年）172頁、登記研究521号（1991年）12頁において、いずれも否定されていたところ、信託法改正後にも認めるとされる通達・先例・質疑応答等がないというものである。

しかし、改正後の信託法では、信託の効力発生は、信託契約である債権的な合意であるとされ、信託財産の処分そのものは効力発生要件ではない。さらに、同法4条4項では、信託は、信託行為に停止条件を付して、当該停止条件の成就によってその効力を生じさせることができると規定しているため、信託の2号仮登記はできると解せるのではないだろうか。この場合、信託が2号仮登記のため、信託不動産の所有権移転仮登記も当然に2号仮登記となる。

また、信託法4条4項について、信託行為自体はすでに発効するけれども、そのうちのある一部分についての効力発生を停止させることも許容した規定

45　藤原勇喜「不動産登記をめぐる諸問題についての若干の考察(3)」登記研究752号（2010年）109頁、「質疑応答7097」登記研究508号（1990年）173頁。

ではないかとする見解もある。この見解によれば、停止条件を付した信託不動産については所有権移転の２号仮登記を、信託の登記については１号仮登記をするという解釈もありうる[47]というものである。

　なお、所有権に関する仮登記の本登記は、仮登記権利者と仮登記義務者とが共同して申請することとなる。したがって、仮登記されている期間中に委託者の意思能力に問題が生じた場合や委託者が死亡してしまった場合には、本登記の申請が困難になるといった信託登記の留保と同様のリスクがあることに注意が必要である。

(9)　農地法５条による届出と所有権移転および信託登記の可否

　農地法３条２項３号では、信託の引受けによる権利取得は認めらないものとし、ただし、同条１項14号による農業協同組合または農業経営基盤強化促進法による農地保有合理化法人が、農地信託事業により引受けをする場合は認められるものとしている。

　農地法の目的は、国内の農業生産の基盤である農地が現在および将来における国民のための限られた資源であり、かつ、地域における貴重な資源であることにかんがみ、農地を農地以外のものにすることを規制することにあるため、農地を農地のまま信託する場合の受託者を限定しているものと考えられる。

　一方、農地以外のものに転用するために信託により権利移動（譲渡）する場合は、農地法５条の要件が満たされていれば、認められることとなる。この場合に、同条の許可書または届出書を添付した登記申請について、一部の法務局で認めないと判断されている。その理由は、農地以外の地目に変更登記をした後に信託の登記をしなければならない[48]とするものである。

　しかし、農地法５条は、転用するための権利移動の場合に許可・届出を必要とするものであることから、信託契約により受託者へ権利移動した後に受託者が農地を転用し、転用後に受託者による地目変更登記を申請することが

46　横山・前掲（注39）278頁。
47　このような仮登記が不動産登記手続上、当然に許容されるものなのかについて議論の余地がある点につき、横山・前掲（注39）291頁参照。
48　横山・前掲（注39）278頁。

妥当ではないかと考える。また、地目変更の登記は、地目の変更が現実に行われていなければすることはできない。

　したがって、受託者が転用するために、農地法５条の許可書または届出書を添付して、受託者への信託を原因とする所有権移転および信託の登記申請は認められるのではないかと考える。

4　信託目録の記載事項

(1)　概　説

　信託の登記の登記事項は、不動産登記法97条１項各号に定めがあり、信託の登記がなされると、不動産ごとに「信託目録」が作成される。

　各管轄法務局内において、不動産ごとに信託目録番号が付され、信託の登記がなされた不動産の数が表される。この番号は、不動産登記事務取扱手続準則115条２項により、１年ごとに更新される。

　登記官による信託目録記載事項の近時の説明として、信託目録が登記記録となるからには、信託目録の簡潔化・明瞭化の方向に向かうべきと考えられており、信託法に規定されている周知の事項であることはことさら登記する必要はなく、登記事項は簡潔かつ明確に記録されるべきとの指摘がある[49]。

　一方で、民事信託の場合、信託法と不動産登記法を検討するほか、受託した金銭（信託された不動産の果実も含めて）を分別管理するいわゆる信託口口座を開設する金融機関等において、口座開設や信託内借入れにあたっての信託条項の定め方について審査することがほとんどであることから、要件を具備するために必要な信託条項を検討し、そして、信託目録に当該条項を記載することを考慮しなければならない。

　また、民事信託の受託者は財産管理等の業務を行う専門職ではないため、信託目録記載事項は受託者の指針としてとらえられる点からも、信託条項の一定事項について、任意的記載事項として記載してよいのではないかという意見もある[50]。

　特に、不動産登記法97条１項11号の「その他の信託の条項」に記載すべき

49　横山亘「照会事例から見る信託の登記実務(7)」登記情報710号（2021年）18頁。
50　渋谷陽一郎『信託目録の理論と実務』（2014年・民事法研究会）58頁。

事項については、他の記載事項と異なり、具体的に特定されていないため、登記利用者に対して、第一次的に登記事項の選択を委ねている[51]として、信託条項において定めた事項のうち何をどこまで記載すべきかについてはいまだ不明確な部分が多い。

(2)　受託者権限の範囲と後続登記の想定

登記申請人となる受託者が当該登記申請をする権限を有しているかという点は、信託の目的や受託者の権限の範囲などの信託目録の記録事項の内容によって審査されることになり、当初の信託目録への記録を欠くような場合には、後続の登記申請[52]に先立ち、信託条項を変更し、または信託目録の記録事項を錯誤遺漏により更正することにより是正が図られるべきとする指摘もある[53]。

後続登記として特に問題になりうるのは、当該信託不動産の売却による所有権移転登記や抵当権設定登記ではないかと考えられ、当初から、信託の目的の範囲で処分行為を予定している場合には、その旨の記載が必要となる。

(3)　受託者の指針としての記載

上記の行為は、民法上どちらも「処分行為」となるが、民事信託における実務では、信託目録記載事項として単に「処分」と記載することは、ほとんどないのではないだろうか。

民事信託は、成年後見制度を補完するものであるとともに、遺言と同等、あるいはこれを超える役割を果たすものと考えられるが[54]、受託者となる者は、委託者または受益者の親族であることがほとんどであり、法律専門職ではない。また、1つの信託行為で複数種類の財産を信託することも多い。そこで、受託者が遂行する信託事務については、管理行為の内容、処分権限を付す場合にはその条件や制限を信託財産に属する財産ごとに詳細に定めているケースが多い。受託者は、これを指針として信託事務を遂行するが、信託目録は、当該不動産についての管理処分内容を記載することから、受託者の

51　渋谷・前掲（注50）8頁。

52　信託目録と後続登記に関する先駆的な理論・実務書として、渋谷・前掲（注50）参照。

53　横山亘「照会事例から見る信託の登記実務⑽」登記情報713号（2021年）36頁～39頁。

54　遠藤・前掲（注13）50頁～51頁。

当該不動産についての信託事務遂行の指針とする役割を果たすことになる。

　そして、受託者が信託財産に属する不動産を売却し、または、担保とする場合、買主や融資を実行する金融機関は、信託目録から、当該行為が信託の目的や受託者の権限として認められているかを審査している。特に、金融機関からは信託内借入れの条件として具体的な信託条項を定め、信託目録に反映することを求められ、「処分」と記載するのみでは条件を満たしていないと判断されることもある。

　したがって、実務上の対応としては、信託登記をする不動産の管理処分権限について、信託契約の条項の趣旨を逸脱しない範囲でアレンジは必要であるものの[55]、当該行為にかかわる者が理解でき、受託者の指針となりうるよう、ある程度具体的内容を記載し、処分行為の制限がある場合にはその旨を記載することが必要ではないかと考える。

(4)　相続法秩序・遺言の秘匿性とのバランス

　次代への資産承継も信託目的とする民事信託契約は、いわば委託者にとっての「遺言」と同等の内容になることも少なくない。仮に、信託条項の内容をありのまま登記によって公示した場合、遺言を不特定多数の第三者に公開するのと同等になるおそれがある。したがって、相続法秩序・遺言制度を蔑ろにした公示はすべきではないと考える[56]。

　たとえば、受益者連続型信託における後順位の受益者や、信託終了時の帰属権利者・残余財産受益者の詳細については、公正証書の作成年月日と該当条項数を記載するにとどめて氏名等をあえて登記しない工夫も指南されている[57]（詳細は後記5(1)(キ)参照）。

5　信託目録の記載事項の具体的な検討

　民事信託の信託条項については、オーダーメイドであるといわれ、信託目的によって受託者の権限、信託事務の内容を詳細に記載し、また、委託者（兼

55　横山亘「照会事例から見る信託の登記実務(8)」登記情報711号（2021年）20頁。

56　なお、当事者のプライバシーの観点から、成田一正ほか『賃貸アパート・マンションの民事信託実務』（2019年・日本法令）96頁。

57　遠藤英嗣『家族信託契約』（2017年・日本加除出版）167頁〜174頁。

当初受益者）が次代の受益者や帰属権利者を指定することは、当該信託契約は、まさに委託者の遺言としての意味をもつこととなる。

　以下では、「高齢者Ａ子には長男Ｂ男、長女Ｄ子、Ｂ男の長男Ｃ男があるが、安定した生活の支援と福祉を確保し、次代へ円滑な資産承継を信託の目的として、Ｂ男に特定の財産管理・処分を任せるものとする」という事例を基に作成された信託条項のうち、信託目録に記載すべき事項を検討してみることとする。

　この事例における「金銭及び不動産管理処分等信託契約公正証書（例）」とそれに対応する信託目録の記載事項（不動産登記法97条１項）は、次のとおりである。

金銭及び不動産管理処分等 信託契約公正証書（例）	信託目録の記載事項 （不動産登記法97条１項）
本公証人は、当事者の嘱託により、年月日、次の法律行為に関する陳述の趣旨を録取し、この証書を作成する。 　　　　　　　契約の趣旨 　委託者Ａ子は、次のとおり別紙「信託財産目録」記載の財産を信託し、受託者Ｂ男はこれを引き受ける（以下、この契約を「本信託契約」といい、本信託契約に基づいて設定された信託を「本信託」という）。 第１条（信託の目的） 　　本信託契約の目的は以下のとおりとし、これを実現するため、受託者は次条記載の信託財産の管理運用処分を行う。 　⑴　受益者らの生活基盤を固め、安定した生活・療養及び福祉の確保のため、終生支援すること 　⑵　次代へ確実に資産を承継すること 第２条（信託財産） 　１　別紙「信託財産目録」記載の不動産及び金銭を信	 ⇒信託の目的（８号）

　　託財産とする。

2　前項の信託財産から生じる果実及び換価による取
　　得財産は、信託財産に帰属する。

3　受託者は、信託財産に属する不動産（以下、「信
　　託不動産」という）のうち、賃貸用不動産において、
　　すでに賃貸借契約がなされている賃貸人としての地
　　位を委託者から承継する。

第3条（委託者）

　　本信託の委託者は、以下のとおりである。　　　　⇒委託者の氏名・住所
　　（住所）　　　　　　　　　　　　　　　　　　　　（1号）

　　（氏名）A子（生年月日）

第4条（委託者の地位）

　　委託者が死亡したときは、委託者の地位は残余財　　⇒その他の信託の条項
　　産の帰属権利者に移転し、権利は消滅する。　　　　（11号）

第5条（受託者及び信託報酬）

1　受託者は、次の者とする。　　　　　　　　　　　⇒受託者の氏名・住所
　　（住所）　　　　　　　　　　　　　　　　　　　　（1号）

　　（氏名）B男（生年月日）

2　前項の受託者につき、下記の事由により任務が終　　⇒その他の信託の条項
　　了したときは、次の者を後任受託者とする。　　　　（11号）

　　（住所）

　　（氏名）C男（生年月日）

⑴　死亡

⑵　後見開始・代理権が付与された保佐開始・代理
　　権が付与された補助開始のいずれかの審判を受け
　　たこと

⑶　破産手続開始の決定を受けたこと

⑷　受益者又は受益者代理人の書面による同意を得
　　て辞任したこと

⑸　解任

3　受託者の報酬は月額〇円（消費税別）とし、当月
　　分を毎月末日に受託者が信託財産から受領すること
　　ができる。

第6条（信託財産の引渡し及び分別管理等）

1　委託者及び受託者は、本信託契約締結後速やかに、第2条第1項の信託財産について引渡しを行い、また、本信託に基づく受託者への所有権移転及び信託の登記手続、並びに受託者名義の信託専用口座開設など自己の固有財産と分別して管理するための必要な手続等を行う。

2　前項の手続に必要な公租公課その他の費用は、委託者の負担とする。

第7条（公租公課等の精算）

信託不動産にかかる固定資産税及び都市計画税の負担は、1月1日を起算日とし、本信託の効力発生日前日までの期間相当分は委託者の負担とし、効力発生日以降分は信託財産から支出する。

第8条（追加信託）

委託者は、受託者と協議のうえ、本信託の信託目的を達成するために、財産を追加信託することができる。この場合、追加された信託財産の管理、運用、処分は本信託の定めに従うものとする。

第9条（受益者）

本信託の当初受益者はA子とする。

第10条（受益者代理人）

本信託の受益者につき、後見開始若しくは保佐開始の審判を受けあるいは任意後見契約の効力が発生した場合、次の者を当該受益者の受益者代理人として選任する。

（事務所）

（職業・氏名・生年月日）

第11条（受益債権等）

受益者は、以下の内容の権利を有する。

⑴　信託不動産に居住すること

⑵　定期に必要な金銭による給付を受けること（ただし、月額○万円を上限とする）

⑶　医療費・福祉サービスを受けるための費用・施設利用に関する費用など、臨時に必要な金銭によ

⇒受益者の氏名・住所（1号）

⇒受益者代理人があるときは、その氏名・住所（4号）／停止条件付きの場合はその他の信託の条項（11号）

る給付を受けること

第12条（受益権の処分及び相続）

1　受益者は、受託者の承諾なくして受益権の譲渡又
は質入れその他の担保設定等の処分をすることがで
きない。 ⇒その他の信託の条項
（11号）

2　受益権は、受益者の死亡により相続人に承継され
ない。 ⇒その他の信託の条項
（11号）

第13条（信託期間）

　　本信託の期間は、本信託契約締結時から第20条に
よる本信託の終了のときまでとする。

第14条（受託者の信託事務）

1　受託者は、次の信託事務を行う。

⑴　信託不動産は、居住用として第9条の受益者に
使用させ、又は賃貸用不動産として、受託者が相
当と認める方法、時期及び範囲において管理・運
用する ⇒信託財産の管理方法
（9号）

⑵　信託不動産には、損害保険を付保するものとし、
信託期間中これを維持する ⇒信託財産の管理方法
（9号）

⑶　信託不動産の収益及び信託金銭については、預
貯金として管理する

⑷　第11条第2号及び第3号に基づく受益者へ金銭
を給付するため支出する

2　受託者は、信託の目的に照らして相当と認めると
きは、受益者（受益者代理人が選任されているとき
は受益者代理人）の同意を得て、信託不動産の換価
処分・増改築・建替えをすることができる。また、
信託事務処理に必要な費用の支弁のために借入れを
し、さらに借入れに伴い信託不動産に担保を設定す
ることができる。 ⇒信託財産の管理方法
（9号）

第15条（信託事務処理に必要な費用）

　　受託者は、信託財産をもって、次の各号に掲げる
費用を支出し、又はこれを留保することができる。

⑴　公租公課

⑵　信託不動産に関する保険料

⑶　信託不動産に関する修繕費等

⑷　振込手数料

⑸　受託者に過失なくして受けた損害賠償請求による賠償金

⑹　その他、前条及び次条の事務を遂行するうえで発生する費用

第16条（委託）

1　受託者は、信託事務の一部につき、専門能力を有する第三者に委託することができる。

2　受託者が信託事務の一部を第三者に委託したときは、委託先を適切に指導・監督するものとし、委託先の債務不履行責任について責任を負う。ただし、委託先の指導・監督に過失がないことを証明した場合はこの限りではない。

第17条（信託の計算期間）

　　本信託の計算期間は、本契約締結の日から12月末日までとし、以後毎年12月末日、及び信託終了日までとする。

第18条（受託者の義務等と報告）

1　受託者は、本信託の目的に従って、忠実に信託事務の処理その他の行為を行い、かつ善良なる管理者の注意をもって信託事務を処理する。

2　受託者は、本信託開始と同時に、①信託財産目録、②会計帳簿を作成し、本信託の効力発生日から12月末日まで、以後毎年12月末日に、受益者に報告する。

3　受益者は、受託者に対し、前項以外においても適宜信託事務の処理状況及び信託財産の状況について報告を求めることができる。

4　受託者は、受託者の責めに帰すべき事由による場合を除き、本信託期間中、信託不動産において契約の内容に適合しないものがあったことに起因して、信託財産、委託者、受益者、帰属権利者に損害が生じた場合にも、責任を負わない。　　⇒その他の信託の条項（11号）

第19条（信託の変更）

受益者と受託者の合意により、本信託の目的に反 ⇒その他の信託の条項
しない範囲で本信託の内容を変更することができる。 （11号）

第20条（信託の終了）

本信託は、以下の事由により終了する。 ⇒信託の終了の事由
（10号）
(1)　受益者と受託者の合意

(2)　受益者の死亡

(3)　信託財産の消滅

(4)　その他信託法の終了事由に該当するとき（信託
法第164条1項の場合を除く）

第21条（信託終了時の清算事務）

1　本信託が終了したときは、信託終了時の受託者を ⇒その他の信託の条項
清算受託者とする。 （11号）

2　清算受託者は、次の清算事務を行う。

(1)　信託財産に属する債権の取立て及び信託債権に ⇒その他の信託の条項
係る債務を弁済し、残余財産を次条に定める者に （11号）
引き渡し、かつ、残余財産に不動産がある場合は、
信託登記の抹消及び帰属権利者への所有権移転登
記を行う。

(2)　不動産にかかる賃貸借契約、保険契約その他の
一切の権利義務を残余財産を帰属させる者に承継
させる変更手続を行う。

3　清算受託者は、前項の清算事務につき、信託財産
状況報告書を作成し、次条の帰属権利者に交付する。

第22条（残余財産の帰属権利者）

本信託が終了したときの帰属権利者は、以下のと ⇒その他の信託の条項
おりとする。 （11号）

(1)　信託終了時の受益者

(2)　前号の受益者が死亡している場合は、B男とす
る（ただし、受益者の死亡時にB男が死亡してい
る場合は、C男とする）

第23条（契約に定めのない事項）

本契約に定めのない事項については、受益者及び
受託者は、本信託の本旨及び信託法の規定等に則り
誠実に協議する。（以下、省略）

この事例における信託目録記載（例）は、次のとおりである。

信託目録に記載すべき情報

委託者（住所）
　　　　　A子
受託者（住所）
　　　　　B男
受益者（住所）
　　　　　A子
信託条項
（信託の目的）
１．受益者らの生活基盤を固め、安定した生活・療養及び福祉の確保のため、終生支援すること
２．次代へ確実に資産を承継すること
（信託財産の管理・運用及び処分の方法）
１．居住用として（※アパート不動産の信託目録には「賃貸用不動産として」）、受託者が相当と認める方法、時期及び範囲において管理・運用する。
２．損害保険を付保するものとし、信託期間中これを維持する。
３．信託の目的に照らして相当と認めるときは、受益者（受益者代理人が選任されているときは受益者代理人）の同意を得て、信託不動産の換価処分・増改築・建替えをすることができる。また、信託事務処理に必要な費用の支弁のために借入れをし、これに伴い信託不動産に担保を設定することができる。
（信託の終了事由）
１．受益者と受託者の合意によるとき
２．受益者の死亡
３．信託財産の消滅
（その他の信託の条項）
１．委託者が死亡したときは、その地位は残余財産の帰属権利者に移転し、権利は消滅する。
２．当初受託者が下記事由により任務が終了したときは、C男（住所）を後任受託者とする。
　⑴　死亡
　⑵　後見開始・代理権が付与された保佐開始・補助開始のいずれかの審判を

　　受けたこと
　⑶　破産手続開始の決定を受けたこと
　⑷　受益者又は受益者代理人の書面による同意を得て辞任したこと
　⑸　解任
３．本信託の受益者につき、後見開始若しくは保佐開始の審判を受けあるいは任意後見契約の効力が発生した場合、次の者を当該受益者の受益者代理人として選任する。
　（事務所）
　（職業・氏名・生年月日）
４．受益者は、受託者の承諾なく受益権の譲渡又は質入れその他の担保設定等の処分をすることができない。
５．受益権は、受益者の死亡により相続人に承継されない。
６．受託者は、受託者の責めに帰すべき事由による場合を除き、本信託期間中、信託不動産において契約の内容に適合しないものがあったことに起因して、信託財産、委託者、受益者、帰属権利者に損害が生じた場合にも、責任を負わない。
７．受益者と受託者の合意により、本信託の目的に反しない範囲で本信託の内容を変更することができる。
８．本信託が終了したときは、信託終了時の受託者を清算受託者とする。
９．清算受託者は、信託財産に属する債権の取立て及び信託債権に係る債務を弁済し、残余財産を帰属権利者に引き渡し、信託登記の抹消及び帰属権利者への所有権移転登記を行う。
10．残余財産の帰属権利者は、令和○年○月○日付○○法務局所属○○公証人作成に係る令和○年第○号金銭及び不動産等管理処分信託契約公正証書第○条各号記載のとおりとする。

⑴　**信託財産の管理方法**

「信託財産の管理方法」（不動産登記法97条1項9号）として記載すべき事項を検討したい。

　受益者の居住用とする不動産や第三者への賃貸用不動産など、用途が異なる複数の不動産を信託財産とする場合、各不動産の信託目録には、登記申請をする当該信託不動産についての管理方法について、その要旨を記載することで足りる。たとえば、居住用不動産の信託目録には賃貸または売却できず

受益者の居住用として管理する旨を、賃貸用不動産の信託目録には、賃貸用不動産として管理・運用する旨を、処分権限に受益者の承諾を要するなど一定の制限を設けている場合はその旨などを記載することとなる[58]。

　信託財産に属する金銭の管理方法等の不動産の管理・処分とは直接関係しない事項は公示する必要性はない。

㋐　火災保険の付保に関する権限（善管注意義務の履行）

　信託した不動産は受託者の所有となるため、保険の目的物の譲渡があったものとして、譲受人への移転に関する変更または解約および新たな契約が必要となる。信託条項に何らの定めを設けられていなかったとしても、受託者は変更等の手続を当然に行うことができ、善管注意義務としては付保しなければならない。

　これを信託目録に記載することについては、当事者間が情報を保有すれば足り、第三者に公示しなければならないものとは思われないとして、否定的見解がある[59]。

　一方、専門職でない受託者に対しての一定の具体的行動指針を示す意味では、受託者の職務として明記すべきであるという見解もある[60]。

　民事信託の普及が進んでいなかった時期には、実務において、名義変更等の手続について保険会社の理解が得られず、あるいは、信託条項の定め、信託目録への記載が条件とされていた時期もあったが、現在は支障なく変更等の手続はできている。しかし、受託者の義務履行のため公示する意味が全くないとはいえないのではないだろうか。

㋑　信託法28条に基づく委託者の表示

　第三者に信託事務の一部を委託した場合に、これに関する事項を信託目録に記載する必要があるかについては、消極的な見解がある。管理方法の一手段ではあるが、後続登記の申請手続との関係において全体の登記手続に影響することもなく、受託者の職務とされる内容ではないことからしても、記載[61]

58　渋谷・前掲（注50）214頁〜217頁。

59　横山亘「照会事例から見る信託の登記実務(9)」登記情報712号（2021年）19頁。

60　成田ほか・前掲（注56）253頁。

61　渋谷・前掲（注50）138頁・221頁。

する必要性は乏しいと考えられる。ただし、第三者委託に関して、積極的に信託目録記載事項ではないという障害規定も存在しないため、今後、現状と異なる判断がなされる可能性はある。

⑵　その他の信託の条項

「その他の信託の条項」（不動産登記法97条1項11号）として記載すべき事項を検討したい。

　信託内借入れが予定されている場合や火災保険の受託者への名義変更等の手続において、金融機関や保険会社から手続を行う条件として、不動産の管理・処分とは直接関係しない事項等の記載を求められることもある。また、後続登記の申請手続との関係と遺言の秘匿性とのバランスについても注意しなければならず、資格者代理人が最も悩むところである。

㈦　信託監督人の表示

　信託管理人（不動産登記法97条1項3号）と受益者代理人（同項4号）は、信託目録の記載事項としてそれぞれ規定されているが、信託監督人については、その規定がない。

　しかし、権限の差はあるが、受益者保護制度として信託法で定められ、民事信託においては規律維持という観点からも、信託目録に記載すべきと考えられる。

㈦　委託者の地位の承継

　遺言による信託においては、信託行為に別段の定めがある場合を除き、委託者の地位を承継しない旨規定されているが（信託法147条）、契約による場合は規定されておらず、委託者の地位を承継するとする説と残余財産の帰属権利者となる可能性があるにすぎないとする反対説がある。

　近時、民事信託における委託者の地位の移転に関する問題点や対応策についての見解[63]が複数見受けられるが、登記申請の影響という視点から問題となるのは、残余財産受益者または帰属権利者（以下、「帰属権利者等」という）

62　渋谷・前掲（注50）171頁〜172頁。

63　金森健一「民事信託における委託者とその地位の移転──その問題と対応策」信託フォーラム15号（2021年）91頁以下、遠藤英嗣「委託者の地位は相続により承継しない（その3）委託者の地位の移転でも同じではないのか」信託フォーラム14号（2020年）102頁以下。

へ残余の不動産の所有権を移転する際の登録免許税である。

　民事信託では、帰属権利者等は、委託者の相続人である事案が多いが、相続による所有権移転登記の登録免許税率が、課税価格の1000分の４（登録免許税法別表第１・１(2)イ）であるのに対し、信託財産引継ぎを原因とする所有権移転登記の登録免許税は、現状、委託者の地位を承継しているか否かで取扱いが異なっており、信託目録に委託者の承継有無について記載することが必要とされる（なお、帰属権利者等への所有権移転登記の登録免許税率の問題については、後記７(2)(ウ)参照）。

　　(ウ)　停止条件付き受益者代理人選任の定め

　当初から受益者代理人が選任されている場合は、住所・氏名が記載事項となるが（不動産登記法97条１項４号）、その選任が停止条件付きである場合は、いまだ受益者代理人ではないため、民事信託における規律維持という観点から、「その他の信託の条項」に記載すべき事項と考えられる。

　　(エ)　受益権の処分および相続

　受益権の譲渡可否や相続可否など、受益者変更に関する情報は、信託法上の対抗要件ではないが、受益者変更の後続登記の申請手続に関連し、登記手続上、必要な記載事項とされる。[64]

　　(オ)　信託財産責任負担債務

　信託財産責任負担債務（信託法２条９項）の範囲については、原則、受託者が信託事務を遂行するにあたり、対外的取引によって生じた債務は、取引の安全保護のため信託財産で責任を負いきれない場合に、受託者の固有財産からもその責任を負うとされている（同法21条１項）。そして、信託財産に属する財産について信託前の原因によって生じた権利が定められており（同項２号）、信託前に設定された当該不動産の抵当権などがこれに該当する。

　実務上、信託条項に債務を引き受ける旨を定めておくほか、別途、債権者との免責的または重畳的債務引受契約を必要としている。そして、債権者との債務引受契約によって、抵当権の債務者を変更する登記申請を行うことになるため、金融機関からは信託目録に債務引受けに関する事項を記載するこ

64　渋谷・前掲（注50）86頁・169頁～171頁。

とを求められることが多い。

　信託目録記載事項の是非については、①信託不動産の処分や制限に関係ないが、後日、信託の登記より先順位で登記された抵当権などがあれば、その変更登記がされることも想定されていることから、当該変更登記が信託行為に基づくものであり、受託者に変更登記を申請する権限が帰属することを明らかにしておく必要などもあることから登記することができるとするほか、②債務引受けを行うためには、債権者の関与が必要となることから、公示が債権関係を規律する何らかの対抗要件になりうるというわけでなく、登記法の手続的観点からしても、必要的な記載事項ではないと否定的な立場としつつ、債務引受けの情報を記録している信託目録が存在していることから、福祉型信託における受託者の規律維持という観点で、任意的に、公示（登記官の審査）対象とすることも考えられるという見解[65]もある。[66]

　現状、抵当権の債務者を受託者とする変更登記においては、変更後の債務者の表示は、受託者の住所・氏名が登記されるのみで、「受託者」の文字は登記されないとする質疑応答があることからも（後記 6 ⑴参照）、受託者が信託財産責任負担債務として引き受けていることを公示する必要性はあると考えられる。

　　㈹　受託者の免責に関する条項

　受託者の免責に関する信託条項は、信託当事者間の合意の問題であり、不動産登記の申請手続構造に関係する定めではなく、後続の登記申請に影響する内容でもない。ただし、民事信託においては、第三者に公示するという観点以外に、信託当事者間における規律維持や受益者保護の観点での信託目録の記載事項を検討する必要があるという指摘がある。[67]したがって、当該信託財産に属する不動産について、受託者の免責事由が定められている場合は、信託目録の記載事項としてよいのではないかと考える。

65　横山・前掲（注53）38頁。

66　渋谷・前掲（注50）168頁。

67　渋谷・前掲（注50）220頁では、信託実体法的意味での登記事項でなく、第三者の関係における公示の必要性も薄いのではないかとしつつ、民事信託においては、信託当事者間における規律の明確化、変更時における登記官の審査（による規律維持）などという観点から信託の登記事項としていることも考えられるとしている。

　㈱　残余財産の帰属権利者または残余財産受益者

　残余財産の帰属権利者または残余財産受益者については、記載事項とする規定はないが（不動産登記法97条１項参照）、残余財産が誰に帰属するかの定めは、登記手続上、信託の清算時における信託財産引継ぎによる所有権移転登記の申請人たる者の特定として、登記実務上、最も重要な情報の１つであることから、「その他の信託の条項」に記載すべき事項となる。[68]

　ところで、民事信託において、帰属権利者または残余財産受益者を定めることは、委託者にとって遺言と同等の内容になることが少なくないことは前記４⑷でお伝えしたが、実務上、具体的な住所・氏名を記載せず、「残余財産の帰属権利者等については、年月日付○○法務局所属○○公証人作成に係る令和○年第○○号金銭及び不動産管理処分等信託契約公正証書第○条各号記載のとおりとする」とすることが多い。

　このような現状に関して、形式的な意味では、登記事項として文言は埋められるものの、実質的には第三者は信託の具体的な内容がわからないということになり、依頼者主義を優先するあまり、第三者への公示という登記制度の本質を見誤った不当な登記であるとする見解があり、[69]このような記載がなされていると、帰属権利者等を所有者とする所有権移転または所有権変更登記の前提として、信託目録記載の更正を求める法務局もあるようである。

　そもそも、特定不動産についての承継者を遺言により定めた場合、生前に公示することはなく、死亡により遺言の効力が発生した後に、相続または遺贈による登記申請がなされる（もっとも、死因贈与契約に基づく仮登記は、契約当事者間に起因するものであり、信託契約において委託者の意思に基づき帰属権利者等を一方的に定めることとは質が異なる）。

　後続登記の申請の影響として考えるべきことは、所有者である受託者の当該不動産に対する行為が、権限に基づく行為であるかどうかを主に考えるべきではないだろうか。そして、依頼者主義というよりは、相続法秩序・遺言制度に反する公示制度であってはならないと考える。この点は、今後も検討する必要があると考えられ、議論の展開に注目していきたい。

68　渋谷・前掲（注50）192頁～193頁。
69　横山・前掲（注59）16頁。

(3)　複数受益者の受益権割合等

受益者の氏名（名称）・住所は、信託目録の記載事項とされているが（不動産登記法97条1項1号）、複数受益権の受益（債）権割合は記載事項とされるのだろうか。

この点、受益者の有する受益権の準共有持分は債権であり登記の対象となる権利でないため登記をすることはできないとされる。[70]信託目録の公示という観点から、公示する実益や公示を否定する規定や文献がないという漠然とした理由で認めるものではないということだが、確かに、信託目録の必要的記載事項でない過剰な情報を公示することになるともいえるところ、親族を受益者とすることがほとんどである民事信託において、受益者の受益債権に関する情報は受託者の信託事務遂行における指針ともなる重要事項であり、受益権割合や複層型受益権の場合に、これを信託目録に反映することが過剰な情報となるのかは疑問である。

また、登記完了後には法務局から市区町村へ地方税法382条の通知（税通）がなされるところ、受益権割合の記載がない場合は「均等」と判断されることがあると側聞するが、贈与税等の課税も影響するため、慎重に対応したいところである。

なお、受益権割合[71]の記載については、各法務局においてもさまざまな見解があるようだが、今後の判断に注目していきたい。

6　信託期間中の変更等

民事信託においては、受託者が専門職でないことがほとんどであるため、信託の開始後、実際の信託事務遂行の様子をみながら、受託者と委託者・受益者間で、実情に合致するよう、信託条項を変更していくことは多い。また、信託財産責任負担債務として引き受けた場合には、これに伴う変更登記申請が必要となる。

70　横山亘「照会事例から見る信託の登記実務(3)」登記情報706号（2020年）11頁。
71　横山・前掲（注70）11頁においては、「持分記載」とされている。

⑴　受託者が委託者の債務を信託財産責任負担債務として引き受けた場合の（根）抵当権変更

㈎　免責的債務引受けによる抵当権債務者変更登記

　免責的債務引受けの効力を生じた後（民法472条1項〜3項）、抵当権者と受託者との共同申請により、債務者を受託者とする。

　多くの法務局では、抵当権債務者の表示には、「受託者」の表示はされない扱いとされている。その理由は、①受託者が抵当権者となり、債権債務の存在が疑われる場合で、債務者の立場を明確にする必要がある場合のみ認められるものとし[72]、②信託目録に、「受託者が信託財産を担保とした借入債務について……これを引き受ける」と記載があることで、債務者であることが公示され、誤認されることはないという判断である。この取扱いについては、受託者が権限に基づく借入れに伴う信託財産に属する不動産への（根）抵当権設定登記を申請する場合も、同様とされている。

　しかし、信託法31条2項各号により受託者の利益相反行為を認め、受託者個人の債務を物上保証する場合も考えられることから、誤認されることのないよう「受託者」の表示は必要ではないかと考える。

㈏　根抵当権変更

　確定前の根抵当権については、債務者変更のほか、根抵当権の債務者を委託者から受託者に交代的に変更した場合、変更前の委託者と根抵当権者との間で定められた債権の範囲内での取引において、すでに発生している債権は当然には担保されないため、債務者の変更と同時に、根抵当権の変更前に委託者と根抵当権者との間で発生した債権（年月日債務引受（旧債務者○○＝委託者氏名））を追加する債権の範囲の変更登記申請をすることとなる。

⑵　第三者の債務を担保するための抵当権設定登記の可否

　受託者が第三者の債務の担保のためにする抵当権設定登記は、そこから受益者が得るものは何もなく、これが信託条項に反することとなるとして、仮に委託者および受益者の承諾があっても認められないとした先例（昭和41・5・16民甲第1179号民事局長回答）がある。しかし、現信託法では、一定の事

由において利益相反行為が認められていることからして（同法31条２項各号）、絶対的に認められないというわけではなく、信託行為をもって当該利益相反行為を許容する旨の定めがあれば、かかる登記は認められるものと解される[73]。

　たとえば、信託の目的において、法人の健全な経営を支援することを定め、自社株を信託した場合、当該法人が運転資金を調達するために融資を受け、信託財産に属する不動産を物上保証として、抵当権設定に関する権限を受託者に認める内容が信託目録から明らかであれば、受益者の利益につながるものであり、認められるのではないかと考える。

(3)　受託者の変更

　受託者の変更の場合に留意すべき記載事項は、次のとおりである。

> 登記の目的　所有権移転
> 登記の原因　年月日受託者変更
> 　　　　　　年月日受託者死亡（死亡による場合）

㋐　共同申請の原則と例外

　受託者の任務が終了し、新受託者が選任された場合は、原則として、新受託者を登記権利者、旧受託者を登記義務者として、共同申請により（不動産登記法60条）、所有権移転登記をする。

　共同申請の例外として旧受託者が、①死亡、②後見開始・保佐開始の審判、③破産手続開始の決定、④法人の合併以外の理由による解散、⑤裁判所・主務官庁の解任命令（信託法58条４項）により任務終了した場合は、新受託者の単独申請が認められるとしている[74]（不動産登記法100条１項）。

　登録免許税は、非課税である（登録免許税法７条１項３号）。

　登記原因については、辞任の場合に「年月日辞任による変更」とし、複数受託者の一部の者が変更する場合に「年月日受託者○○任務終了」とする文献もある[75]。

　新受託者と旧受託者の共同申請となる場合で、信託目録に、後任受託者の定めが記載されてある場合は、登記原因証明情報には、「登記の原因となる

73　横山・前掲（注39）621頁〜622頁。

74　横山・前掲（注39）504頁〜505頁。

75　藤原勇喜『信託登記の理論と実務〔第３版〕』（2014年・民事法研究会）452頁〜456頁。

事実又は法律行為」として、その定めがあることおよび受託者が辞任したことにより、後任受託者を指定した者とするという内容を記載することで足りる。

　共同申請となる場合は、旧受託者は信託による所有権移転登記時の登記識別情報および3カ月以内の印鑑証明書を提供しなければならない（不動産登記法22条）。

　甲区に、所有権移転登記がなされると、信託目録の受託者欄には、職権で、旧受託者の住所・氏名に下線が引かれ、「受託者変更」と受付年月日・番号、原因、新受託者の住所・氏名が記載される。

　　㈡　旧受託者が登記申請に協力しない場合の対応

　昨今、家族・親族を安易に受託者として民事信託を設定し、受託者が適切に信託事務を遂行できないまたはしないことにより、辞任や委託者と受益者の合意による解任（信託法58条1項）とする事案も増えている。

　受託者が辞任や解任により任務が終了し、新受託者が選任された場合は、原則どおり、旧受託者と新受託者との共同申請による所有権移転登記申請となるが、旧受託者が登記申請に協力しない場合は、判決による新受託者からの単独申請とするということが想定される。

　ところで、受益者または委託者は、受託者に代わって信託の登記を申請することができ（不動産登記法99条）、同法97条1項各号に掲げる登記事項の変更の登記においても代位申請ができるが（同法103条2項）、同法97条1項1号には、受託者の氏名または名称および住所が規定されていることからすれば、受益者または委託者が受託者に代わって変更の申請ができることとなる。

　代位による登記申請が認められる範囲については、不動産登記法98条2項の特則であり、狭義の信託の登記（同法97条）に限られるとする見解[76]と、信託法第27条に基づき、受益者が当該行為を取り消した場合や、信託法34条における分別管理義務違反の場合の信託財産の復旧のためにする場合にも認められるとする見解[77]があるが、いずれも受託者の単独申請可能な信託の登記についてとされている。

76　横山・前掲（注39）240頁、藤原・前掲（注75）383頁〜387頁。
77　香川保一「信託法の信託に関する登記について」登記研究753号（2010年）59頁。

したがって、委託者または受益者が旧受託者に代位して、新受託者との共同申請として、受託者解任等による所有権移転登記は認められない。[78]

(4)　受益者の変更

受益者の変更は、信託目録の記載事項を変更することとなり、受託者からの単独申請となる（不動産登記法103条2項）。信託目録の記載事項を申請により行う場合の登録免許税は、不動産1個につき1000円である（登録免許税法別表第1・1⑭）。

㋐　受益権の譲渡による場合

受益権の譲渡による場合に留意すべき記載事項は、次のとおりである。

登記の目的　受益者変更
登記の原因　年月日受益権売買（または贈与）

登記原因証明情報として、受益権の譲渡証明書または受益権売買があったことを証する書面（報告形式の登記原因証明情報）を提出する必要がある。[79]この申請において、一部の法務局では、旧受益者の印鑑証明書が求められ、また、新受益者の住所を証する書面を求められているようである。

旧受益者の印鑑証明書提出については必要であることとされ、[80]また、登記原因証明情報には旧受益者の実印または登記所への届出印を押印する実務の取扱いであった。しかし、平成22・11・24民二第2949号民事局民事第二課長回答では、流質特約に基づく信託受益権の任意売却および代物弁済の事案において、信託受益者変更登記をする際に、登記原因証明情報として、質権設定契約書、質権実行通知書等が提供されている場合には、別途、旧受益者が承諾していることを証する書面や印鑑登録証明書を提出する必要はないとされており、印鑑証明書添付が必要であるとする取扱いは否定されたものと解されていることから、[81]受益権譲渡についての意思確認としてではなく、登記申請添付書面としての必要性について、再度、確認する必要があるものと考

78　横山亘「照会事例から見る信託の登記実務⑵」登記情報724号（2022年）57頁。

79　藤原・前掲（注75）493頁。

80　「カウンター相談⑷」登記研究554号（1994年）99頁。

81　横山・前掲（注39）540頁、横山亘「照会事例から見る信託の登記実務⑵」登記情報705号（2020年）59頁。

える。

　　㈠　当初受益者の死亡により第二次受益者が受益権を取得した場合

　受益者連続型信託において、当初受益者の死亡により第二次受益者が受益
権を取得した場合に留意すべき記載事項は、次のとおりである。

登記の目的　受益者変更
登記の原因　年月日受益者死亡による変更

　たとえば、信託目録に「当初受益者が死亡したときは、当初受益者が有す
る受益権は消滅し、令和○年○月○日付○法務局所属○○公証人認証に係る
不動産等管理処分信託契約公正証書令和○年第○○号第○条の記載の者を次
代受益者とする」と定めがある場合、当該契約書と当初受益者の死亡を確認
できる戸籍（除籍）謄（抄）本が登記原因証明情報となる。

　　㈢　受益者の変更に伴う委託者の変更

　信託目録に委託者の地位の承継に関する定めがある場合や受託者および受
益者の同意を得て委託者の地位をも移転される場合は（信託法146条１項）、
不動産登記法97条１項各号に掲げる登記事項についての変更があったときに
該当し、受託者は、遅滞なく、信託の変更の登記を申請しなければならない
ことから（不動産登記法103条）、信託目録の委託者の変更登記を申請する必
要がある。また、信託終了時に残余財産を帰属権利者等へ所有権移転登記を
するにあたり、登録免許税法に関する国税局回答の影響で、変更の申請を求
められる法務局があるため、注意が必要である（詳細は、後記7⑵㈢参照）。

⑸　信託条項の変更

　信託条項（信託の目的、信託財産の管理方法、信託終了の事由、その他の信託
の条項）の変更の場合に留意すべき記載事項は、次のとおりである。

登記の目的　信託財産の管理方法、その他の信託の条項の変更
登記の原因　年月日変更

　信託目録の記載事項の変更登記申請となるため、受託者からの単独申請と
なる（不動産登記法103条１項）。登記の目的は、信託条項内の区分項目を特
定することで足りる。

82　藤原・前掲（注75）494頁、藤原・前掲（注45）101頁、横山・前掲（注39）532頁。

　登記原因証明情報については、原則として、委託者・受託者・受益者の合意によって信託の変更ができるが（信託法149条1項）、信託行為で定めた変更当事者の合意書等または受託者の報告形式により信託行為で条項変更ができる当事者や変更についての条件を満たしていること等を記載したものを登記原因証明情報とする。なお、登記原因については、「年月日変更契約」とする文献もある。[83]

7　信託財産の処分、信託の終了

(1)　信託財産の処分

(ア)　受託者の権限に基づく処分の場合

　受託者の権限に基づく処分の場合に留意すべき記載事項は、次のとおりである。

登記の目的　所有権移転及び信託登記抹消
登記の原因　所有権移転　年月日売買
　　　　　　信託登記抹消　信託財産の処分
登録免許税　移転分（土地につき、租税特別措置法72条1項2号）
　　　　　　抹消分　不動産1個につき1000円

　信託期間中に、受託者の権限に基づき、信託された不動産を売却処分した場合、当該不動産は信託財産に属する財産でなくなるため、信託の登記を抹消することとなる。この信託の登記の抹消は、当該権利の移転の登記と同時に申請する（不動産登記法104条1項）。

　所有権移転の登記権利者は買主、登記義務者および信託登記抹消の申請人は受託者となる。登記原因は、「売買」となるため、租税特別措置法72条の適用がある。通常の売買による所有権移転登記申請と異なる点は、信託の抹消についての記載が必要という点である。

　登記原因証明情報としては、通常の売買による所有権移転登記申請時における内容のほか、当該信託の本旨に基づき、本件不動産を処分したことにより信託は終了し、信託登記は抹消されることとなった旨の記載が必要である。

83　藤原・前掲（注75）488頁。

(イ)　信託財産が受託者固有財産に属するものとなった場合

　信託財産が受託者固有財産に属するものとなった場合に留意すべき記載事項は、次のとおりである。

```
登記の目的　受託者の固有財産となった旨の登記及び信託登記抹消
登記の原因　変更の登記　年月日委付
　　　　　　信託登記抹消　委付
権　利　者　受託者住所氏名
義　務　者　受益者住所氏名
添 付 書 類　登記原因証明情報　印鑑証明書　代理権限証書
登録免許税　変更分（登録免許税法別表第１・１(2)ハ）
　　　　　　抹消分　不動産１個につき1000円
```

　受託者は、信託財産に属する財産と固有の財産とは分別して管理しなければならず（信託法34条）、また、固有の財産に帰属させることは利益相反行為となることから、同法31条２項に該当する場合で、やむを得ない事由がある場合に、受託者の固有財産とすることができ、その旨の所有権の変更および信託登記の抹消登記をすることとなる。

　「委付」の考え方については、主に次の①～③の見解がある。③の立場とすれば、信託財産に属する財産を受託者に帰属する場合をすべて「委付」と総称することとなるが、この点、本来、委付条項に基づき委付行為を行った場合に用いられるべき用語であり、それ以外の原因による場合は、「信託財産の処分」「信託財産の引継」等の原因を用いることが相当であるとしている[84]。

①　受託者が権限に基づき、信託財産に属する財産を売却する際、これが困難なときに、委託者が受託者から融資を受ける見返りとして、金銭債務の返済に代えて、委託者の一方的意思表示で受託者の固有財産とすることによって、委託者が免責される行為として、あらかじめ当事者間でその旨の契約を締結しておく必要があり、裁判所の許可を要件として認められる特殊な事情である。

②　①の場合のほか、受託者が支出した費用等の支払いを信託財産で行っ

84　横山・前掲（注39）586頁。

たときや、委託者が受託者に報酬を支払うべき場合に、信託財産そのものを与える。

③　信託財産が、受託者の固有財産となるすべての場合を「委付」とする。

⑵　信託の終了による帰属権利者等への移転

(ア)　受託者以外の者を帰属権利者等と指定した場合

受託者以外の者を帰属権利者等と指定した場合に留意すべき記載事項は、次のとおりである。

> 登記の目的　所有権移転及び信託登記抹消
> 登記の原因　所有権移転　年月日信託財産引継
> 　　　　　　信託登記抹消　信託財産引継
> 権　利　者　残余財産受益者又は帰属権利者の住所氏名
> 義　務　者　受託者住所氏名

信託が終了すると、清算手続（信託法175条）が開始され、現務結了した後に、残余財産を帰属権利者等に帰属させるため、帰属させることができる状態になった日を登記原因日とする。登録免許税の考え方については、後記(ウ)[85]を参照されたい。

(イ)　受託者を帰属権利者等と指定した場合

受託者を帰属権利者等と指定した場合に留意すべき記載事項は、次のとおりとされる。

> 登記の目的　受託者の固有財産となった旨の登記及び信託登記抹消
> 登記の原因　変更の登記　年月日信託財産引継
> 　　　　　　信託登記抹消　信託財産引継
> 権　利　者　受託者住所氏名
> 義　務　者　受益者住所氏名
> 添 付 書 類　登記原因証明情報　代理権限証書
> 登録免許税　変更分　不動産1個につき1000円（登録免許税法別表第1・1(14)）
> 　　　　　　抹消分　不動産1個につき1000円（登録免許税法別表第1・1(15)）

自己信託以外の信託で、信託終了後の信託不動産の帰属権利者を受託者と定めた場合に、受託者が当該不動産を取得したときも、受託者の固有財産と

85　横山・前掲（注39）563頁～564頁。

なった旨の登記をすることとなり、受託者を権利者、受益者を登記義務者とする共同申請とするとされている。ただし、共同申請の場合は、登記識別情報の提供が求めれているが（不動産登記法22条）、登記義務者である受益者には登記識別情報が発行されないため、提供は不要とされる（同法104条の2第2項後段）。また、登録免許税は、権利の変更登記分として不動産1個につき1000円、信託抹消分として1000円となる[86]。

しかし、この取扱いは統一されておらず、次のとおり、見解が異なっている[87]。

	所有権移転登記	固有財産となった旨の登記
根　拠	同一人物であっても立場が異なるので、「所有権移転」とすべき、権利者兼義務者として実質単独申請となる（権利の混同ととらえる）。	信託財産から固有財産への転換は、法的性格の変更であり、自己信託の場合と同様であるとし、移転登記の範疇に入らない。
登記義務者	受託者	①受益者 ②帰属権利者等（みなし受益者）
登記原因	信託財産引継	①信託財産引継 ②委付
登録免許税	不動産価額の1000分の20（登録免許税法7条2項の1000分の4適用あり）	①不動産価額の1000分の20（登録免許税法7条2項の1000分の4適用あり） ②不動産1個につき1000円
登記識別情報の通知	登記名義人に通知される（不動産登記法21条）	①登記名義人として通知される ②登記名義人の記録がなされず通知されない

特に、登記義務者については、受益者が死亡していた場合にその相続人を登記義務者とすべきと判断される事案もあるようだ。登記義務者の問題につ

86　横山・前掲（注39）573頁～576頁。

87　川田光子「信託の終了に伴い、受託者が帰属権利者として残余財産を取得する場合の登記についての考察」信託フォーラム14号（2020年）36頁、横山亘「照会事例から見る信託の登記実務⑳」登記情報723号（2022年）45頁。

いては、不動産登記法104条の2第2項が適用され、変更登記であることを前提として問題提起がなされている。[88]

　まず、登記義務者の受益者とは、信託目録に記録された受益者の表示に符合していることを要するとしている。[89]しかし、信託が終了し、清算手続がなされる状況で、信託目録に記載された受益者は、直接に不利益を受ける者（不動産登記法2条13号）といえるのだろうか。信託が終了した時点で、受益者の受益権は消滅しており、不利益を受けるという立場にはないのではないだろうか。

　また、受益者の相続人の登記義務者としての適格性についても同様に考えると、受益者の相続人が承継するような権利はないと考えられる。

　さらに、帰属権利者等のみなし受益者を登記義務者とする見解については、信託行為で信託終了時の残余の不動産の所有権を取得させると定めた者を登記義務者とすることは、実体の権利（物権）変動と公示制度である登記における権利（物権）変動とは合致していないことになってしまうのではないだろうか。

　この点、信託法上のみなし受益者を登記義務者として取り扱うことに疑問を呈しつつ、不動産登記法104条の2第2項の登記義務者は、登記識別情報の提供を要せず、その位置づけに不徹底さが潜むことも否定できないのも事実であるという見解や、「みなし受益者」と考えるなら信託目録の受益者欄に帰属権利者を受益者として登記すべきとする見解がある。[90]そもそも、固有財産となった旨の登記の原因は、帰属権利者等として信託財産の所有権を取得するのであるから、登記権利者は帰属権利者等の立場として、登記義務者は受託者の立場とすることが実体に即しているのではないだろうか。

　信託行為で定められた者に所有権を取得させる登記ができないという事態にならないよう専門職として最新の情報を入手し、検討していく必要がある。ただし、登記申請を意識するあまり、信託当事者が混乱するような複雑な信

88　渋谷陽一郎「民事信託と登記(7)『信託財産を受託者の固有財産とする変更登記』の議論に潜む陥穽」信託フォーラム16号（2021年）120頁〜132頁。
89　信託登記実務研究会編著『信託登記の実務〔第3版〕』（2016年・日本加除出版）433頁。
90　渋谷・前掲（注88）123頁〜126頁。

託条項とすることには疑問がある。実体の権利変動と登記が合致するような取扱いがなされることを願う。

　　㈡　登録免許税の考え方

　前記㈠の申請の場合における、所有権移転分の登録免許税率については、現状、登録免許税法７条の規定の解釈と国税局回答によって、登記実務において混乱状況にある（信託抹消分は不動産１個につき1000円である）。国税局回答では、事例をあげて適用の可否が示されているが、規定の趣旨に合致しているのかが疑問に思われる部分もある。そして、同法７条を適用させるために、専門職が信託条項を殊更に複雑な内容にして契約当事者が理解できる限界を超えていると思われるものや、信託法上問題が生じるのではないかと危惧するものも見受けられる。

　登録免許税率が異なることは帰属権利者等にとって重要であるが、木を見て森を見ずとならないよう注意する必要があるのではないかと考える。

　所有権の移転分については、原則、不動産価額の1000分の20（登録免許税法別表第１・１⑵ハ。ただし、租税特別措置法72条１項２号の適用あり）となるが、受益者が残余財産を引き継ぐ場合、信託時より引き続き委託者のみが信託財産の元本受益者であるときは、非課税とされている（登録免許税法７条１項２号）。

　一方、当該信託による財産権の移転の登記を相続（合併）による財産権の移転の登記とみなし、不動産価額の1000分の４となる要件として、①信託の信託財産を受託者から受益者に移す場合であって、かつ、②当該信託の効力が生じた時から引き続き委託者のみが信託財産の元本の受益者である場合において、③当該受益者が当該信託の効力が生じた時における委託者の相続人（合弁承継人）であるとき、という３つの要件が示されている（登録免許税法７条２項・別表第１・１⑵イ）。

　この点、登録免許税法が適用される場合につき平成29・６・22東京国税局審理課長回答、平成30・12・18名古屋国税局審理課長回答が公開された。

	平成29・6・22 東京国税局審理課長回答	平成30・12・18 名古屋国税局審理課長回答
委託者の 地位・権利	委託者の地位は、受益権を取得する者に移転する。	委託者の地位は残余財産帰属権利者として指定されている乙が取得し、委託者の権利については、相続により承継されることなく消滅する。
受益者の 地位・権利	受益者の地位は受益権とともに移転する。	受益者の地位・権利は、相続により承継されることなく消滅する。

　上記の回答以降、ほとんどの民事信託契約書で「委託者の地位の移転」が明示されるようになっているが、信託法における委託者の地位（同法146条）・権利（同法145条）は、設定した信託の安定性を維持するために慎重に対応すべきであると考える。また、登録免許税法の「委託者」の範囲についての解釈も問題提起され、同法が想定している「委託者」は「当初委託者」であるとする見解がある。[91]当初委託者の相続人であるか否かの事実が重要であり、委託者の地位移転が必要というものではないということだ。少なくとも、これらの回答は、委託者の地位の移転を前提とした照会に係る事実関係を前提としたものであり、委託者の地位の移転がない場合に同法の適用を認めないとする趣旨ではないことを認識し、対応すべきと考える。

91　若山寿裕「登録免許税法７条２項の趣旨及び『委託者』の意義の考察」信託フォーラム14号（2020年）48頁～53頁。

Ⅳ　民事信託における税務

　民事信託の組成にあたっては、①信託の効力発生時、②信託期間中、③信託終了時のそれぞれの時点における贈与税または相続税への影響を事前に検討しておく必要がある。基本的な考え方としては、信託により財産の名義が受託者に移転しても、税務上は受益者が信託財産に属する資産を有するとみなしており（所得税法13条１項）、受託者は名義人として財産を預かり、管理・運用しているだけと考えることになる。そのため、①信託の効力発生時は委託者から当初受益者に、②の信託期間中は当初受益者から第二次受益者に、③信託終了時は終了直前の受益者から帰属権利者に、それぞれ財産的価値移転があった場合に課税関係を認識することとなる。

　なお、②信託期間中においては受益者の所得税に関する論点、さらに各時点における課税当局への提出書類に関しても事前に確認が必要である。

1　信託の効力発生時

(1)　課税関係

(ア)　自益信託

　自益信託は、委託者＝受益者の信託であり、財産の名義は委託者から受託者へ移転するが、委託者が有していた経済的価値は移転せず、課税関係は生じない。

(イ)　他益信託

　他益信託は、委託者≠受益者の信託であり、委託者が有していた経済的価値は受益者に移転するため、受益者から委託者へ適正対価の支払いがない場合には、受益者に対し贈与税の課税関係が生じる。当然、適正対価の授受を伴う他益信託であれば、委託者には譲渡所得税（所得税法33条）が生じ、受益者に課税は生じない。なお、委託者の死亡に起因して信託の効力が生じる遺言信託の場合には、受益者に相続税の課税関係が生じることとなる（相続税法９条の２第１項）。

相続税法

第9条の2（贈与又は遺贈により取得したものとみなす信託に関する権利）

1　信託（退職年金の支給を目的とする信託その他の信託で政令で定めるものを除く。以下同じ。）の効力が生じた場合において、適正な対価を負担せずに当該信託の受益者等（受益者としての権利を現に有する者及び特定委託者をいう。以下この節において同じ。）となる者があるときは、当該信託の効力が生じた時において、当該信託の受益者等となる者は、当該信託に関する権利を当該信託の委託者から贈与（当該委託者の死亡に基因して当該信託の効力が生じた場合には、遺贈）により取得したものとみなす。

2〜6　（略）

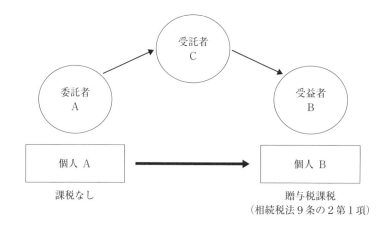

㋒　**負担付き贈与**

　信託財産責任負担債務があり贈与税課税となる場合には、負担付き贈与についても留意する必要がある。負担付き贈与に該当すると、委託者に「時価－債務」を収入金額として「みなし譲渡課税」が生じ、信託財産が土地建物等の場合には、受益者の受贈額は「相続税評価額－債務」ではなく「時価－債務」で計算することになる（負担付贈与通達（平成元・3・29直評5外「負担付贈与又は対価を伴う取引により取得した土地等及び家屋等に係る評価並びに相続税法第7条及び第9条の規定の適用について」）、相続税法基本通達9－11・21の2－4）。一般的には、相続税評価額よりも時価のほうが金額は高く、受益者の贈与税への影響も大きい。

　特に注意を要するのは他益信託で賃貸アパートを信託するケースである。相続対策で将来の納税資金を子に蓄積してもらおうと相続時精算課税制度を使い、生前に資産移転を行うことがある。この際、賃貸アパートを贈与すると敷金返済債務も当然に新所有者に移転されることとなり負担付き贈与の懸念があるが、敷金相当の金銭も贈与することで実質的には負担付き贈与には該当しない旨、国税庁が質疑応答事例（「賃貸アパートの贈与に係る負担付贈与通達の適用関係」）にて明らかにしている。賃貸アパートを信託すると敷金返還債務が信託財産責任負担債務となるが、敷金相当の金銭も同時に信託することにより、実質的に負担付き贈与にならない組成を行う必要がある。

　㈓　小規模宅地等の特例

　信託で受益者が遺贈により取得したものとみなされた場合であっても、要件を満たせば相続税申告にあたって小規模宅地等の特例の適用対象となる。

　小規模宅地等の特例は、被相続人（または同一生計親族）の事業の用または居住の用に供されていた宅地のうち、納税者が選択をしたもので限度面積（貸付事業用：200㎡、その他特定事業用：400㎡、居住用：330㎡、複数ある場合には一定の調整あり）までの部分について、相続税の課税価額計算上、一定の割合（貸付事業用：50％、その他特定事業用：80％、居住用：80％）を減額する特例である。「第二の基礎控除」といわれるほど、この特例を受けられるか否かで相続税は大きく変動する。なお、被相続人の自宅はすべて適用対象になるとの誤解が多いが、適用を受けられるのは、取得者が配偶者、同居親族、いわゆる「3年内家なき子」のケースに限られる。ここでは詳細な説明を割愛するが、その他適用要件等に複雑な点もあり、特例適用にフォーカスした提案は十分注意する必要がある。

　また、盲点となるのが、特例対象宅地の選択にあたっては、特例の対象となる宅地を取得した納税者すべての同意が必要であるということである。信託に限らず、遺言においても共通の内容ではあるが、同意が困難と見込まれる場合には、特例対象宅地の対象となる不動産は一定の親族に寄せて取得させる等の検討も必要である。

　㈔　特定委託者

　税法上の受益者等とは、受益者としての権利を現に有する者および特定委

託者をいう（相続税法9条の2第1項）。ここで「特定委託者」とは、信託の変更をする権限（軽微な変更をする権限として、信託の目的に反しないことが明らかな場合に限り信託の変更をすることができる権限を除き、他の者との合意により信託の変更をする権限を有する者を含む）を現に有し、かつ、当該信託の信託財産の給付を受けることとされている者（受益者を除く）とされている（同条5項、相続税法施行令1条の7）。また、信託財産の給付を受けることとされている者には、停止条件が付された信託財産の給付を受ける権利を有する者が含まれる（同令1条の12第4項）。

　信託財産の給付を受けることとされている者から受益者は除かれているため、実務上は、帰属権利者や次の①～③のいずれかの場合に該当する委託者が特定委託者に該当する可能性がある（相続税法基本通達9の2－2）。

①　委託者が信託行為の定めにより帰属権利者として指定されている場合

②　信託行為に信託法182条2項に規定する残余財産受益者等の指定に関する定めがない場合

③　信託行為の定めにより残余財産受益者等として指定を受けた者のすべてがその権利を放棄した場合

　特定委託者は、信託財産の給付を受けることとされている者であり、かつ、信託の変更をする権限を有する者が該当するが、「信託の変更は、委託者、受託者及び受益者の合意によってすることができる」とされており（信託法149条1項）、受託者が帰属権利者となっている場合や委託者は、他の者との合意により信託の変更をする権限を有していることとなる。ただし、特定委託者に該当する要件における信託の変更をする権限からは、信託の目的に反しないことが明らかな場合に限り信託の変更をすることができる権限が除かれていることから、信託行為における別段の定めにより、信託の変更ができる範囲を制限する（たとえば、「本信託は受益者及び受託者の合意により信託の目的に反しないことが明らかな場合に限り変更することができる」などとする）ことで、形式上、これらの者が特定委託者にならないような工夫も検討できる。

(2)　税務当局への提出書類（受託者の義務）

　受託者は、信託の効力が生じた日の属する月の翌月末日までに、信託財産

の種類、所在場所、数量、価額等を記載した「信託に関する受益者別（委託者別）調書（同合計表）[92]」を、受託者の事務所等の所在地の所轄税務署に提出しなければならない（相続税法59条3項1号）。調書を提出せず、またはその調書に虚偽の記載もしくは記録をして提出した場合は、1年以下の懲役または50万円以下の罰金とする罰則規定も設けられている（同法70条）。なお、自益信託の場合（相続税法施行規則30条7項5号イ(4)）や信託財産の価額の合計額が50万円以下の場合（同項1号）には、調書の提出は不要である。

2　信託期間中

(1)　所得に関する課税関係

　信託財産に属する資産・負債は受益者が有するものとみなし、収益・費用は受益者の収益・費用とみなされる（所得税法13条1項）。そのため、賃貸不動産から生じる地代・家賃収入は不動産所得として、株式の配当収入は配当所得として、不動産や株式の譲渡に伴う収入は譲渡所得として、受益者がそれぞれ自らの所得として確定申告をする必要がある。

　そのため、受益者の確定申告や「信託の計算書（同合計表）」（後記(5)(ア)参照）の提出を考慮して、受益者が個人の場合には、信託の計算期間を暦年（1月1日〜12月31日）とすることが一般的である。

> **所得税法**
> **第13条（信託財産に属する資産及び負債並びに信託財産に帰せられる収益及び費用の帰属）**
> 1　信託の受益者（受益者としての権利を現に有するものに限る。）は当該信託の信託財産に属する資産及び負債を有するものとみなし、かつ、当該信託財産に帰せられる収益及び費用は当該受益者の収益及び費用とみなして、この法律の規定を適用する。（以下、略）
> 2〜4　（略）

(2)　信託から生じた損失の取扱い

　信託財産に属する資産・負債は受益者が有するものとみなし、収益・費用

92　国税庁ホームページ「法定調書関係」〈https://www.nta.go.jp/taxes/tetsuzuki/shinsei/annai/hotei/mokuji.htm〉のうち「信託の計算書（同合計表）」参照。

は受益者の収益・費用とみなされるが、受益者が個人の場合で、不動産所得
から生じる損失がある場合には、「生じなかったものとみなす」とされてお
り（租税特別措置法41条の4の2第1項）、信託していなければ適用が受けら
れていたはずの、他の所得との「損益通算」や翌年以降に損失を繰り越す「繰
越控除」の適用が受けられない。平成17年度税制改正で導入された組合税制
と同様の租税回避防止規定であり、一般社団法人信託協会からは「受益者単
独の信託については、いわゆる損失算入制限措置を適用しない」旨の税制改
正要望が出されているが、現在のところ改正には至っていない。

租税特別措置法
第41条の4の2（特定組合員等の不動産所得に係る損益通算等の特例）
1　特定組合員（組合契約を締結している組合員（これに類する者で政令で定
　めるものを含む。以下この項において同じ。）のうち、組合事業に係る重要
　な財産の処分若しくは譲受け又は組合事業に係る多額の借財に関する業務の
　執行の決定に関与し、かつ、当該業務のうち契約を締結するための交渉その
　他の重要な部分を自ら執行する組合員以外のものをいう。）又は特定受益者
　（信託の所得税法第13条第1項に規定する受益者（同条第2項の規定により
　同条第1項に規定する受益者とみなされる者を含む。）をいう。）に該当する
　個人が、平成18年以後の各年において、組合事業又は信託から生ずる不動産
　所得を有する場合においてその年分の不動産所得の金額の計算上当該組合事
　業又は信託による不動産所得の損失の金額として政令で定める金額があると
　きは、当該損失の金額に相当する金額は、同法第26条第2項及び第69条第1
　項の規定その他の所得税に関する法令の規定の適用については、生じなかつ
　たものとみなす。
2・3　（略）

租税特別措置法施行令
第26条の6の2（特定組合員等の不動産所得に係る損益通算等の特例）
1～3　（略）
4　法第41条の4の2第1項に規定する損失の金額として政令で定める金額は、
　同項に規定する特定組合員又は特定受益者のその年分における組合事業又は
　信託から生ずる不動産所得に係る総収入金額に算入すべき金額の合計額が当
　該組合事業又は信託から生ずる不動産所得に係る必要経費に算入すべき金額

> の合計額に満たない場合におけるその満たない部分の金額に相当する金額とする。
>
> 5〜7　（略）

　上記のとおり、賃貸不動産を信託する場合には、受託者によるアパートリフォーム時の不動産所得の赤字リスクも認識しておく必要がある。リフォーム等の大規模修繕を行う場合には、その修繕が資本的支出（いったん資産計上され減価償却）または修繕費（一度に必要経費算入）のいずれに該当するものかを事前に想定し、単年で信託財産での損益が赤字とならないかを確認することも求められる。修繕を済ませた後に信託をすることや、複数物件を１つの信託契約に含めることで、不動産所得の赤字リスクの軽減にもつながる。

⑶　受益者変更の場合の課税関係（相続税・贈与税）

　当初受益者が有していた経済的価値が第二次受益者へ移転するため、第二次受益者から当初受益者へ適正対価の支払いがない場合には、第二次受益者に対し贈与税の課税関係が生じる。当然、適正対価の授受を伴う受益者変更であれば、当初受益者には譲渡所得税（所得税法33条）が生じ、第二次受益者に課税は生じない。なお、受益者連続型信託として、委託者兼当初受益者の死亡時に信託が終了せず、新たに他の者が受益権を取得する場合など、当初受益者の死亡に起因して受益者が変更される場合には、第二次受益者に相続税の課税関係が生じることとなる。なお、これらは第二次受益者から第三次受益者への受益者変更時にも同様の取扱いとなる。

> **相続税法**
> **第９条の２（贈与又は遺贈により取得したものとみなす信託に関する権利）**
> 1　（略）
> 2　受益者等の存する信託について、適正な対価を負担せずに新たに当該信託の受益者等が存するに至つた場合（第４項の規定の適用がある場合を除く。）には、当該受益者等が存するに至つた時において、当該信託の受益者等となる者は、当該信託に関する権利を当該信託の受益者等であつた者から贈与（当該受益者等であつた者の死亡に基因して受益者等が存するに至つた場合には、遺贈）により取得したものとみなす。
> 3〜6　（略）

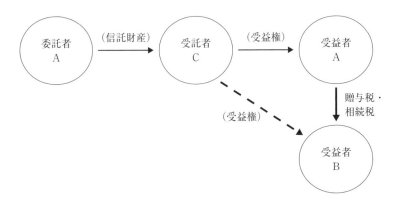

(4)　受益者一部不存在の場合の課税関係（相続税・贈与税）

　受益者は、信託行為の当事者である場合を除き、受託者に対し、受益権を放棄する旨の意思表示をすることができるとされているが（信託法99条1項）、複数受益者が存する信託で、適正な対価の授受をせずに一部受益者が放棄をした場合には、税務上は、放棄された受益権を、残った受益者が贈与により取得したものとみなされる（相続税法9条の2第3項）。当然、適正対価の授受を伴う放棄であれば、放棄した受益者には譲渡所得税（所得税法33条）が生じ、対価を支払った受益者に課税は生じない。

> **相続税法**
> **第9条の2（贈与又は遺贈により取得したものとみなす信託に関する権利）**
> 1・2　（略）
> 3　受益者の存する信託について、当該信託の一部の受益者等が存しなくなった場合において、適正な対価を負担せずに既に当該信託の受益者等である者が当該信託に関する権利について新たに利益を受けることとなるときは、当該信託の一部の受益者等が存しなくなった時において、当該利益を受ける者は、当該利益を当該信託の一部の受益者等であった者から贈与（当該受益者等であった者の死亡に基因して当該利益を受けた場合には、遺贈）により取得したものとみなす。
> 4〜6　（略）
>
> **相続税法施行令**
> **第1条の12（受益者等が存しない信託の受託者の住所等）**

1・2　（略）

3　受益者等の有する信託に関する権利が当該信託に関する権利の全部でない
　　場合における法第1章第3節の規定の適用については、次に定めるところに
　　よる。
　　一　当該信託についての受益者等が一である場合には、当該信託に関する権
　　　　利の全部を当該受益者等が有するものとする。
　　二　当該信託についての受益者等が二以上存する場合には、当該信託に関す
　　　　る権利の全部をそれぞれの受益者等がその有する権利の内容に応じて有す
　　　　るものとする。

4〜9　（略）

相続税法基本通達
9の2−4（信託に関する権利の一部について放棄又は消滅があった場合）
　受益者等の存する信託に関する権利の一部について放棄又は消滅があった場
合には、原則として、当該放棄又は消滅後の当該信託の受益者等が、その有す
る信託に関する権利の割合に応じて、当該放棄又は消滅した信託に関する権利
を取得したものとみなされることに留意する。

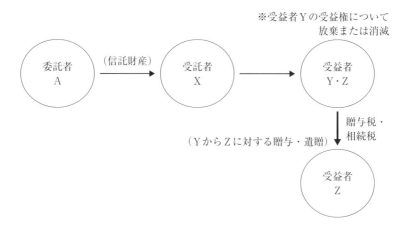

⑸　**税務当局への提出書類（受託者の義務）**

　受託者は、毎年1月31日までに、信託財産の収益・費用、資産・負債等を
記載した「信託の計算書（同合計表）[93]」を、受託者の事務所等の所在地の所
轄税務署に提出しなければならない（所得税法227条）。計算書を提出期限ま

でに提出せず、または偽りの記載もしくは記録をして税務署長に提出した場合は、1年以下の懲役または50万円以下の罰金とする罰則規定も設けられている（同法242条5項）。しかし、賃貸不動産の収支明細が管理会社から届かない、物件数が多く集計にかなりの時間を要するなど、どうしても間に合わない、ある程度は概算によらざるを得ない、といったことも実務上は想定され、この場合、所轄税務署への計算書の訂正・再提出といったことも視野に入れる必要があるかもしれない。

　信託財産に賃貸不動産が多い場合など精緻な計算に時間を要することが想定される場合には、所轄税務署への提出期限の変更はできないものの、受益者への報告については時間的な余裕をもたせて、たとえば「2カ月以内」と信託行為で定めるなど、受託者事務を考慮した信託の組成が求められる。

　なお、信託の計算書に記載する不動産の金額について、自宅などの非事業用資産については固定資産税評価額を記載しても何ら支障はないが、アパートなど収益物件の建物等は減価償却計算に用いる取得費を記載することで、確定申告にあたっての所得計算もスムーズに行うことができる。

　各人別の信託財産に帰せられる収益の額の合計額が3万円以下（信託の計算期間が1年未満である場合には、1万5000円）の場合（所得税法施行規則96条2項）には、調書の提出は不要である。信託の計算書は、信託期間中、毎年提出する必要があるが、信託財産が自宅と金銭のみ等の場合には、年間の収益額が3万円以下になると見込まれ、提出不要となる可能性が高い。

　また、受託者は、受益者の変更があった日の属する月の翌月末日までに、信託財産の種類、所在場所、数量、価額等を記載した「信託に関する受益者別（委託者別）調書（同合計表）」を、受託者の事務所等の所在地の所轄税務署に提出しなければならない（相続税法59条3項2号）。

3　信託終了時

(1)　相続税・贈与税の課税関係

信託財産に係る経済的価値が移転するかどうかによって課税関係が異なる。

93　信託登記実務研究会編著・前掲（注89）181頁。

　(ア)　信託終了直前の受益者＝帰属権利者

　財産の名義は受託者から帰属権利者へ移転するが、信託終了直前の受益者＝帰属権利者であれば、信託終了直前の受益者が有していた経済的価値は移転せず、課税関係は生じない。

　(イ)　信託終了直前の受益者≠帰属権利者

　信託終了直前の受益者が有していた経済的価値は帰属権利者に移転するため、帰属権利者から信託終了直前の受益者へ適正対価の支払いがない場合には、帰属権利者に対し贈与税の課税関係が生じる。当然、適正対価の授受を伴う信託終了であれば、信託終了直前の受益者には譲渡所得税(所得税法33条)が生じ、帰属権利者に課税は生じない。なお、信託終了直前の受益者の死亡に起因して信託が終了する場合には、帰属権利者に相続税の課税関係が生じることとなる。

相続税法
第9条の2　(贈与又は遺贈により取得したものとみなす信託に関する権利)
1～3　(略)
4　受益者等の存する信託が終了した場合において、適正な対価を負担せずに当該信託の残余財産の給付を受けるべき、又は帰属すべき者となる者があるときは、当該給付を受けるべき、又は帰属すべき者となった時において、当該信託の残余財産の給付を受けるべき、又は帰属すべき者となった者は、当該信託の残余財産(当該信託の終了の直前においてその者が当該信託の受益者等であった場合には、当該受益者等として有していた当該信託に関する権利に相当するものを除く。)を当該信託の受益者等から贈与(当該受益者等の死亡に基因して当該信託が終了した場合には、遺贈)により取得したものとみなす。
5・6　(略)

相続税法基本通達
9の2-5　(信託が終了した場合)
　法第9条の2第4項の規定の適用を受ける者とは、信託の残余財産受益者等に限らず、当該信託の終了により適正な対価を負担せずに当該信託の残余財産(当該信託の終了直前においてその者が当該信託の受益者等であった場合には、

当該受益者等として有していた信託に関する権利に相当するものを除く。）の
給付を受けるべき又は帰属すべき者となる者をいうことに留意する。

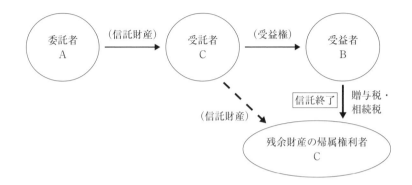

<ruby>ウ<rt></rt></ruby>　公益法人等を帰属権利者とする場合

　帰属権利者を公益法人等に設定し、信託終了時に財産を寄贈したいという
ニーズがある。この場合、公益法人等が信託財産の給付を受けることとなる
が、相続税の納税義務者は、相続または遺贈により財産を取得した個人であ
るため（相続税法1条の3）、公益法人等に対しては、原則として相続税の負
担は生じない（例外的に、遺贈者の親族などの相続税の負担を不当に減少させる
結果となる場合には、公益法人等が納税義務者となるケースもある（同法66条4
項））。

　ここで注意が必要なことは、法人への遺贈は財産の含み益に対する「みな
し譲渡課税」（所得税法59条）の対象となり、信託終了直前の受益者の相続人
に譲渡所得税の負担が生じる可能性があることである（国税通則法5条）。こ
こで、仮に公益法人等が包括受遺者に該当する場合には、公益法人等も譲渡
所得税の納税義務を負うこととなる。

　財産を国または地方公共団体へ寄付した場合には、そもそも「みなし譲渡
課税」の適用はないが（租税特別措置法40条1項前段。特に要件等はないため手
続は不要）、公益法人等に寄付した場合に、その寄付が公益の増進に著しく
寄与することなどの承認要件を満たすものとして国税庁長官の承認を受けた
ときは、「みなし譲渡課税」を非課税とする特例もある（同項後段）。ただし、
この特例は、公益法人等が受贈財産を公益目的事業に直接要することが要件

の１つであるため、受託者もしくは公益法人等が換価を前提とする場合には適用がない。

所得税法

第59条（贈与等の場合の譲渡所得等の特例）

1　次に掲げる事由により居住者の有する山林（事業所得の基因となるものを除く。）又は譲渡所得の基因となる資産の移転があつた場合には、その者の山林所得の金額、譲渡所得の金額又は雑所得の金額の計算については、その事由が生じた時に、その時における価額に相当する金額により、これらの資産の譲渡があつたものとみなす。

　一　贈与（法人に対するものに限る。）又は相続（限定承認に係るものに限る。）若しくは遺贈（法人に対するもの及び個人に対する包括遺贈のうち限定承認に係るものに限る。）

　二　著しく低い価額の対価として政令で定める額による譲渡（法人に対するものに限る。）

2　（略）

国税通則法

第５条（相続による国税の納付義務の承継）

1　相続（包括遺贈を含む。以下同じ。）があつた場合には、相続人（包括受遺者を含む。以下同じ。）又は民法第951条（相続財産法人の成立）の法人は、その被相続人（包括遺贈者を含む。以下同じ。）に課されるべき、又はその被相続人が納付し、若しくは徴収されるべき国税を納める義務を承継する。この場合において、相続人が限定承認をしたときは、その相続人は、相続によつて得た財産の限度においてのみその国税を納付する責めに任ずる。

2　前項前段の場合において、相続人が２人以上あるときは、各相続人が同項前段の規定により承継する国税の額は、同項の国税の額を民法第900条から第902条まで（法定相続分・代襲相続人の相続分・遺言による相続分の指定）の規定によるその相続分により按分して計算した額とする。

3　（略）

⑵　税務当局への提出書類（受託者の義務）

受託者は、信託が終了した日の属する月の翌月末日までに、信託財産の種類、所在場所、数量、価額等を記載した「信託に関する受益者別（委託者別）

調書（同合計表）」を、受託者の事務所等の所在地の所轄税務署に提出しなければならない（相続税法59条 3 項 3 号）。なお、信託終了直前の受益者が帰属権利者となる場合（相続税法施行規則30条 7 項 5 号ハ(5)）には、調書の提出は不要である。

4　複層化信託

(1)　複層化信託と財産評価

　一般に、信託受益権を「元本受益権」と「収益受益権」に分離させた信託を複層化信託と呼んでいる。収益受益権を個人が有する複層化信託の受益権は、相続税法上の受益者連続型信託に該当するかどうかにより、次の①②のとおり、その評価方法は大きく異なる。

①　受益者連続型信託に該当しない場合（財産評価基本通達202項）

　　ⓐ　収益受益権は受益者が将来受けるべき利益を推算した金額に基準年利率による複利原価率を乗じて計算した金額

　　ⓑ　元本受益権は信託財産全部の価額から、収益受益権の価格を控除した金額

②　受益者連続型信託に該当する場合（相続税法 9 条の 3 、相続税法基本通達 9 の 3 − 1 ）

　　ⓐ　収益受益権は信託財産全部の価額

　　ⓑ　元本受益権はゼロにて評価

(2)　受益者連続型信託に該当しない場合

　複層化信託が受益者連続型信託に該当しない場合には、「将来受けるべき利益を推算した金額」は時の経過とともに少なくなるため、収益受益権の価額は信託設定時をピークに逓減し、逆に、信託財産全部の価額から収益受益権の価額を控除して算出する元本受益権の価額は、信託設定時から逓増していくこととなる。

財産評価基本通達202項（信託受益権の評価）

　信託の利益を受ける権利の評価は、次に掲げる区分に従い、それぞれ次に掲げるところによる。

⑴　元本と収益との受益者が同一人である場合においては、この通達に定めるところにより評価した課税時期における信託財産の価額によって評価する。

⑵　元本と収益との受益者が元本及び収益の一部を受ける場合においては、この通達に定めるところにより評価した課税時期における信託財産の価額にその受益割合を乗じて計算した価額によって評価する。

⑶　元本の受益者と収益の受益者とが異なる場合においては、次に掲げる価額によって評価する。

　　イ．元本を受益する場合は、この通達に定めるところにより評価した課税時期における信託財産の価額から、ロにより評価した収益受益者に帰属する信託の利益を受ける権利の価額を控除した価額

　　ロ．収益を受益する場合は、課税時期の現況において推算した受益者が将来受けるべき利益の価額ごとに課税時期からそれぞれの受益の時期までの期間に応ずる基準年利率による複利現価率を乗じて計算した金額の合計額

　たとえば、委託者父が貸地を信託し、収益受益権は父、元本受益権は子が取得したとする。この場合、子は信託設定時に元本受益権の価額に対して贈与税が課税されるが、信託期間満了に伴い、元本受益者として信託財産の給付を受ける段階では課税は生じない。仮に、信託期間の中途において合意解除等によって信託を終了させた場合、元本受益権を有する子は当初予定された信託期間の終了を待たずに信託財産の給付を受けることになり、その反面、収益受益権を有する父は当初予定された信託期間における収益受益権を失うこととなるため、残存期間に対応する収益受益権を父から贈与により取得したものとみなして、子に贈与税（父の死亡に基因する終了の場合には相続税）が課税される。いずれの場合であっても、子が貸地を手に入れるための贈与税（または相続税）の課税価格合計は、信託設定から時の経過により収益受益権の評価が減少した分、同様に少なくなる。

　貸地を30年間信託し、収益受益権は父、元本受益権は子が取得した場合（国税庁ホームページ記載の事例を一部加筆修正）の課税関係は次のとおりである。

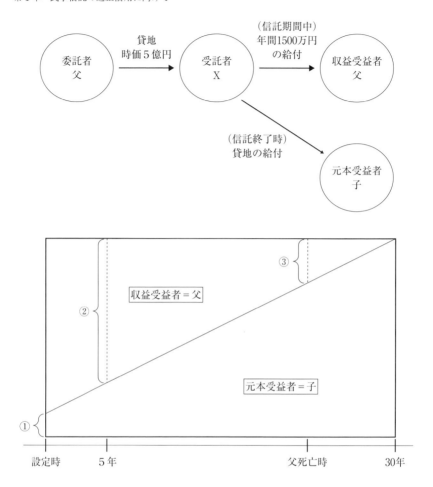

　㋐　信託設定時

　信託設定時（期間30年、基準年利率0.1％、複利年金現価率29.54の場合）において、収益受益権の価額は1500万円×29.54＝4.4億円、元本受益権の価額は5億円－4.4億円＝0.6億円となる（上図①）。この段階において元本受益権の価額が父から子への贈与税対象となる。

　㋑　信託終了時

　信託終了時（30年経過時）において、子へ信託財産給付時には、課税関係は生じない。

(ウ)　信託期間満了前に委託者・受益者の合意等により信託が終了した場合

　5年後に信託契約を解除した場合（残存期間25年、基準年利率0.1％、複利年金現価率24.678の場合）には、収益受益権の価額1500万円×24.678＝3.7億円が父から子への贈与税対象となる（左図②）。

　一方、父の死亡時の相続財産評価は、相続時の収益受益権の価額であり（評価方法は上記同様）、父から子への相続税対象となる（左図③）。

(3)　**受益者連続型信託に該当する場合**

　複層化信託が受益者連続型信託に該当する場合は、元本受益権がゼロ評価であることから、信託設定時に子に贈与税課税はない。その反面、収益受益権は信託財産全部の価額100％評価であり、時の経過による逓減もない。したがって、前記(2)の事例において信託終了に伴い、子が元本受益者として信託財産の給付を受ける段階で100％評価による課税価格にて贈与税（父の死亡に基因する終了の場合には相続税）が課税されることとなる。

相続税法

第9条の3　（受益者連続型信託の特例）

1　受益者連続型信託（信託法（平成18年法律第108号）第91条（受益者の死亡により他の者が新たに受益権を取得する旨の定めのある信託の特例）に規定する信託、同法第89条第1項（受益者指定権等）に規定する受益者指定権等を有する者の定めのある信託その他これらの信託に類するものとして政令で定めるものをいう。以下この項において同じ。）に関する権利を受益者（受益者が存しない場合にあつては、前条第五項に規定する特定委託者）が適正な対価を負担せずに取得した場合において、当該受益者連続型信託に関する権利（異なる受益者が性質の異なる受益者連続型信託に係る権利（当該権利のいずれかに収益に関する権利が含まれるものに限る。）をそれぞれ有している場合にあつては、収益に関する権利が含まれるものに限る。）で当該受益者連続型信託の利益を受ける期間の制限その他の当該受益者連続型信託に関する権利の価値に作用する要因としての制約が付されているものについては、当該制約は、付されていないものとみなす。ただし、当該受益者連続型信託に関する権利を有する者が法人（代表者又は管理者の定めのある人格のない社団又は財団を含む。以下第64条までにおいて同じ。）である場合は、この限りでない。

2　前項の「受益者」とは、受益者としての権利を現に有する者をいう。

相続税法基本通達

9の3－1（受益者連続型信託に関する権利の価額）

　受益者連続型信託に関する権利の価額は、例えば、次の場合には、次に掲げる価額となることに留意する。

⑴　受益者連続型信託に関する権利の全部を適正な対価を負担せずに取得した場合　信託財産の全部の価額

⑵　受益者連続型信託で、かつ、受益権が複層化された信託に関する収益受益権の全部を適正な対価を負担せず取得した場合　信託財産の全部の価額

⑶　受益権が複層化された受益者連続型信託に関する元本受益権の全部を適正な対価を負担せず取得した場合（当該元本受益権に対応する収益受益権について法第9条の3①ただし書の適用がある場合又は当該収益受益権の全部若しくは一部の受益者等が存しない場合を除く。）　零

㊟　法第9条の3の規定の適用により、上記⑵又は⑶の受益権が複層化された受益者連続型信託の元本受益権は、価値を有しないとみなされることから、相続税又は贈与税の課税関係は生じない。ただし、当該信託が終了した場合において、当該元本受益権を有する者が、当該信託の残余財産を取得したときは、法第9条の2第4項の規定の適用があることに留意する。

⑷　相続税法における受益者連続型信託

　受益者連続型信託は、相続税法上、次の①～⑤に掲げる信託とされており（相続税法9条の3第1項、相続税法施行令1条の8）、「受益者の死亡により、当該受益者の有する受益権が消滅し、他の者が新たな受益権を取得する旨の定め（受益者の死亡により順次他の者が受益権を取得する旨の定めを含む。）のある信託」（信託法91条）より範囲は広く、該当するのか否かの判定は慎重に行う必要がある。特に、⑤に定める「類する信託」について、どのような信託が該当するのか明らかでない。

①　信託法91条に規定する受益者の死亡により他の者が新たに受益権を取得する定めのある信託

②　信託法89条1項に規定する受益者指定権等を有する者の定めのある信託

③　受益者等の死亡その他の事由により、受益者等の有する信託に関する

権利が消滅し、他の者が新たな信託に関する権利を取得する旨の定め（受
益者等の死亡その他の事由により順次他の者が信託に関する権利を取得する
旨の定めを含む）のある信託（信託法91条に規定する信託を除く）

④　受益者等の死亡その他の事由により、当該受益者等の有する信託に関
する権利が他の者に移転する旨の定め（受益者等の死亡その他の事由によ
り順次他の者に信託に関する権利が移転する旨の定めを含む）のある信託

⑤　上記①～④までの信託に類する信託

複層化信託について、信託設定時には受益者連続型信託に該当しないと判
断し、財産評価基本通達202項に基づき元本受益者が贈与税の申告をしてい
たとしても、その信託が税務上の受益者連続型信託に該当していた場合には、
将来元本受益者が信託財産の給付を受ける段階で100％評価による課税価格
にて贈与税（または相続税）が課税される可能性がある点には留意すべきで
ある。

また、税務上の受益者連続型信託に該当しない信託においては、受益権の
評価にあたって、次の①②のような論点も指摘されている。

①　収益受益権は将来利益を合理的に評価して推算した価額に基づき算出
し、これを基に差額として元本受益権が評価されるが、見積と現実とが
乖離した場合、収益受益権と元本受益権のいずれかが過大・過少評価で
あったこととなり、税務上の問題はどうするか。

②　固定資産税や減価償却費などの必要経費を収益受益権と元本受益権の
いずれに帰属させるべきか（将来利益の計算に含めるべきか否か）税務上
整理されていない。

5　財産評価基本通達による評価が認められないケースと信託財産

相続・贈与等により取得した財産の価額は、当該財産の取得時における時
価によることとされているが（相続税法22条）、時価とは、課税時期において
不特定多数の当事者間で自由な取引が行われる場合に通常成立すると認めら
れる客観的交換価値としており、その価額はこの通達の定めによって評価し
た価額としている（財産評価基本通達1項）。たとえば、不動産に関して、土
地については実勢価額ではなく路線価により、建物は固定資産税評価額によ

り評価するのは、この通達の定めを根拠にしている。

　ただし、財産評価は常に通達の定めどおりに行っていればよいというわけではない。通達の定めどおりに評価することが著しく不適当な場合には、国税庁長官が定めた評価額によって評価する旨の規定もあり（財産評価基本通達6項）、通達による評価が認められないケースもある。

財産評価基本通達6項（この通達の定めにより難い場合の評価）
　この通達の定めによって評価することが著しく不適当と認められる財産の価額は、国税庁長官の指示を受けて評価する。

　この相続税法22条と財産評価基本通達の関係について、東京地判令和2・11・12裁判所HPは、「財産の客観的交換価値は必ずしも一義的に確定されるものではなく、これを個別に評価すると、その評価方式、基礎資料の選択の仕方等によって異なった評価額が生ずることが避け難く、また、課税庁の事務負担が重くなり、課税事務の迅速な処理が困難となるおそれがある。そこで、課税実務においては、評価通達によって各種財産の評価方法に共通する原則や各種財産の評価単位ごとの評価方法が定められ、原則としてこれに定められた画一的な評価方法によって当該財産の評価を行うこととされている。このような取扱いは、当該財産の評価に適用される評価通達の定めが適正な時価を算定する方法として合理性を有するものである場合には、納税者間の公平、納税者の便宜、徴税費用の節減といった観点からして相当であるということができる。

　そして、租税法の基本原則の1つである租税平等主義に照らせば、特定の納税者あるいは特定の財産についてのみ、評価通達の定める評価方法以外の評価方法によってその価額を評価することは、原則として許されないものというべきである。しかしながら、課税実務において評価通達の定める画一的な評価方法が用いられている趣旨が上記のようなものであることに鑑みると、評価通達の定める評価方法によっては適正な時価を適切に算定することができないなど、評価通達の定める評価方法を形式的に全ての納税者に係る全ての財産の価額の評価において用いるという形式的な平等を貫くことによって、かえって租税負担の実質的な公平を著しく害することが明らかであるといえ

るような特別の事情がある場合には、他の合理的な方法によって評価することが許されるものと解すべきである」とし、国税不服審判所平成29・5・23公表裁決では、「このことは、評価通達において『通達の定めによって評価することが著しく不適当と認められる財産の価額は、国税庁長官の指示を受けて評価する。』と定められていることからも明らかなものというべきである」とされており、過去の判例や国税不服審判所における裁決でも同様の判断がなされている。

　前掲東京地判令和2・11・12においては、「本件不動産に係る本件通達評価額と本件鑑定評価額とのかい離の程度が極めて大きく、これによって本件相続税の額にも大きな差が生じていることに加えて、本件被相続人及び原告Aが上記のような評価額の差異によって相続税額の低減が生じることを認識し、これを期待して本件不動産を取得したことに照らせば、本件不動産については、評価通達の定める評価方法によって財産を評価することによって、かえって租税負担の実質的な公平を著しく害することが明らかであるから、特別の事情があるというべきである」として、財産評価基本通達6項を適用し、通達どおりに評価した納税者の申告を否認して、不動産鑑定評価額にて更正処分をした国側の主張を容認している。

　ここで、信託財産の評価に話を戻したい。信託財産に関しても、贈与または遺贈により取得したものとみなされる信託に関する権利または利益を取得した者は、当該信託の信託財産に属する資産および負債を取得し、または承継したものとみなして、相続税法の規定を適用するとされており（相続税法9条の2第6項）、信託していない財産と同様の評価方法を採用することとなる。当然、財産評価基本通達6項が適用される可能性もある。信託行為に定めた目的や受託者の権限次第では、委託者兼当初受益者が信託後に認知症になったとしても、推定相続人である（場合によっては帰属権者にも指定されている）受託者の判断で不動産を取得することもできるが、その経緯や程度次第では、上記の「特別の事情」に該当する可能性も考えられ、信託の組成段階から十分に認識をしておくべきである。

第 2 章

民事信託の
適正活用の考え方

＞民事信託士検定の事例を素材に

Ⅰ　福祉型信託

1　事例（課題）

　成年後見や遺言との棲み分けや併存といった関係から、いわゆる「福祉型信託」が、その数やニーズともに多数を占め、民事信託の中心的な活用事例となっている。

　そこで、ここでは民事信託士協会の第4期民事信託士検定において出題された「福祉型信託」の事例を素材に、問題の所在を確認したうえで、信託契約条項や実務上の留意点を解説したい。

1　親族関係

A男とその親族関係は次のとおりである。

A男（75歳）：相談者

W子（死亡）：A男の妻

B男（50歳）：A男の長男

X子（45歳）：B男の妻

D男（20歳）：B男の子

C男（死亡）：A男の二男

Y子（48歳）：亡C男の妻

Z子（23歳）：亡C男の子

【関係図】

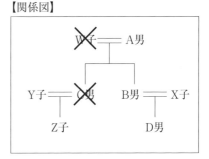

2　相談者A男の財産・収支の状況

A男の財産・収支の状況は次の①～⑧のとおりである。

①　居住用不動産（〔表〕のとおり）

②　賃貸アパート（〔表〕のとおり）

③　賃貸ビル（〔表〕のとおり）

※　相続税の計算上、小規模宅地の選択ができる場合には、その
要件はいずれも満たされているものとする。

〔表〕　所有不動産の概要

		①居住用不動産	②賃貸アパート	③賃貸ビル
所在		東京都下	東京都下	東京都下
階建		2階	2階（計10戸）	4階（計8戸）
固定資産評価額	土地	90,000,000円	60,000,000円	120,000,000円
	建物	2,500,000円	3,000,000円	8,000,000円
構造		木造	軽量鉄骨造	鉄筋コンクリート造
築年数		40年	35年	25年
修繕／建替計画		建替費4,000万円（うち2,000万円分は融資を受ける予定）	修繕費300万円	修繕費1,000万円
管理形態		—	原則、自己管理（入退去時・入居者募集は委託）	全面的に管理会社に委託（賃料回収含む）
賃料（月）		—	50万円（5万円×10部屋）	200万円（25万円×8部屋）
諸経費（月平均）		—	8万円	20万円（スケルトン／原状回復は借主負担）
預り金（敷金・保証金）		—	50万円	1,200万円
付担保		なし	なし	あり（抵当権）

※減価償却費は考慮しないものとする。

④　預貯金　6,000万円

　　・これまで修繕／建替費として積み立ててきた金銭（3,300万円）はここに含むものとする。

　　・6,000万円は、賃借人からの預り金の計1,250万円を含んだ金額であるものとする。

　　・相続税として想定される額相当分の生命保険（保険金は全額支払済み）を契約済みである。

⑤　年金　7万円／1カ月

⑥　生活費　30万円／1カ月

⑦　残債務　500万円

　　・ローン返済費　10万円／1カ月（あと5年で完済予定）

　　・抵当権者　にこにこ銀行　※信託口口座開設等の信託サービスの取扱いあり

　　・債務者　A男

　　・抵当権を設定した物件　賃貸ビル

⑧　税金・修繕積立金等　約100万円／1カ月

〔表〕　税金・修繕積立金等の内訳

内訳	金額（月額）
固定資産税・都市計画税	約15万円（居住用不動産約5万円、アパート約4万円、ビル約6万円）
住民税	約13万円
所得税	約30万円
消費税	約15万円
個人事業税	約8万円
税理士顧問料	約4万円
修繕積立金	約15万円

3　相談者Ａ男および親族の状況

Ａ男および親族の状況は次の①～⑧のとおりである。

① 　Ａ男には、Ｂ男とＣ男という２人の子がいるが、10年前にＣ男が死亡、さらに５年前に妻Ｗ子が死亡している。

② 　Ａ男からみて、Ａ男、Ｂ男の一家、Ｃ男の一家間相互間の関係は良好である。

③ 　Ｂ男は、自営業を営んでおり、妻Ｘ子と子Ｄ男がいる。Ｂ男は自身の結婚の際に実家を離れていたが、５年前にＷ子が死亡したことを機に一家で実家に戻り、Ａ男と同居を始めた。

④ 　Ａ男は、Ｗ子死亡後から急激に体の衰えを感じ始め、財産管理が面倒になってきた。そのため、所有するアパートの賃料回収や、賃貸ビルを管理委託している不動産会社とのやりとりを、同居のＢ男に少しずつ手伝ってもらうようになってきている。

⑤ 　居住用不動産については、築年数も相当経っているので、そろそろ建替えをしなければならない状況である。そこで建築会社に試算をお願いしたところ、建築費は計4,000万円とのことであった。またＡ男は、建築費用のうち2,000万円はローンを組み支払いたいと思い、取引があるにこにこ銀行に相談したところ、2,000万円であれば、対象不動産に抵当権を設定することを条件に融資の審査が通る見込みありという回答を得ている。

⑥ 　５年以内にはアパートと賃貸ビルの大規模修繕が必要になるところ、Ａ男は、今のところ意思能力に問題がないものの、いざ大規模修繕を行うときまで意思能力が保たれている自信はない。

⑦ 　亡Ｃ男は生前、外資系企業の役員を務め相当な収入があり、Ａ男からの援助もなくマイホームを購入しながらも、倹約・計画的に生活をしていた。死亡時にはローンも支払いきっており、相当額の生命保険もかけていたことに加え、Ｙ子は貯金を減らさないように週５日のパートで働いており、残されたＹ子とＺ子の生活は今のところ安定している。

⑧　D男は大学2年生として学生生活を、Z子は研究職志望の大学院生として研究に没頭する日々であり、双方ともに当面はまとまった収入を得られない可能性が高い。

4　相談者A男の希望等

A男の希望等は次の①～③のとおりである。

①　今の生活レベルを維持するために、この際、財産管理を含む自分の今後のことを、今から全面的にB男に頼みたい。

②　自宅を建て替えて、B男一家も引き続きいっしょに住んでもらいたい。

③　自分の亡き後は、自宅とアパートをB男に、賃貸ビルをZ子に引き継がせたい。

【課題1】

A男の希望をかなえるための民事信託を検討し、その信託スキーム図を作成して、解説してください。

【課題2】

信託契約書を作成し、さらに、次の①～⑫の主要条項について、どのような趣旨でその条項を作成したのかを解説してください。なお、不要と考えるものがある場合は、その理由も解説してください。

①　信託の目的

②　信託財産・信託財産責任負担債務

③　受託者

④　受益者

⑤　信託財産に属する財産の管理・運用・処分方法

⑥　受託者の義務・報告等

⑦　信託法31条に基づく利益相反行為

⑧　受益権

⑨　信託の変更

⑩　信託の終了

⑪　清算・残余財産の帰属

⑫　その他の必要な条項とその理由

【課題3】

　次の①②の手続に関して、信託設定に伴って、民事信託士として助言すべきことを、その理由とともに解説してください。なお、不要と考えるものがある場合は、その理由も解説してください。

①　残債務および賃貸ビルに設定された抵当権についての金融機関との折衝

②　居住用不動産の建替計画を受託者が契約当事者となり進めていくうえでの留意点

2　事例のポイント（出題の意図）

(1)　福祉型信託の3つの類型

　福祉型信託に関する事例は第1期の検定から毎年繰り返し出題されているところである。その理由は、民事信託の最も典型的な活用事例であり、実務においても民事信託の中核をなす信託といえるからである。

　この福祉型信託は、①高齢者や障害者の財産管理信託、②配偶者亡き後の財産管理信託、③親亡き後の財産管理信託という、大きく3つの類型に分けることができる。

(2)　福祉型信託の主要条項

　本事例は、この3つの類型の中でもベースとなる高齢者や障害者の財産管理信託という民事信託の基本中の基本についての出題である。

　その中で民事信託の主要条項は何か、なぜそれを本件における主要条項としたのかを問うものである。換言すれば、信託を起案するうえで、何を念頭において、どう起案していくのかといった、各信託条項をつなぐ考え方を問うものといえる。

　本事例では、委託者となるA男の財産・収支の状況を詳細に定めていることから、より実務的に検討されることを期待したものである。

┌─ コラム ┐　8　信託収支

　信託収支とは、信託財産に属する財産と信託財産責任負担債務の状況をいうが、信託を維持して行くうえで常に考慮していなければならない事項である。

　なぜなら、信託収支が成り立たない信託は早晩目的不達成で信託当事者の意に反し残念ながら終了せねばならない信託だからである。

　特に、受益者連続型などの期間が何十年に及ぶことが予想されるケース、自宅から施設への移住を余儀なくされ、受益者の生活状況の変化に対応しなければならないケース、あるいは、不動産の修繕費の大幅な高騰といったケースなど、信託設定当初の見込みと実際の費用の乖離が生じやすいケースではこの点をよく考慮して信託を設定しなければならない。

　この点、将来の予期せぬ支出に備えての条項として、追加信託条項（第4章ⅡQ5参照）の規定をおくのが一般的である。ただし、この追加信託が受けられない場合や、受けたとしても信託収支を維持するに足りないような場合には、信託収支を見直しそれに基づいて信託契約等の変更手続をとらなければならない。しかるに、委託者死亡等により、この変更手続を速やかにとることができないような変更条項であったりすると、信託は継続できず終了となりうるので、変更条項の規定の仕方は重要である。

　このようにはなはだ不本意な終了という結果を招かないためには、ライフプランに沿った綿密な信託収支のシミュレーションや、ファイナンシャルプランナー等の専門家による信託収支のチェックが必要といえる。

⑶　信託内貸付の必要性

　出題当時、金融機関も含め信託関係者の間で、信託内貸付あるいは受託者ローンといったものの必要性が認識され始めた時期であった。そこで、本事例では、その受託者ローンの需要にも応える意味で、信託財産を、単に自宅不動産を中心とする事例ではなく、収益不動産も加えて受託者ローンを想定した信託内容とせざるを得ない設定としている。

3　信託スキームの検討

　本事例において活用しうる信託のメリットを確認したうえで、そのスキームを検討する（【課題1】の解答例）。

　まず、本事例において信託を活用するメリットとしては、Ａ男の現在の財産管理の負担を軽減できること、Ａ男の認知症や寝たきりといった「もしも」の対策ができること、Ａ男の将来の相続時の紛争回避のための財産分けなどを信頼する長男Ｂ男に託すことができることがあげられる。

　信託スキームの具体的なポイントは、次の①〜⑦のようなものが考えられよう。

① 信託の目的は高齢であるＡ男の生活支援とその福祉の確保とする

② 受託者は同居の長男Ｂ男とし、Ｂ男が死亡等したときにはＸ子を新受託者として継続する

③ 受益者は委託者Ａ男とする

④ Ａ男の受益権は、信託財産の管理処分から生じる使用や収益の経済的利益を終生享受できる内容とする

⑤ 信託財産は、Ａ男の自宅・金銭に加え収益不動産２物件とする

⑥ 家賃の受領権は今後Ｂ男に移転しＡ男に代わって信託財産の管理処分をしていく

⑦ Ａ男の死亡後の帰属権利者として自宅不動産と賃貸アパートはＢ男に、賃貸ビルは孫のＺ子に、金銭はＢ男とＺ子に均等に帰属させる

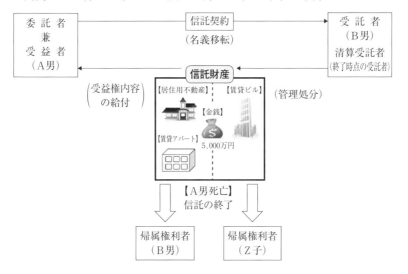

4　信託契約書の作成

　本事例の信託スキーム（前記3）についての不動産・金銭の管理・処分・承継に係る信託契約書は次のとおりである（【課題2】の解答例）。

不動産金銭管理処分並びに承継信託契約書

第1章　信託の成立

　委託者A男（以下、「委託者」という）及び受託者B男（以下、「当初受託者」という。また、当初受託者と一切の新受託者とをあわせて、以下、「受託者」という）は次条以下の信託契約（以下、「本信託」という）を本日締結した。

第1条（信託の目的）

　　本信託の目的は、以下のとおりとし、これを実現するため、受託者は、次条記載の信託財産の管理・処分を行う。

⑴　受益者の生活支援及び福祉を確保すること

⑵　委託者の希望に沿った財産承継を実現すること

第2条（信託財産）

1　本信託に基づく当初信託財産は、別紙「信託財産目録」記載の不動産（以下、「信託不動産」という）及び金銭（以下、次項の金銭を含み「信託金銭」という）とする。

2　前項の信託財産から生じる収益及び処分により取得した財産、受託者が借り入れた資金並びに第19条の規定に基づき追加された財産は、信託財産に属する財産とする。

第3条（信託財産責任負担債務）

1　当初受託者は、委託者から別紙「引受債務一覧」記載の債務（以下、「借入債務」という）を引き受ける。借入債務は信託財産責任負担債務（信託法第21条第1項第3号）とする。

2　借入債務について債権者からの承諾を得たときは、委託者は、同債務関係

から脱退する。

3　前2項に定めるもののほか、当初受託者は、信託不動産を目的物とする賃貸借契約に付随して委託者が負っているすべての敷金等預り金返還債務を、免責的に引き受ける。

第4条（委託者等、受託者及び新受託者）

1　本信託の委託者は、以下の者とする。

　　　　住　　　所　　東京都○○市一丁目1番1号
　　　　氏　　　名　　A男
　　　　生年月日　　　昭和18年○月○日

2　委託者が死亡したときは、委託者の地位は残余財産の帰属権利者に移転し、権利は消滅する。

3　本信託の当初受託者は、以下の者とする。

　　　　住　　　所　　東京都○○市一丁目1番1号
　　　　氏　　　名　　B男（続柄、委託者の長男）
　　　　生年月日　　　昭和43年○月○日

4　受託者は次に掲げる各号のうちいずれか早く到来したときをもって任務終了とする。

⑴　辞任したとき

⑵　受託者に後見、保佐若しくは補助開始の審判又は任意後見監督人選任の審判がなされたとき

⑶　受託者の死亡

⑷　その他信託法第56条第1項に定める終了事由に該当したとき

5　前項により当初受託者の任務が終了したときは、新受託者として、以下の者を指定する。

　　　　住　　　所　　東京都○○市一丁目1番1号
　　　　氏　　　名　　X子（続柄、委託者の長男の配偶者）
　　　　生年月日　　　昭和48年○月○日

6　受託者は、自らの心身の状態等により信託財産の適切な管理等ができないと判断したときは、受益者に通知して、辞任することができる。

第5条（信託財産の引渡し及び公租公課等の精算）

1　委託者は、当初受託者に対して、本信託契約締結後、速やかに、第2条第1項の信託財産を引き渡し、信託不動産については双方の協力の下、本信託

に基づく当初受託者への所有権移転及び信託の登記申請手続を行う。

2　当初受託者は、信託財産と自己の固有財産とを分別して管理するための信託専用の預金口座（以下、「信託口座」という）を開設し、委託者から受領した信託財産たる金銭を信託口座に入金する。

3　信託財産の公租公課その他の費用の管理は、本契約締結日をもって区分する。

第2章　受益者及び受益権の内容

第6条（受益者及び受益権の内容）

1　本信託の受益者は、委託者とする。

2　本信託の受益者は、委託者以外は変更することはできない。

3　受益者は、受益権として、以下の各号の権利を有する。

⑴　別紙「信託財産目録　第1⑴」記載の不動産（及び同建替え後の不動産を含む）を生活の本拠として無償にて使用する権利及び同不動産に受益者が認める親族を無償にて同居させる権利

⑵　次の給付を受ける権利

　　　定期給付　毎月30万円

⑶　別紙「信託財産目録　第1⑵」及び別紙「信託財産目録　第1⑶」記載の不動産を第三者に賃貸したことにより受託者が取得する賃料並びに別紙「信託財産目録　第2」記載の金銭及び信託金銭から次の給付を受ける権利

　　　臨時給付　受益者の生活、医療、介護等に要する費用について、受益者又は受益者代理人が就任しているときはその者から給付の要求があり、受託者が相当であると判断した額の金銭

4　前項の規定にかかわらず、前項⑵の定期給付の額は、別紙「信託財産目録　第1⑵」及び別紙「信託財産目録　第1⑶」記載の不動産の収益から信託事務の処理に必要な費用を減じて得た額を超えない額とする。

5　受益者は、受託者の承諾なくして、受益権の譲渡又は質入れその他の担保設定等の処分をすることができない。

6　受益権は、相続財産としない。

第7条（受益者代理人）

1　受益者に後見、保佐若しくは補助開始の審判又は任意後見監督人選任の審判がなされた場合又は受益者より下記Xに受益者代理人の就任を依頼する書

面が到達したときは、以下の者を本信託の受益者A男の受益者代理人として
指定する。

　　　　住所　　東京都○○市○町○丁目○番○号　　○○事務所

　　　　職業　　司法書士・弁護士

　　　　氏名　　X

2　受益者代理人は、自らの心身の状態等によりその権限の行使又は適切な義
務の履行等ができないと判断したときは、受託者に通知して、辞任すること
ができる。

3　受益者代理人は、自己がその地位を喪失する場合に備え、新受益者代理人
をあらかじめ指定しておかなければならない。

第3章　信託財産の管理・処分

第8条（信託不動産の管理・処分の方法）

1　受託者は、本信託契約に別段の定めがある場合を除き、信託目的を達成す
るために、次の各号に掲げる方法により、信託不動産の管理・処分を行う。

　(1)　別紙「信託財産目録　第1(1)」記載の不動産（及び同建替え後の不動産
を含む）は、居住用不動産として、受益者及び受益者が認める親族に無償
で使用させる。

　(2)　別紙「信託財産目録　第1(2)」及び別紙「信託財産目録　第1(3)」記載
の不動産は、賃貸用不動産として、受託者が相当と認める方法、時期及び
範囲において管理・処分する。

　(3)　信託不動産には、信託財産の負担で損害保険を付保するものとし、信託
期間中これを維持する。

　(4)　信託不動産の管理処分を通じて得られる収益金等については、信託口座
にて管理する。

　(5)　その他信託目的を達成するために必要であると受託者が判断する一切の
行為を行う。

2　受託者は、信託不動産の換価処分、増改築、建替え及び信託財産を処分し
新たに信託に属する財産とすることができる。

3　受託者は、前項の費用等の支弁のために、受託者が必要と認める資金を信
託財産の負担において借り入れ、それを担保するための担保権を信託不動産
に設定することができる。

4　前2項については、受益者又は受益者代理人が就任しているときはその者
の承認を事前に得ることを要する。

第9条（信託財産に属する財産の分別管理）

1　受託者は、信託金銭を現金として保管せず、信託口座において、受託者の固有財産とは分別して管理する。

2　受託者は、信託不動産を取得した場合、速やかに、所有権の保存又は移転及び信託の登記申請手続を行う。

第10条（信託事務処理に必要な費用）

1　受託者は、信託財産をもって、受益者又は受益者代理人が就任しているときはその者に対して前払いを受ける額及びその算定根拠を通知することなく、次の各号に掲げる費用について信託財産から費用の償還または前払いを受けることができる。

(1)　信託財産に関する公租公課

(2)　信託不動産に関する保険料、修繕費及び返還する敷金等

(3)　振込手数料

(4)　受託者に過失なくして受けた損害賠償請求による賠償金

(5)　借入債務がある場合の当該債務の返済資金

(6)　その他本信託に係る事務を遂行するうえで発生する費用

2　前項にかかわる費用につき信託財産に不足が生じたときは、受益者の負担とする。

3　受託者は、信託不動産の修繕等の費用又は敷金等預かり金債務の返済金に充当するために、受託者が相当と認める方法により、信託金銭の一部を積み立てることができる。

第11条（信託事務処理の第三者への委託）

1　受託者は、信託事務の一部につき、第三者に委託することができる。

2　受託者は、信託事務の一部を第三者に委託したときは、委託先を適切に指導・監督するものとし、委託先の債務不履行責任について責任を負う。ただし、委託先の指導・監督に過失がないことを証明した場合はこの限りでない。

第4章　計　算

第12条（信託の計算期間）

信託財産に関する計算期間は、本契約締結の日から同年12月末日までとし、以後、毎年12月末日又は信託終了日までとする。

第13条（受託者の義務等と報告）

1　受託者は、本信託の目的に従って、忠実に信託事務の処理その他の行為を行い、かつ善良なる管理者の注意をもって信託事務を処理する。

2　受託者は、本信託開始と同時に、①信託財産目録、②信託帳簿等を作成し、受益者又は受益者代理人が就任しているときはその者に対して、年1回各計算期日から2カ月以内にその内容を書面にて報告する。

3　受益者又は受益者代理人が就任しているときはその者は、受託者に対し、前項以外においても適宜信託事務の処理状況及び信託財産の状況について報告を求めることができる。

第14条（信託報酬等）

1　受託者が受ける報酬は月額金5万円（消費税含む）とする。

2　受益者代理人が受ける報酬は月額金3万3000円（消費税含む）とする。

第5章　信託の終了

第15条（信託の終了事由）

1　本信託は、次の各号に掲げる事由によって終了する。

⑴　受託者及び受益者が合意したとき

⑵　委託者が死亡したとき

⑶　信託法第163条第1号から第8号に定める事由のいずれかが生じたとき

2　受益者代理人は前項⑴の合意する権限を有しない。

第16条（清算受託者）

1　清算受託者は、本信託終了時の受託者とする。

2　受託者を欠いた状態で信託が終了した場合には、清算受託者は、受益者又は受益者代理人が就任しているときはその者が指名した者とする。

3　清算受託者は、本信託条項及び信託法令に基づき、清算事務手続を行う。ただし、信託債権に係る債務の弁済については、信託法第181条の規定にかかわらず、信託不動産を担保とする金融機関に対する借入債務があるときはこれを除くことができる。

4　清算受託者は、本契約の規定に従い開設した信託口座について、金融機関に対し本信託が終了した旨を通知し、必要な手続を行う。

第17条（帰属権利者）

1　委託者の生存中に本信託が終了したときは、委託者を帰属権利者として指定し、残余の財産を現状有姿で引き渡す。

2　前項以外の場合には、次の各号に掲げる財産は、それぞれ当該各号に定める者を帰属権利者として指定し、現状有姿で引き渡す。

(1)　別紙「信託財産目録　第1(1)」記載の居住用不動産（及び同建替え後の居住用不動産を含む）並びに別紙「信託財産目録　第1(2)」記載の賃貸アパート

　　B男（住所、生年月日）。ただし、すでにB男が死亡していたときはD男。すでにD男が死亡していたときはD男の直系卑属、D男の直系卑属がいない場合はZ子

(2)　別紙「信託財産目録　第1(3)」記載の賃貸ビル

　　Z子（住所、生年月日）。ただし、すでにZ子が死亡していたときはZ子の直系卑属、Z子の直系卑属がいない場合はD男

3　第1項又は第2項の場合において、信託不動産を担保とする金融機関に対する借入債務があるとき、帰属権利者は、当該金融機関との協議のうえ、当該債務を引き受けるものとする。

4　帰属権利者は、信託不動産を目的物とする賃貸借契約に付随して受託者が負っているすべての敷金等預り金返還債務を、第2項の定めに従って、免責的に引き受けるものとする。

5　信託金銭は第2項の(1)(2)の帰属権利者へ第4項により免責的に引き受けた額に相当する金銭を給付し、その残額につき(1)(2)の帰属権利者に均等に帰属させる。

6　第3項及び第4項の債務を引き受けないこととなった帰属権利者に対しては、受託者は、当該帰属権利者に引き渡すこととされている不動産を換価処分し、当該残債務の弁済後の残額から当該換価処分に要した費用を控除した額を引き渡すことで、残余財産の引渡しに代えることができる。

第6章　補　則

第18条（契約の変更）

　本信託は、受託者及び受益者又は受益者代理人が就任しているときはその者の書面による合意により、信託目的に反しない範囲において変更することができる。

第19条（追加信託）

　委託者は、本信託の信託目的を達成するために、受託者の承諾を得て、金銭を追加信託することができる。この場合、追加された信託財産の管理・処分は本信託の定めに従うものとする。

第20条（契約に定めのない事項）

　本信託に定めのない事項は、信託法その他の法令並びに本信託の本旨に則り、受益者又は受益者代理人が就任しているときはその者及び受託者が誠実に協議して決定する。

○○年○○月○○日

　委託者兼受益者　　　　住所

　　　　　　　　　　　　氏名　　　　　　A男　㊞

　　　　　受託者　　　　住所

　　　　　　　　　　　　氏名　　　　　　B男　㊞

（別紙）

【信託財産目録】

第1　不動産

(1)　居住用不動産（及び同建替え後の不動産を含む）

　①所在　○○　　　　　　地番　○○

　　地目　○○　　　　　　地積　○○

　②所在　○○　　　　　　家屋番号　○○

　　種類　居宅　　　　　　構造　○○　　　　床面積　○○

(2)　賃貸アパート

　①所在　○○　　　　　　地番　○○

　　地目　○○　　　　　　地積　○○

　②所在　○○　　　　　　家屋番号　○○

　　種類　共同住宅　　　　構造　○○　　　　床面積　○○

(3)　賃貸ビル

　①所在　○○　　　　　　地番　○○

```
　　地目　○○　　　　　　地積　○○
②所在　○○　　　　　　家屋番号　○○
　　種類　事務所・店舗　構造　○○　　　　床面積　○○


第2　金銭（敷金等預り金を含む）
金　5,000万円
```

```
(別紙)
　　　　　　　　　　　　【引受債務一覧】
・契約名称　　　金銭消費貸借契約
・契約日　　　　○○年○○月○○日
・債権者　　　　金融機関名　にこにこ銀行
　　　　　　　　取扱支店　　○○○○
・債務者　　　　A男（委託者兼受益者）
・借入金額　　　○○万円
・残債務額　　　500万円（○○年○○月○○日現在）
・利率　　　　　○○. ○○％
・返済日　　　　毎月末日（年12回払い）
・最終返済日　　○○年○○月○○日
```

5　主要条項の趣旨

　本事例の信託スキーム（前記3）についての不動産・金銭の管理・処分・承継に係る信託契約書（前記4）の主要条項について検討したい（【課題2】の解答例）。

(1)　信託の目的

　信託とは、一定の目的に従い財産を管理または処分等をするものとする（信託法2条1項）とあるように信託の目的は、信託を構成する要素であり、それを欠くものは無効と考える。ここでいう目的は、信託を組成して自己の意思を実現しようとする委託者の要望から導かれた受託者の行動指針を意味するものである。

　具体的には、あたかも会社の事業目的と同様に、受託者の行動指針である

ことはもちろん、その権限を画し、かつ信託の変更や終了の際の判断基準に
もなるものをいう。本事例でいう、自分の今後のことを頼みたい、いっしょ
に住んでもらいたい、自宅やビルを継がせたいといった要望自体ではないし、
また単に信託財産の管理・処分としただけでは足りない。本信託契約1条に
(1)(2)と順番を振っているが、その間の整合性の問題、すなわち、どちらが優
先するか両立が可能かについては、本事例では受益権の内容を原則不動産収
益の範囲内の定期の給付金とし、生活支援を薄くすればするほど承継財産が
多くなるといった利益相反関係をできるだけ減少して両立させるよう注意を
払っている（第4章ⅡQ21参照）。

(2)　信託財産・信託財産責任負担債務

(ア)　信託財産

　本信託契約2条1項のように、信託財産が金銭、不動産と種類が異なる場
合は分けて規定すべきである。対抗要件取得を含む信託財産の管理処分方法
が異なり複雑化を避けるためである。ここでは、預貯金6,000万円のうちい
くら信託財産に取り組むかにつきその中身を下記のように計算したうえで
5,000万円とした。「全面的に頼みたい」とのことから、全額でもよいが、手
元に何も預貯金が残らないのは、Aとしても不安が生じよう。

記
6,000万円−修繕建替費3,300万円−敷金等1,250万円＝1,450万円
　※1,450万円のうちの450万円は信託に、1,000万円はAの手元に

　本信託契約2条2項は信託法16条のデフォルトルールを注意的に規定した
ものである。一般の方が通常疑問に思う点を先に規定しておくという意味で
重要である。

(イ)　信託財産責任負担債務

　本信託契約3条1項・2項は信託財産の中に抵当債務がある不動産が存在
する場合、積極財産たる不動産だけでなくその消極財産たる当該債務も一括
管理できなければ、完全な財産管理を受託者において果たし得ないことから、
委託者の借入債務を信託契約上信託財産責任負担債務とし（信託法21条1項
3号）、その信託の受託者として、債権者の承諾を要する免責的債務引受け

について債権者へ検討を要望する条項としている。３項は敷金等預り金債務について、民法605条の２第４項により、不動産の所有権移転に伴って当然つまり賃借人たる店子の承諾なしに移転するとのことから、借入債務と異なり免責的に引き受けるとしている。なお、別紙「引受債務一覧」にこの債務の記載がないのは、本事例では賃借人が多数で流動的でもあることから契約書の内容が大量で複雑になるのを避けるためであり同項のように規定するにとどめている。

(3)　受託者および受託者

本信託契約４条２項は、登録免許税法７条２項の要件を満たし、かつ、他の相続人の関与を避ける規定例となる（第１章Ⅲ７(2)(ウ)参照）。

Ｂ男は５年前から同居し、今後もＡ男は同居を望んでいることから、委託者Ａ男の生活支援と福祉の確保という信託の目的からいって、本信託契約４条３項のとおり、受託者はＢ男とするのが適当である。なお、Ｂ男は自営業を営んでいるが、信託の倒産隔離機能によりＡ男が信託を組成した財産は、その事業上のリスクから回避されている。４項・５項は、生身の個人であるＢ男が受託者になることから、信託の中心人物となる受託者に有事が生じた場合の備えとして重要である。

新受託者としてＢ男の配偶者Ｘ子が信託の目的からいって、次に適当と判断した。そのため信託報酬にも配慮している（本信託契約14条１項）。Ｘ子の就任意思の真意を確認する必要がある（第４章ⅡQ13参照）。

(4)　受益者および受益権

本信託契約６条２項では、受益者をＡ男に、信託目的からいってほぼ確定的なものにしている。また、３項(1)(2)では、従前の生活を維持するＡの要望をかなえるよう具体的な内容を受益権に盛り込んだ。本事例では、定期給付・臨時給付と分けて、定期給付額は明記している。

(5)　信託財産に属する財産の管理・運用・処分方法

本信託契約８条２項・３項では、不動産の管理と処分につき受託者の権限事項を明確にし、管理については受託者の裁量を広く認める規定とした。ただし、これは信託の目的の範囲内であることは大前提である。一方、その処分については４項で受益者等の承諾を要するとして裁量権を制限している

（信託法26条ただし書）。

　本信託契約10条では、どういった場合に受託者は支払いが可能となるかを例示し、実務でまごつかないよう基準を示した。

　本信託契約11条は、収益物件を複数含む本事例では、受託者Ｂ男が自営業を別途営んでいることからも一部事務の委託は避けられず、その権限と責任につき規定したものである。

(6)　受託者の義務・報告等

　本信託契約13条１項は、受託者の一般的義務である善管注意義務を課したものである。自己の財産におけるのと同一の注意義務に軽減することも、受託者Ｂ男が専門職でないことから考えられるところだが、本事例の信託財産の額が多額で、関係する者も多数に上ることから原則どおりの責任を課すこととしている。

(7)　信託法31条に基づく利益相反行為

　信託財産の自宅不動産に受託者Ｂ男とその家族が同居できるとするために本信託契約８条１項(1)で「受益者及び受益者が認める親族に無償で使用させる」と規定し、２項で受託者は、信託目的達成のために建替えをすることができるとの権限を明記した。

　本信託契約８条１項(1)は、信託法31条１項１号の信託財産に係る権利たる使用権を固有財産に帰属させることに受託者が同居することは該当し、本信託契約８条２項は、信託法31条１項４号のその他第三者との間における自宅の新築請負契約が同居のための家であれば受益者との利益相反に該当するため、同条２項１号の信託契約上当該行為を許容する旨の定めとして規定した。

　受託者の居住利益の法的性格について、受益権なのか、単なる使用貸借権なのか、受託者の管理処分義務の反射的利益なのか（信託法８条との関係で問題はないかという疑義が生ずる）が考えられるところ、受益権の内容として６条３項(1)で無償使用権として規定した。

(8)　信託の変更と信託の終了

　信託の変更については、本信託契約18条で「受託者及び受益者又は受益者代理人が就任しているときはその者の……合意によ」るとする一方で、信託の終了については、15条１項(1)の「受託者及び受益者が合意したとき」を２

項で除外（信託法139条１項ただし書別段の定め）して、受益者代理人に終了
までの決定権限を与えるのは妥当でないとして、合意が必要な者について異
なる規定としている。特に、本事例は福祉型信託であり、委託者兼受益者保
護の観点からも、受益者関与なき終了は妥当ではないと思われるからである。

　なお、担保権者の変更に関しての承認規定は、軽微変更にまで関与させる
のは現実的でなく、信託契約書とは別途の合意書ないし誓約書等で受託者か
ら事前変更通知等させるのが多いと思われることから規定していない。特に
受託者ローンを受ける際、金融機関から次の①②のような変更を（多くは①
と思われる）要請される場合が出てくる。

①　受託者は、変更後速やかに、信託不動産に借入債務の担保権が存在す
　　るときはその担保権者に通知しなければならない

②　受託者は、信託不動産に借入債務の担保権が存在するときはその担保
　　権者の承認を受けなければならない（ただし、受益者、帰属権利者、終了
　　合意等の特定事項に限定されよう）

　なお、本信託契約15条１項(2)で委託者の死亡を終了事由としているが、こ
れは従来から多くみられる規定である。これに対し、債務控除を確実に受け
られるよう（第４章Ⅱ Q19参照）、①15条の終了事由から委託者の死亡を削除
し、６条１項の後に２項として帰属権利者となるＢ男とＺ子を第二次受益者
と定めるという方法（ただし本事例では承継させる不動産と金銭に付き受益権の
分割と先死亡における補充規定（17条２項・５項の内容）も必要となろう）、②17
条１項の帰属権権利者を終了時の受益者とし、２項・５項は削除するという
方法も提案されている。

⑼　清算・残余財産の帰属

　本信託契約16条１項～３項は、清算手続に関する注意的規定である。信託
がたとえば委託者Ａ男の死亡で終了したらそこで信託関係が完全に消滅する
との一般の方の誤解を回避するため、あえて規定し説明する必要がある条項
といえよう。４項は信託口口座自体を残す必要性は毫もなく、誤解や、ひい
ては悪用されることさえあることから規定している。

　本信託契約17条１項は、委託者が生存中に終了し帰属権利者が委託者以外
とすると想定外の贈与税が生じてしまうことからの規定である。２項は、信

託財産ごとに委託者の希望に沿った帰属権利者を定めた（第4章ⅡQ23・Q24参照）。遺言における遺産分割方法の指定と同様の効果となる。第一次の帰属権利者は、受託者である長男B男と代襲相続人たる孫のZ子であるが、その者の先死亡の場合の補充規定を公平に定めた。3項～6項は、残余財産に係る債務を各帰属権利者に受託者から引継ぎをさせるものである。各帰属権利者が債務引受けを拒む場合は、清算手続の中で換価して債務を支払った後の残額の給付でもよいとして受託者の責任を軽減する方策を定めている。

⑽　その他の必要な条項とその理由

㋐　表題と信託行為

名は体を表すということから、表題には、①信託財産の種類、②管理だけか処分までか、あるいは、終了後の承継に重点があるのか、③3つの信託行為のうちのどの方法をとったのかといった観点から、表題の表示とした。

㋑　受益者代理人

本信託契約7条は、受益者A男の年齢からいって、また信託財産や関係する者も多いため、信託事務を監視する目は必要と考え、停止条件付きではあるが受益者代理人の規定をおいた。帰属権利者にわが子のZ子がなっているY子も適任として、その候補者となろう。ただし、本事例では、信託収支は毎月100万円ほどの黒字であることから、身内ではなく第三者たる専門職のXを受益者代理人としている。

㋒　信託報酬等

受託者B男は長男で、受益者A男の扶養義務者であり、かつ無償にて自宅不動産を使用でき、残余財産の帰属権利者にもなっている点から報酬は不要とも考えられる。しかし、自宅以外に収益物件2棟と5,000万円という金銭を責任もって管理していかなければならない。しかもA男は75歳で10年を超える長い期間も想定でき、その間自宅を使用できる以外に報酬が全くないとモチベーションが維持できないおそれが生じる。

特に新受託者たる妻X子ではなおさら報酬なしでは就任すら覚束ないことになろう。本信託契約14条1項では、本事例の信託収支が毎月100万円ほどの黒字であることから、信託事務とその責任からいって受託者報酬を毎月5万円とすることに異論は出ないと考える。このように、いつになるかわから

ない将来の不動産や金銭の給付とは別に、現在の報酬付与は信託を維持するために欠かせない条項と考える（第4章ⅡQ14・Q15参照）。

　本信託契約14条2項の受益者代理人の月額報酬は3万3000円とした。本件の受益者代理人は第三者の専門職であることから、信託財産の額や信託収支から後見監督人の報酬を参考に規定している。ただし、受益者代理人の就任は本信託契約7条1項で停止条件付きとなっているので、信託開始と同時に就任するわけでも、必ず就任となるわけでもない点も考慮している。

㈓　通知義務と承認手続

　本信託契約16条4項では、終了時に信託口口座のある金融機関へ通知する旨規定した。また、本事例は、建替え予定の自宅および収益不動産を信託財産に加え、その信託不動産の有効活用が期待される信託である。その有効活用の一環として、建替え・買替え資金等の融資を受けるケースでは、受託者ローンを受けるための金融機関に配慮した信託条項の定めが必要となろう。たとえば、本信託条項17条3項の清算時の帰属権利者の借入債務の引受けに関する協議規定である。

　これら以外にも、本信託契約18条と20条の信託変更時や定めのない事項の決定時の通知あるいは承認等、融資時に金融機関から個別の信託条項の変更や定めのない事項の追加要請があることが予想されることは前述した。

㈔　追加信託

　本信託契約19条の追加信託の条項も、今後の不測の出費に備えるために必要と考える（第4章ⅡQ5以下参照）。受託者の承諾を得ず、金銭が信託口口座に振り込まれたら自動的に信託財産となるとはしていない。受託者の知らない間に信託財産が増えることを認めることは、信託財産の管理等に責任を負う受託者の立場から許容できないことといえるからである。

6　受託者への助言

⑴　残債務および賃貸ビルに設定された抵当権についての金融機関との折衝における助言

㈎　助言の内容

第1に、信託契約の締結前に、抵当権付き不動産について信託による受託

者への所有権移転の登記をする旨を金融機関に告知しその承認を得るよう助言する。第2に、委託者の残債務を受託者に引き受けさせる契約についても金融機関と相談するよう助言する。

　　㈠　助言の理由

　第1は、承認なしに移転登記をすると、銀行取引約定書中の抵当不動産の処分時における通知義務違反となり、借入債務の期限の利益の喪失による一括返済の請求や担保権実行手続に付されるおそれが生じるからである。

　第2は、本事例では免責的債務引受けを予定しているが、これは債権者の承諾なしにできない契約であり、金融機関側で信託契約の内容を検討し債務引受けにつき判断してもらうためである。

⑵　居住用不動産の建替え計画を受託者が契約当事者となり進めていくうえでの留意点としての助言

　　㈠　助言の内容

　受託者に建築請負契約を締結する権限があることを明確にする必要があるため、信託契約は私署証書を避け、公正証書で締結するよう助言する。また、本事例では、建替え費用の一部2,000万円につき、にこにこ銀行から早々に融資を受ける予定になっていることから、受託者の融資を受ける権限も公正証書で明確にしておく必要があることを助言する。

　　㈠　助言の理由

　建替えは取壊しと建物の建築請負契約の締結としてなされる。通常契約の相手方はハウスメーカーであるがその相手方にとって、信託会社以外の個人が受託者となって上記契約を締結することは現時点では稀というケースが多いこと、同様に受託者を債務者とするローン契約あるいは受託者が物上保証となる担保権の設定契約は金融機関にとって稀といえ、その際、受託者の契約締結等の権限が必ず問われるからである。

Ⅱ　事業承継のための自社株信託

1　事例（課題）

　近年、中小企業経営者の年齢がいよいよ高年齢化しており、今後、多くの企業が事業承継の検討を余儀なくされることとなろう。

　そこで、ここでは民事信託士協会の第1期民事信託士検定において出題した「事業承継のための自社株信託」の事例を素材に、問題の所在を確認したうえで、信託契約条項や実務上の留意点を解説したい。

1　会社の概要

　会社の概要は〔表〕のとおりである。

〔表〕　会社の概要

商　号	株式会社　甲	
発行済株式の総数	1000株（譲渡制限株式・株券不発行会社）	
業務内容	倉庫業・運送業・梱包業	
資本金の額	金1000万円	
1株時価	150万円	
役　員	代表取締役	A
	取締役（副社長）	B
	取締役（専務）	C
	監査役	D
株　主	A	720株
	Aの長女	120株

	Aの二女	20株
	B	70株
	C	70株
株式の譲渡制限に関する規定	当会社の株式を譲渡により取得するには、取締役会の承認を受けなければならない	
会社成立	昭和50年	
従業員	20名	

2 相談者A（代表取締役：73歳）の状況および希望等

Aの状況および希望等は次の①〜⑥のとおりである。

① ㈱甲は、Aが一代で築いた会社であり、親族も従業員として雇っている。Aにはカリスマ性があり、Aの意向が会社の意向とされる状況にある。

② Aは、経理を担当する従業員として勤務している長女を後継者とし、ゆくゆくは同人の直系卑属へ承継したいと考えているが、遺言を残すなどの対応がなされていないまま今日まできている。

③ Aは、長女が後継者となるには時間がかかるだろうと懸念し、副社長Bと専務Cを頼りにしているが、社内体制整備が進んでいない。

④ Aは、1〜2年前から、体調が不安定になり始め、出社しないことが多くなっているが、重要事項については、副社長BがA宅を訪問してAの意向を確認するようにしている。現時点で、Aの判断能力に問題はない。

⑤ Aは、副社長Bに一時期会社を任せ、長女が後継者となる環境が整った時点で、長女に承継するということも考えているが、Aが万一のときに、Bにこの希望をかなえてもらえるかについて不安がある。

⑥ 本社の不動産は㈱甲名義であるが、倉庫の一部（時価約1億3000

万円）はA個人名義であり、㈱甲と賃貸借契約を締結している。そのほかのAの個人資産は、自宅不動産（時価約7000万円）のほか、預金約1億円である。

3　人物関係とそれぞれの状況等

Aの関係者とそれぞれの状況等は次のとおりである。

⑴　**Aの配偶者はすでに死亡している**

⑵　**Aの長女（45歳）とその家族状況**

①　5年前より㈱甲で経理担当として勤務している。別会社で経理として10年の経験がある。離婚し、20歳の長男がある。

②　会社を継ぐ意思はあるが、Aと同じような手段で経営していけるとは考えておらず、BやCの意見も尊重していきたいと考えている。

⑶　**Aの二女（40歳）とその家族状況**

①　貿易会社に勤務している。海外勤務も経験しており、社交的で物怖じしない性格である。配偶者や子はない。

②　長女が㈱甲を継ぐことについて異論はないが、権利意識はしっかりもっており、Aが死亡した場合には、当然、法律に従って遺産を配分されるべきだと考えている。

⑷　**副社長B（60歳）**

①　15年前に取引先で働いていたBの営業力と行動力をAが見初め、㈱甲に招く。6年前に副社長として役員に就任した。

②　Aの長女が後継者になることに異論はないが、将来社長死亡時に会社株式が二女にも相続されることによる混乱を懸念している。

⑸　**専務C（62歳）**

①　Aとは親族関係にあり、20年前から㈱甲に勤務している。10年前から役員に就任している。

②　Cは、面倒見や人柄がよいので、従業員の信頼も厚く、長女の教育者として適任である。

【課題1】

上記概要の会社に対し、Aから長女への承継手段として信託を活用す

る場合のメリット・デメリットを他の手法と比較して説明してください。

【課題2】

　信託スキームとその信託契約書を作成してください。

2　事例のポイント（出題の意図）

　第1期民事信託士検定では福祉型信託以外に、もう一問、この自社株信託による事業承継の事例が出題されている。自社株とは、第三者への譲渡が予定されていない会社の経営権に係る譲渡制限の付いた株式のことである。通常、中小企業のオーナー株式が典型となる。

　本事例が出題された理由は、平成18年の信託法改正後、平成20年に信託の活用事例として中小企業庁「信託を活用した中小企業の事業承継円滑化に関する研究会」による中間整理が発表され、その内容がこの自社株信託を用いた事業承継であったことによる。

　この中間整理では、平成18年の信託法改正当時から事業承継問題が大きくクローズアップされていたこともあり、新しい信託は事業承継の分野でも活用できる優れた制度であることを示さんとするものであった。しかも、このスキームを商品化した信託銀行が現れ、受託者となって事業承継のための自社株信託を開始し、早々に200件を超す成約があった。

　しかし、信託銀行が引き受けるにあたっては費用対効果の観点から対象会社の規模が限られてくることや、設定時の信託設定費用以外にも毎月の管理報酬までかかり、総コストはどうしても割高感を拭えないとされていた。

　以上から、早々に事業承継分野における信託の活用に関し見識を深める必要があり、受託者を信託会社以外に求める民事信託版として、本事例は出題された。

　信託の検討に入る前に、まずは、今まで行われてきた事業承継の手法との比較から、あえて信託を選択する理由づけが問われる。

　そのため、本事例のどの部分を根拠に、信託の設定を他の手法に勝るものとしてとらえることができるのかがポイントとなる。

　次に、信託を選択した場合には、自社株信託特有の、議決権行使に関する

指図権の条項や、株式信託の会社法上の対抗要件、株式譲渡承認決議など、設定時のみならず設定の前後の手続もポイントとなる。[1]

───**コラム　9　事業承継の3要素と必要不可欠な前提ステップ**───

　事業承継において、検討すべき事項と進め方はどのようなものだろうか。

　検討すべき事項は、①人（経営）、②資産、③知的資産という3要素の事業承継を検討し、その前提となる準備段階から実行までの5ステップで進めていくこととなる。

　本事例では、民事信託士として関与する場面を想定した検定の性質上、その検討対象は、資産（自社株・事業用資産）の承継（分散防止）に限定している。

　しかし、実際の事業承継実務では、次のとおり、「人（経営）」「資産」「知的資産」の3要素すべての検討が必要となる。[2]なお、スキームは、大きな目的を実現するためのあくまで手段であり、全体のごく一部であることには留意されたい。

　そして、これらすべての承継を行うにあたっては、いきなり実行はできず、次のとおり、①事業承継に向けた準備の必要性の認識、②経営状況等の「見える化」、③経営改善（磨き上げ）が不可欠であり、これらを前提として初めて、④事業承継計画の策定に入ることができることにも、留意が必要である。[3]

人（経営）の承継	資産の承継
・経営権	・株式 ・事業用資産 　（設備・不動産等） ・資金 　（運転資金・借入等）
知的資産の承継	
・経営理念　　・従業員の技術や技能　　・ノウハウ ・経営者の信用　・取引先との人脈　　　・顧客情報 ・知的財産権（特許等）・許認可　等	

　詳細は、「事業承継ガイドライン〔平成28

1　なお、第1期検定試験が行われたのは平成27年である。第三者承継の重要性がクローズアップされたことを受けて全面改訂された中小企業庁「事業承継ガイドライン〔平成28年版〕」の公表前ということもあり、親族内承継を中心とした事例である。もっとも、平成28年版のガイドラインでは、円滑な廃業手続や事業再生手法等による負債処理をしながら事業承継を進めることも提案され、平成29年3月にはやはり第三者承継等の新しい事業承継に対応した中小企業庁「経営者のための事業承継マニュアル」も公表されており、今後はこれらの事例への信託の活用も検討されよう。
2　中小企業庁「事業承継ガイドライン〔平成28年版〕」17頁。
3　中小企業庁・前掲（注2）20頁。

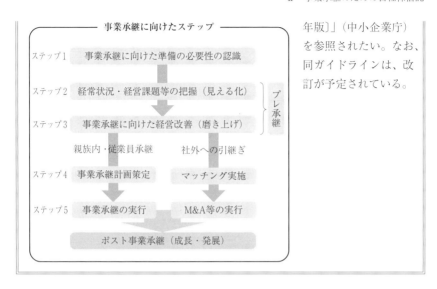

年版〕」（中小企業庁）を参照されたい。なお、同ガイドラインは、改訂が予定されている。

3　信託と他の手法との比較

(1)　信託の主なメリットとデメリット

　前述のとおり、信託はあくまで一手段にすぎない。そこで、信託ありきではなく、なぜ、信託でなければならないのか、他の手法と比較検討したうえで、相談者の納得が得られる説明能力が問われている。

　たとえば、①民法上の制度だけでも、生前贈与、売買、遺言、死因贈与等がある。また、②会社法上の制度としては、属人的定め、種類株式（議決権制限種類株式、拒否権付種類株式、全部取得条項付種類株式、取得請求権付種類株式）の活用や、相続人に対する売渡請求、特別支配株主による株式等売渡請求等の制度もある。さらには、③安定株主の導入、株主間契約、持株会社設立＋株式譲渡、あるいは遺留分の特例の検討も必要となる。

　以上のような他の手法と比較した、信託の主なメリットとデメリットは次のように整理できる（【課題1】の解答例）。

メリット	デメリット
① 経営者は議決権行使の指図権を引き続き保持することにより経営の実権を握りつつ、後継者の地位を確立させることができ、また議決権行使の指図権の移転事由などについて、経営者の意向に応じた柔軟なスキーム構築が可能である。 ② 自益権部分について、受益権（債権化）による遺留分対策が実現できる。 ③ 後継者の地位の安定性が確保できる（信託の変更を不可ないし限定すれば、後継者の地位が安定する）。 ④ 先代経営者の死亡と同時に後継者が、指図者ないし、自身の判断で議決権行使ができる受託者となることから、遺産分割等による経営の空白期間が生じない。 ⑤ 後継ぎ遺贈型受益者連続信託が利用できる（後継者の次の後継者を定めておくことや、子の世代では遺留分に配慮して非後継者にも受益権を与えつつ孫の世代では受益権を集約することもできる）。	① 信託設定に伴い、株式の名義移転は必要であり、株式譲渡が会社法の手続上も問題なく行える必要がある。 ② 受託者の義務と指図権行使との関係（たとえば、指図が法令に反する場合における受託者の対応等）を整理しておく必要がある。 ③ 事業承継税制の利用ができない。

(2) 本事例であえて信託を活用すべき具体的な理由

本事例の具体的事情から、いかなる点において他の手法は採用できないか、信託が優位であるかについて検討する。

---

4 この点について、「遺留分の算定にあたっては、議決権行使の指図権は、独立して取引の対象となる財産ではないため、財産的価値はなく、遺留分算定基礎財産に算入されないと考えられる」（中小企業庁「信託を活用した中小企業の事業承継円滑化に関する研究会における中間整理」4頁注5）という指摘がある。一方で、あくまで精査検討事項として、「『決議権行使の指図権』は、信託受益権とは別個の、信託契約から発生する権利と考えられるが、相続税法上の株式の評価において、原則として、議決権の有無を考慮せずに評価することとされていることも踏まえ、『決議権行使の指図権』に関し、相続税法上の評価を検討することが必要」とされていることには注意が必要であろう。

㈱　共益権部分の留保の必要性

㈱甲はＡが一代で築いた会社であり、Ａのカリスマ性に依存し、Ａの意向が会社の意向とされている。実際、現在でも重要事項の決定にはＡの意向確認が必要である。

よって、株式（特に共益権部分）の次世代への即時完全な承継は時期尚早である。したがって、議決権行使について、一定の権限をＡに留保するためのスキームが求められる。

この観点から、共益権も含めて権利が即時完全に移転する株式の生前贈与、後継者や持株会社への売却は不適切である。

㈣　確実かつ円滑な経営権の承継

Ａの意向から、一時的にＢにセットアッパーを委ねるものの、Ａの不在時にも、最終的には確実かつ円滑に長女へ承継させられるというスキームが求められる。

よって、まず、第三者が株主となる安定株主の導入は不適切である。また、権利移転時期が死亡時であるため、いつになるか不確定であるうえに、死亡時の承継手続時にタイムラグが生じる遺言や死因贈与も不適切である。

㈤　少数株主の存在、遺留分の問題への対応

Ａ死亡後は、長女に株式を承継させたいものの、二女の権利意識は強い。よって、全体の財産次第では遺留分侵害額請求がなされる可能性がある。

よって、二女に不利な合意を前提としたスキームは採用できない。この観点から、株主間契約、遺留分の特例は不可能である。

また、株価が非常に高額であるため、二女の遺留分確保のため、株式の自益権相当部分を二女にも与えざるを得ない。そこで、株式という１つの権利を共益権部分と自益権部分に切り分ける等、承継方法に工夫が必要である。

もっとも、二女も㈱甲の株主である。よって、長女に有利な株主総会決議を行う場合には、二女による強い反対等により、決議ができるとしても、生前から感情的対立を顕在化させてしまう可能性がある。

この観点から、その導入に株主総会決議が必要となる属人的定めや、種類株式によることは避けられるのであれば避けたいところであろう。

　　㈔　信託の優位性

　前記㈗～㈙のいずれの要請にも応え、問題点にも対応できるのは信託のみである。信託であれば、定款変更等の手続を要せず、経営者は議決権行使の指図権を引き続き保持することにより経営の実権を握りつつ、後継者の地位を確立させることができ、また、議決権行使の指図権の移転事由の規定により経営者の意向に応じた理想の承継時期の選択をも実現する、柔軟なスキーム構築が可能なのである。

4　信託スキームの検討

　本事例において活用しうる信託のメリットを確認したうえで、そのスキームを検討する（【課題2】の解答例）。

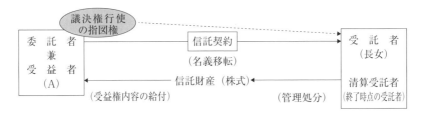

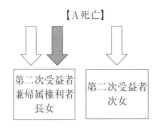

⑴　信託スキームの全体像

　信託スキーム組成支援業務全般にもいえることだが、スキームの実行をして終了ではない。事業承継ガイドラインでも、ステップ5「事業承継の実行」後の段階として、「ポスト事業承継（成長・発展）」にまで言及されており、スキーム実行はスタートにすぎないのである。

　よって、その後の事業運営をも見据えた検討がなされなければならない。

本事例における信託スキームは次のとおりである。

信託の方式	信託契約（公正証書による）
信託の目的	(1)　㈱甲の安定した経営の確保 (2)　㈱甲の後継者たるＡの長女の育成支援 (3)　㈱甲株式のＡの長女への円滑な承継
委託者	（Ａ）
受託者	（Ａの長女）→　新受託者（Ｃ）
指図者	Ａ→Ｂ→消滅
受益者	（Ａ）→第二次受益者（Ａの長女・Ａの二女）
帰属権利者	（Ａの長女）もしくは同人死亡時はＡの長女の子
信託財産	㈱甲の株式　※倉庫・金銭は遺言で
受益債権の内容	配当相当額から費用等を控除した残額の給付
財産の管理・処分方法	議決権行使は指図に従う
信託の変更	信託目的に反しない限りＡ・Ａの長女の合意で可
信託の終了事由	ＡおよびＡの二女の死亡 ※Ａの二女の受益権の買取り等ができたら合意終了

(2)　前提として必要となる手続等

㈠　取締役会による株式譲渡承認決議等

　株式の譲渡承認をするか否かの決定をするには、取締役会設置会社にあっては、取締役会の決議によらなければならない（会社法139条1項本文）。

　ここで、本事例のように取締役会を承認機関とする会社において、代表取締役Ａ自身が譲渡の当事者である場合には、譲渡人であっても譲受人であっても決議につき特別利害関係人にあたり（会社法369条2項）、取締役会の議決に加わることはできないため、注意が必要である。

　なお、実務上は、定款に別段の定めがある場合（会社法139条1項ただし書）も多く、定款の定めの確認は必須である。たとえば、代表取締役等の取締役

を承認機関とする定めの可否については、東京地判平成28・10・26TKC（LEX/DB25537784）（消極）等も参照されたい。[5]

　(イ)　株主名簿記載手続

　AとAの長女とは共同して、㈱甲に対し、信託した株式に係る株主名簿記載事項を株主名簿に記載し、または記録することを共同して請求する必要がある（会社法133条）。

　そのうえで、㈱甲は株券不発行会社であるため、対抗要件を具備すべく、受託者である長女は、㈱甲に対し、信託財産に属する旨を株主名簿に記載し、または記録することを請求する必要がある（会社法154条の2）。

　(ウ)　信託契約の締結（公正証書）

　信託対象株式が極めて高額であり、また、本事例の信託設定は、㈱甲の経営権をも左右する極めて重大な契約であること、さらには、A死亡後、本事例の信託契約の成立については二女による極めて厳しい精査が想定されることに鑑み、公証人による意思能力の確認、契約成立についての最も強力な処分証書という証拠価値の高さに照らし、公正証書によることが必須であろう。

5　主要条項の趣旨

　本事例の信託スキーム（前記4）についての自社株信託契約書（後記6）の主要条項について検討したい（【課題2】の解答例）。

(1)　信託の目的

　本事例の信託の目的は、Aの意向を踏まえ、㈱甲株式について、受託者が適切に財産管理運用および処分、その他信託の目的の達成のために必要な行為を行うことで、次の①〜③を実現することとした（本信託契約（後記6）1条）。

　①　㈱甲の安定した経営の確保

　②　㈱甲の後継者たるAの長女の育成支援

　③　㈱甲株式のAの長女ないしその直系卑属への円滑な承継

5　本事例とは異なり、株券発行会社であるが株券未発行（会社法215条4項）の場合には、①株主から会社に発行請求し、株券交付（同法128条1項）を受けるか、②株券発行定款廃止定款変更の総会特別決議（同法218条3項・1項・466条・309条2項11号）等の対応が必要になろう。

(2)　受託者の選定

本事例での受託者の選定は非常に悩ましい。選択肢としては、Aの長女、副社長B、一般社団法人等の選択肢がある。

まず、Aの長女、副社長Bといった個人にするか、一般社団法人等の法人にするかという点であるが、本事例のように信託期間が長期になることが予想される場合は、安定性のある法人がよいといわれる。しかし、法人自体はともかく、その役員・社員の人材難となれば、法人でも存続の危機は生じる。そのうえ、受託者法人の役員・社員候補者になろうAの長女、副社長B、専務C等はいずれも㈱甲の株主や取締役としての地位も有しており、これらの地位との関係で利益相反が多発しないかも懸念される。その一方で、新受託者の候補者まで確保できるのであれば、個人の受託者でも実際上問題ないのではないか。

この観点から、個人の受託者を選択する場合には、Aの長女か副社長Bが候補にあがる。この点、副社長Bはすでに60歳であり、また、Aをしても、Aが万が一のときに副社長Bが会社経営を引き受けてくれるかどうか不安があるというのであれば、心許ない。

そこで、Aの長女に後継者であるという自覚をもたせるためにも、株式名義はAの長女に移転することとしつつ、Aの次の指図者を副社長Bとした。この方法であれば、副社長BからAの長女への実質的共益権の移転も、指図権の消滅手続のみでよく、株式名義移転のような会社法上の手続が不要である点もメリットとなる。

次に、悩ましいのは、万が一のための新受託者の選定である。これは、受託者権限の強さに留意しつつ、選択する必要がある。たとえば、受託者が指図者の指図に反した議決権行使を行ったとしても、会社との関係で無効にはならない点等である[6]。Aの長女の子との選択になろうが、新受託者は専務Cとした。専務Cは、会社との関係でたたき上げの従業員かつ役員であるのみならず、親族関係にもあるため、現実的にみて、Aの長女の子よりは適任と考えた。

(3)　受益者と受益権

当初受益者はAで第二次受益者はAの長女4分の3と二女4分の1（受益

権割合は遺留分割合）とする。この場合は、従来、議決権制限種類株式を用いた事業承継時に遺留分対策として用いられていた手法を応用することが考えられる。すなわち、①換価手段の確保の趣旨で取得請求権付株式をあわせて付することに対応させた受益権取得請求権の定め（信託法103条参照[7]）や、②配当優先株式に対応させ、二女に配当相当額給付優先受領権があるとする受益債権の定めを設けるなどにより、経済的利益に配慮し、遺留分、特にその評価をめぐる紛争を予防する必要があると考える。

　第1期検定試験の当時想定していた回答は上記のとおりであったが、その後、東京地判平成30・9・12金法2104号78頁により、経済的利益の分配が想定されない財産を信託財産とした部分は、遺留分制度を潜脱する意図で信託制度を利用したものであって公序良俗に反し一部無効と判断されるリスクをも検討せざるを得ないこととなった。市場性がなく、配当も不確かな自社株についての受益債権も、同様の問題が存在する。

　そこで、かかる無効リスクを回避すべく、たとえば、第2の収益受益権は二女、元本受益権は長女に与え、信託期間は、二女の遺留分相当額÷配当年額＝年数で終了させることが考えられる。

　もっとも、法務としてはともかく、このスキームの場合、税務に目を向けると問題点に気づく。確かに、相続税法9条の3の規定の適用により、受益権が複層化された受益者連続型信託の元本受益権は、価値を有しないとみなされることから、Aの死亡時にAの長女の相続税の課税関係は生じないのでここまでよい。ところが、法務の観点から遺留分相当は給付完了したものと

6　なお、この点への対応としては、会社法上の株主間議決権拘束契約の議論とパラレルに、契約の相対効の原則（信託関係当事者内部の問題にすぎず、原則として、信託外の第三者の法律関係に影響を与えない）の例外として、信託契約とは別途、全株主を当事者として当該指図権に関する合意を行っておけば、指図違反の議決権行使時も、定款違反があった場合に準じて、当該決議は取り消しうべきものになると考えられる（株主間契約についての東京高判令和2・1・22判時2470号84頁。会社法831条1項2号参照）。ただ、本事例では、株主たるAの二女の協力に疑問があり、全株主合意は困難と思われる。

7　ただし、信託の変更がされない場合（信託法103条の規定外）においても、信託行為の定めで可能か否かについては議論があろう。私的自治の原則の範囲内で任意に定めることが可能なのか、あるいは、信託法103条は例外規定であり、この規定の適用外では認められないのかということである。

して当該信託が終了した場合、当該元本受益権を有する長女が、当該信託の残余財産である株式を取得したときは、相続税法9条の2第4項の規定の適用があるため（相続税法基本通達9の3－1）、長女は、当該信託の残余財産である株式を当該信託の収益受益者である二女から贈与により取得したものとみなされ、贈与税が課税されてしまう[8]。信託終了までに二女の受益権の買取りができればよいが、資金面等の問題でタイムアウトとなるリスクはあろう。

　以上より、信託期間を二女の遺留分相当額÷配当年額＝年数までとして終了させることなく、本信託契約17条1号では、Aの二女の死亡まで終了させないこととした。

　また、本信託契約15条4項では、換価手段確保のため受益権取得請求権の定めをおくにとどめた。ただし、前掲東京地判平成30・9・12では、「受益者は他の受益者に対して受益権の取得を請求することができるとされているものの、その取得価格は最新の固定資産税評価額をもって計算した額とするものと定められていることからすると、受益権の取得請求によっても上記各不動産の価値に見合う経済的利益を得ることはできない」と判断し、取得価格を重くみていることに鑑み、これとは異なり、公正な価格を取得価格とした。

(4)　指図者

　本信託においては、指図権を活用することとした。

　指図権者の類型には、①信託財産の管理または処分の方法について受託者に対して指図を行う場合、②信託財産の分配に関して指図を行う場合とがある[9]。いずれにしても、指図権は信託法上には存在しない権利である以上（信託業法65条参照）、ⓐ指図者の権限の性質（受認者的なものか、個人的なものか）、ⓑ受託者が指図者の行為について監視または検討する義務を負うか、

8　国税庁「相続税・贈与税【第9条の3（受益者連続型信託の特例）関係】」〈https://www.nta.go.jp/law/joho-zeikaishaku/sozoku/070704/08.htm#a〉参照。

9　東京地判令和2・12・24Westlaw Japan（文献番号2020WLJPCA12248026）における「受託者は、信託監督人の指図に従い、当初受益者及び第二次受益者に対し、老人ホーム等入居一時金の支出が必要な場合には、信託金融資産から支払を行う」という条項は、両類型のうち②の信託財産の分配に関して指図を行う場合として、指図権を活用したものと思われる。

ⓒ受託者が指図に疑問をもつ状況に備えた手続、ⓓ指図者の指図に従った場合の受託者の免責条項をおくか否か、ⓔ指図者が就任するか否かの意思を明確にしない場合や指図者が適切に指図を行わない場合に備えての手当（就任の意思表示の要否・方法、解任・指図者の交代等）、ⓕ指図者の義務・義務違反の効果（利益相反的な行為に係る規律を含む）、ⓖ指図者の任務終了事由・交代手続（長期間にわたる信託では、受益者に選解任権を与える等）、ⓗ指図者に対する報酬および費用支払いの有無、ⓘ受託者が指図者に対しどのような情報を提供すべきかといった点を信託行為に定めるか否かを検討すべきである。[10]

　本信託の指図者については、本信託契約 8 条では、当初は A、A が死亡等で副社長 B とし、副社長 B も65歳となる 5 年後は長女とした。そして、この承継時期は、信託期間自体をたとえば 5 年等の確定期限で定める代わりに、指図権の消滅事由で確定させている。なお、A や副社長 B の年齢を考慮し、A から長女への承継時期は 5 年後とし、早くも遅くもないものとした。また、5 年未満のうちは A、A の有事のときは副社長 B とした。

⑸　信託財産

㋐　金銭も信託財産にするか

　事業承継全体としては、少なくとも相続税相当額の給付や、場合によっては遺留分侵害額請求に対応できるだけの財源の確保をしておく必要がある。問題は、本事例において、自社株720株のほかに、その原資たる金銭も信託財産とするか否かである。

　平成30年法律第72号による民法改正前のように、遺留分減殺請求権（形成権）の行使により自社株式が絶対的効力の下、二女に移転するということはなくなったが、相続に伴う法律関係の一体的処理のため、金銭も一体的に信託財産としておくことも考えられる。

　ただ、悩ましいのは、このスキーム設計においては同時に、最終的には長女が自社株の自益権部分も含めて集約化するための出口戦略の検討をも行う必要がある点である。すなわち、出口戦略としては、二女からの受益権買取

10　中田直茂「指図者を利用した場合の受託者責任(下)──分業による責任限定は可能か」金法1860号（2009年）42頁。

りをめざすことになろうが、多額の金銭もが一体的に信託財産となっている場合、二女の有する受益権の価値を考えると、ただでさえ高額な株式評価相当額に加えて、この金銭部分に相当する受益権部分についても買取りが必要となる。

　この場合、自社株部分を受益者たる二女の影響下から離脱させるため、当該部分について信託の分割を行ったうえで受益権譲渡（受益権買取り）を行ったとしても、残る金銭部分については二女も引き続き受益者の地位を有してしまう[11]。

　もちろん、相続時に払い出してしまう金銭が正確に算定できれば、その分だけ見込んで信託しておけばよいのであろうが、本事例のような自社株のケースでは、変動可能性が高く、算定予測が非常に難しいのではないか。

　以上のとおり、本信託契約２条では、金銭をもあわせて信託財産とした場合、出口戦略の場面で、支障が生じるリスクが考えられるため、金銭については、遺言で対応することとした。

　　㈡　事業用資産（不動産）を信託財産に加えるか

　自社株とともに、倉庫についても対策は必要である。ただし、株とあわせて１つの信託にすべきか、内容が複雑にならないかの検討が必要である。

　本信託契約２条では、この観点から倉庫は信託に含めず、遺言での承継としたが、株価評価の結果、倉庫が相対的にAの財産全体に占める割合が高くなる場合には、倉庫も信託したうえでA死亡時に倉庫賃料相当の受益権を一部Aの二女に与えることで、遺留分対策（侵害額金銭支払いの回避）を行うことも考えられる。なお、この場合には信託設定時に敷金保証金債務についての免責的債務引受けも必要である。

　もっとも、倉庫も信託する場合には、限定責任信託の活用も考えられる。特に、土壌汚染のある工場跡地の再開発として倉庫が建てられるケースもあり、このような場合に受託者個人が当該不動産の所有名義人となるのは極め

11　なお、仮に第二次受益権の内容を自社株部分と金銭部分とであらかじめ分けて規定しておいたうえで二女自社株部分に相当する受益権のみを買い取ることが可能だとしても、この場合には、前提として、当初信託した金銭と、自社株からの配当金相当の金銭とを完全に分けて管理しておくことが前提となろう。

てリスクが高い。よって、限定責任信託の利用が実現できれば非常に有意義である。ただし、工作物所有者の責任による損害賠償債務について、信託法立案担当者はこれを信託法21条1項9号の信託財産責任負担債務とし、責任限定の効果が及ぶ（同法217条1項）ものと説明する一方で、学説上は、これを信託法21条1項8号の信託財産責任負担債務とし、責任限定の効果が及ぶべきではないものとする見解も有力である点には注意が必要である。[12]

　このような背景もあってか、実際には限定責任信託では取引してもらえないことも想定され、現状では、個別取引ごと、可能な範囲で債権者と責任財産限定特約（信託法21条2項4号）を行うことも検討されよう。

(6)　信託の終了事由

　本信託契約17条では、信託の終了事由をAおよび二女の死亡とした。この点、長期の議決権信託の有効性については議論がある。東京地判平成31・1・25Westlaw Japan（文献番号2019WLJPCA01258009）およびその控訴審である東京高判令和元・7・10判例集未登載は、信託期間30年とされた議決権信託を有効と判断している。また、「信託法上の手段を考慮しても、なお議決権信託が受益者の利益を著しく害するものとなったときに限り、信託契約は無効になるものと解すべき」との見解がある。[13]本信託契約は確かに二女の死亡までとなると、相当程度長期間に及びうるものの、あくまで、二女の受益権持分を長女が買い取り、合意により終了することをめざすものであることにも鑑みれば、直ちに無効とは判断されないものと考える。

(7)　遺留分対策　（二女の意向も踏まえて）

(ア)　受益権放棄への対策

　第二次受益者の二女は、売れない、かつ配当も不確かな受益権を受け取り、多額の相続税を支払うぐらいなら、受益権を放棄することもありうる。

12　道垣内弘人編著『条解信託法』（2017年・弘文堂）874頁以下。

13　藤池智則ほか「信託による株式の議決権の行使主体と経済的利益の帰属主体の分離──信託法と会社法との交錯」金法2155号（2021年）40頁〔みずほ信託プロダクツ法務研究会『新たな信託ソリューションと法務──円滑なM&A・事業承継等のために』（2022年・きんざい）141頁〕。なお、松元暢子「信託を用いた事業承継──株式管理信託（議決権信託）の有効性」能見善久ほか『信託その他制度における財産管理承継機能』（2021年・公益財団法人トラスト未来フォーラム）61頁以下も参照。

なお、受益権が放棄された場合、信託法上の効果（信託法99条２項参照）とは無関係に、税務上は、受益権を放棄したときに、受益権を放棄したものから放棄後の受益者が受益権を贈与により取得したものとして贈与税が課される（相続税法９条の２第３項、相続税法基本通達９の２－４[14]）。

この点、受益権を放棄する権利（信託法99条１項）は、信託行為の定めにより制限することができない（同法92条17号）。

そこで、二女に放棄されないよう、配当を出す等、受益権を取得するインセンティブを株式にもたせておくことが必要であろう。

　(イ)　出口戦略の検討

そのうえで、事業承継時ピンポイントの遺留分紛争回避と経営権の分散防止のみならず、最終的には長女が自益権部分も含めて株式を実質的にも集約化する出口戦略の検討が必要不可欠である。

ここで、取得条項付株式の発想を信託に応用し、たとえば、受益権の過半数を有する受益者は、他の受益者に対し受益権の譲渡を請求ができるように受益権の内容を規定し、受益権の過半数を有する受益者（＝受託者）による買取りを可能とする定めをおくことが提案されている[15]。

しかし、このような定めを悪用すると、たとえば相続時には後継者以外の相続人にも自益権を取得させるものの、その後まもなく後継者が他の相続人から受益権を強制取得することが、会社法上の少数株主保護のための手続をいっさい踏むことなく可能となってしまう。これは、会社法による規制の潜脱にならないか。また、信託法上の問題としてみても、信託契約によってその当事者でない受益者に義務を負わせることはできないため、受益者に対する効力を認められないとの指摘がある[16]。よって、そもそもこれが許容される

14　国税庁「相続税・贈与税【第９条の２（贈与又は遺贈により取得したものとみなす信託に関する権利）関係】」〈https://www.nta.go.jp/law/joho-zeikaishaku/sozoku/070704/06.htm〉参照。

15　このような条項例として、伊東大祐ほか『家族信託コンパクトブック』（2018年・第一法規）114頁・119頁参照。この点、「受益者が複数となった場合は、受益者の一人は他の受益者に対して当該受益者の有する受益権持分の一部若しくは全部の取得を請求することができる」との条項が規定されていた信託について、前掲東京地判平成30・９・12は、当該条項自体の有効性について直接には判断していない。

16　佐久間毅「民事信託における専門家の役割」金法2131号（2020年）23頁注10。

のかという問題点がある。そのほか、もちろん取得対価の定め次第ではあるが、そもそもこのように非後継者が取得する権利が非常に弱い権利であるとすれば配当の有無にかかわらずこのこと自体により評価額も下がり、遺留分対策にならない可能性もある。

よって、本信託契約では、このスキームは採用していない。

なお、一方で、本信託契約15条4項で採用した二女側からの任意的換価手段確保のための受益権取得請求権の定めとの違いを念のため整理すると、以下のとおりである。

会社法上の制度	信託行為の定め	本スキームでの請求者と目的
取得請求権付株式	受益権取得請求権	二女による任意的換価手段の確保
取得条項付株式	受益権買取請求権	長女による強制的二女排除の実現

6　信託契約書の作成

本条項例は、検定問題事例記載の事実関係のみを前提としている。実際には、関係者からより詳細な情報を確認したうえで、その実情に応じた個別具体的な条項のつくり込みが必要であることには、十分留意されたい。

自社株管理信託契約書

【前文】

委託者Aは、本契約の締結の日（以下、「信託開始日」という）に、本契約書2条記載の株式を受託者Aの長女に信託し、受託者はこれを引き受けた（以下、本契約に基づく信託を「本信託」という[17]）。

第1条（信託目的）

本信託の信託目的は、株式会社甲株式について、受託者が適切に財産管理運用及び処分、その他本信託目的の達成のために必要な行為を行うことで、

17　Aはすでに73歳であり、体調が不安定になり始めており、管理不全リスクを避けるべく、直ちに信託を組成すべきであるため、遺言執行手続中にタイムラグが生じる遺言信託ではなく、契約信託を選択した。

⑴　株式会社甲の安定した経営の確保

⑵　株式会社甲の後継者たるＡの長女の育成支援

⑶　株式会社甲株式のＡの長女ないしその直系卑属への円滑な承継

を実現することである。

第2条（信託財産の範囲）

1　本信託の当初信託財産は、以下の株式とする。

　　　　商号　株式会社　甲

　　　　本店　○○県○○市

　　　　株主　Ａ

　　　　種類　普通株式

　　　　株数　720株

2　前項で定めた財産のほか、前項の財産から生じる配当等の果実、募集株式
の発行等、株式分割等によって得る株式、その他信託財産に属する財産の管
理、処分、滅失、損傷その他の事由により受託者が得た財産は、信託財産に
属する。

第3条（信託に伴う手続―株式）

　　委託者及び受託者は、本契約締結後直ちに株式会社甲に対して、受託者の
氏名及び住所を株式会社甲の株主名簿に記載するように請求し、受託者は株
式会社甲に対し、信託財産に属する旨を株主名簿に記載することを請求する。

第4条（信託の追加）

　　委託者は、受託者の同意を得て、金銭、株式その他の財産を本信託に追加
することができる。[18]

第5条（委託者）

1　本信託の委託者は、Ａ（住所：○○、生年月日：○年○月○日）である。

2　委託者が死亡した場合、委託者の地位は、受益権を取得する者に移転する。
ただし、委託者の権利は、委託者の死亡により消滅する。[19]

18　必要に応じた金銭の信託、物上代位で当然には信託財産とならないため2条2項では対応出
　　来ない株式（ＢやＣからのＡによる買取りがあった場合の当該株式等）の追加を想定した。

第6条（受託者）

1　本信託の当初受託者は、委託者Aの長女（住所：○○、生年月日：○年○月○日）とする。

2　前項に定めた当初受託者の任務が終了したときは、C（住所：○○、生年月日：○年○月○日）が新受託者に就任する。

3　前2項に定めた受託者ないし新受託者の任務が終了したとき（前項の新受託者が就任しなかった場合を含む）は、受託者又は新受託者が予め書面で指定した者を新たな受託者として選任する。ただし、受託者及び新受託者の両者による指定が重複した場合には、新受託者の指定を優先するものとする。

第7条（受託者の信託事務・権限等）[20]

1　受託者は、本信託の本旨に従い、受益者の利益のために、忠実に信託事務の処理その他の行為を行い、かつ、善良な管理者の注意をもって、以下の信託事務を行う。

　⑴　信託財産である㈱甲株式を管理し、公租公課その他信託財産の管理に要する費用の支出を行うこと。

　⑵　信託財産である㈱甲株式について、第8条に定める指図権に関する定めに従い、株主総会での議決権の行使その他株主としての権利を適切に行使すること。

　⑶　信託財産である㈱甲株式について㈱甲が行う剰余金の分配を受領すること。

　⑷　⑶により受領した金員を、受益者に交付すること。

　⑸　その他本信託の目的を達成するために必要な事務を行うこと。ただし、受託者は、指図者が存在する場合には、同人の同意を得なければ信託財産である株式を処分することができない。

2　前項⑵の議決権の行使については、㈱甲の役員に対し適切な額の報酬を支

19　倉庫は当該信託以外での承継を想定したため、登録免許税法7条2項の問題は生じないものの、信託行為によって委託者の地位の相続性を否定することはできないとの見解が有力であることからその移転は認めつつ、意思凍結（委託者が単独で権利行使可能な受益者変更権（信託法90条1項）の制限等）のため、委託者の権利を制限した。

20　受託者の権限制限については、自社株承継目的であるため、原則として処分は制限したが、今後の会社の状況変化により、処分を行うケースもあり得ないことではないと思われるため、一定の例外を定めた。また、利益相反の個別解除については、たとえば、将来的には受託者自身の役員報酬を支給する旨議決することもあろうが、利益相反となるため、事前に解除しておくこととした。

138

給する旨議決することができる。

3　受託者は、信託事務の処理を第三者に委託してはならない。ただし、本信託の目的に照らしてやむを得ない事由があるときは、その一部につき、第三者に委託することができる。

4　受託者は、信託財産を自己の固有財産と分別して管理するものとし、それらと混同し、又は私的に流用してはならない。

5　受託者は、各計算期間中の信託財産に関する出納帳等の帳簿その他の書類を作成するほか、各計算期間中の信託事務の処理状況及び信託財産の状況について、受益者に対し、各計算期日から１カ月以内に書面又は電磁的記録により報告しなければならない。

6　受託者は、受益者から報告を求められたときは、信託事務の処理状況及び信託財産の状況について、受益者に対し、速やかに報告するものとする。

第8条（指図権・受託者の権利義務についての特則[21]）

1　信託財産である㈱甲株式の議決権行使の指図権を、本信託契約に基づきＡに付与し、Ａを指図者とする。

2　前項にかかわらず、次に掲げる事由のいずれかに該当した場合には、Ａの指図権は消滅し、同時に、本信託契約に基づきＢが前項の指図権を取得する[22]。

⑴　Ａが死亡又は満75歳に達した場合

⑵　Ａが医師により、契約等の意味・内容を自ら理解し判断することができないと診断された場合

⑶　Ａが自身の指図権を消滅させる旨受託者に通知した場合

3　前2項にかかわらず、次に掲げる事由のいずれかに該当した場合には、Ｂの指図権は消滅し、または取得しないものとする。

⑴　Ｂが死亡または満65歳に達した場合

21　本条項例は、あくまで一例であり、たとえば、指図権の消滅事由として、成年後見制度の診断書書式の文言を参考にしている（医師により判断がなされることが予定されている内容である）。また、指図が法令に反する場合に、受託者が対応困難な状況に追い込まれることを回避するため、これらの場合を、受託者辞任や信託契約の終了権付与事由とすることも考えられる。

22　指図権の根拠については、①信託行為により直接指図権を付与される（委託者と指図権者との間に委任契約なし）ものとする場合と、②信託行為で委託者に留保された指図権を、委任契約により付与するという構成の2つが考えられる。ここで、②の委任契約を根拠とした場合、委任者死亡は終了事由（民法653条1号）であり、死後事務委任契約が有効と考えたとしても、相当程度長期にわたる死後事務委任契約の有効性が問題となってしまう（中田・前掲（注10）43頁）。そこで、本条項例においては、①信託行為の定めが指図権の根拠であることを明記した。

　(2)　Ｂが医師により、契約等の意味・内容を自ら理解し判断することができ
　　　ないと診断された場合

　(3)　Ｂが自身の指図権を消滅させる旨受託者に通知した場合

4　指図者は、第 1 条に定める信託目的を実現するため、善良な管理者の注意
　義務をもって、受託者に対し、信託財産である株式の議決権の行使について
　指図しなければならない。[23]

5　受託者は、自らが保持している本信託に関する情報で、指図者の適切な権
　利行使に不可欠なものについて、指図者から開示請求があったときは、これ
　を提供しなければならない。[24]

6　受託者は、指図者が存在する場合には、その指図に従い、議決権を行使し
　なければならない。ただし、次に掲げる事由のいずれかに該当する場合は、
　この限りではない。

　(1)　指図権の行使がない場合

　(2)　指図が信託目的に反する場合

　(3)　指図が法令に抵触する場合

　(4)　保存行為を行う場合

7　受託者は、指図者の指示に基づいて行った信託事務及び前項ただし書に基
　づく信託事務（不作為を含む）によって生じた責任を負わない。ただし、前
　項ただし書(2)(3)の場合については、受託者が当該各号該当事実を指図者及び
　受益者に通知していた場合に限る。[25]

23　指図者も善管注意義務を負うと解される。その根拠については、①就任承諾という意思的関
　与、②信託関係で受託者に準じた権限を行使する地位にあること（信託法29条 1 項・ 2 項・30
　条・33条参照）、③自己の名をもって、信託の目的または受益者の利益に従って、一定の基準に
　基づいて権限を行使しなければならない義務を伴う地位に就任したと解される場合には、指図
　権者等は、実質的には、共同受託者または信託監督人等と同じく、信託の機関としての性格を
　有すること（同法133条 1 項・ 2 項も類推適用）等があげられる（木村仁「指図権者等が関与す
　る信託の法的諸問題」法と政治64巻 3 号（2013年）110頁以下）。また、指図者の指針に関して
　は、信託業法66条における指図権者の行為準則に係る規定が具体的な指針とされるべきである
　とされている（同116頁以下）。

24　受託者は、善管注意義務の一内容として、指図者に対する情報提供義務を負うと解されてい
　る（木村・前掲（注23）141頁以下）。

25　指図が信託目的または法令に反すると受託者が考える場合、受託者は善管注意義務の一内容
　として、指図者に再考を促し、指図が信託の目的または受益者の利益に反することを示す事実
　につき、受益者に通知する義務を負い、①指図の再考を指図権者が拒否した場合、または、②
　受益者に通知することが困難な場合に、免責されるべきとする見解（木村・前掲（注23）144頁
　以下）を参考とした。

140

第9条（信託費用の前払い）[26]

　受託者は、信託財産の管理に要する費用について、受益者に対して前払いを受ける額及びその算定根拠を通知することなく、信託財産から費用の前払いを受けることができる。

第10条（受託者の辞任）

　信託法第57条第1項本文にかかわらず、受託者は、自らの心身の状態等により信託財産の適切な管理等ができないと判断したときは、受益者に通知して、辞任することができる。

第11条（受託者の解任）

1　第14条第1項の当初受益者は、信託法第58条第1項にかかわらず、次の各号のいずれかに該当する場合には、受託者を解任することができる。
　⑴　受託者が本信託又は信託法その他の法令に定める義務に違反し、受益者の是正勧告から1カ月を経過しても是正されないとき。
　⑵　受託者が仮差押、仮処分、強制執行又は国税滞納処分若しくはその例による差押えを受けたとき。
　⑶　受託者に競売、破産手続又は民事再生手続の開始の申立てがあったとき。
　⑷　その他受託者として信託事務を遂行し難い重大な事由が発生したとき。
2　前項の規定及び信託法第58条第1項の規定にかかわらず、第14条第2項の第二次受益者は、信託法第58条第4項の規定する裁判所による受託者の解任による場合を除き、受託者の同意なくして受託者を解任することはできない。[27]

第12条（受託者の任務の終了）

　受託者の任務は、次の各号のいずれかに該当するときに終了する。
　⑴　受託者が死亡したとき。
　⑵　受託者が後見開始又は保佐開始の審判を受けたとき。
　⑶　受託者が破産手続開始の決定を受けたとき。

26　信託法48条3項のデフォルトルールどおりでの運用は現実的ではないので修正した。
27　受益者となる二女による解任権行使の可及的回避のため、第二次受益者による解任権を制限した。もっとも、裁判所による受託者解任は制限されない旨注意喚起することでバランスをとった。なお、受託者の同意なくして解任できない旨の定めについて、東京地判平成31・1・25Westlaw Japan（文献番号2019WLJPCA01258009）は、当事者間で別段の定めをすることを信託法自体が明文で許容しており（信託法58条3項）信託法に違反するものではないとしている。

⑷　受託者が第10条の規定により辞任し、又はやむを得ない事由があって裁判所の許可を得て辞任したとき。

⑸　受託者が、前条の規定により解任され、又は裁判所により解任されたとき。

⑹　その他法令の定める受託者の任務を終了する事由が生じたとき。

第13条（信託の計算期間[28]）

　本信託に係る計算期間は、毎年 1 月 1 日から同年12月31日までとする。ただし、最初の計算期間は、本信託の効力発生の日からその日の属する年の12月31日までとし、最終の計算期間は、直前の計算期日の翌日から本信託の終了日までとする。

第14条（受益者）

1　本信託の当初受益者は、委託者とする。

2　当初受益者が死亡したときは、当初受益者が有する受益権は消滅し、第二次受益者として、次の者が新たな受益権を取得する。

⑴　Aの長女　受益権の割合は 4 分の 3

⑵　Aの二女　受益権の割合は 4 分の 1[29]

3　前項の規定にかかわらず、Aの長女が、次に定める場合に該当する場合には、それぞれの定めに従い、受益権を取得する。

⑴　Aの長女が、当初受益者が死亡したときと同時または先に死亡していた場合　前項⑴においてAの長女が取得するとされていた受益権は、Aの長女の長男が取得する。

⑵　Aの長女が前項⑴において取得するとされていた受益権取得後に死亡した場合　同人が有する受益権は消滅し、同人が有していた受益権に相当する受益権を、Aの長女の長男が取得する。

第15条（受益権）

1　受益権の内容は、信託財産である株式から生じる剰余金その他株主としての経済的利益を受ける権利から信託費用、公租公課等を控除した残金につい

28　㈱甲の事業年度に合わせることも考えられたが、配当所得を得る個人・信託の計算書提出に合わせて毎年 1 月 1 日から同年12月31日までとした。

29　信託しなかった他の相続財産との関係でも、Aの二女の遺留分は侵害しないように調整する必要があろう。

て給付を受ける権利とする。

2　本信託の受益権は相続しないものとする。

3　受益者は、受託者の書面による同意がない限り、受益権について、譲渡又は質入れその他の担保権設定の処分をすることができない[30]。

4　前項の規定にかかわらず、受益者は、他の受益者に対し、自己の有する受益権を公正な価格で取得することを請求することができる。ただし、前条第２項に定める第二次受益者については、A死亡の日から５年を経過した日以降に限り、同請求権を行使することができるものとする[31]。

第16条（信託の内容の変更・信託終了権の付与[32]）

　本信託の目的に反しない場合に限り、受託者及び受益者の合意により、本信託の内容を変更することができる。ただし、本信託の目的に反しないこと及び受益者の利益に適合することが明らかであるときは、受託者は、書面又は電磁的記録によってする意思表示により、本信託の内容を変更することができる。

2　本信託は、委託者及び受益者の合意によるほか、受益者及び受託者の合意により終了することができる。

第17条（信託の終了事由[33]）

　本信託は、次の各号のいずれかに該当するときに終了する。

30　受益権の処分について、①A退職時（＝退職金支払いで株価減）に一部生前贈与等する可能性や、②メインバンクが質権設定を強硬に主張する場合等にも対応するため、受益権の処分を例外的に可能とする定めもおいた。

31　出口戦略として、遺留分潜脱指摘リスク回避のため、換価可能性の確保という観点から、受益権取得請求権の定めをおいた。ただし、二女が受益権から給付を受けられるようになった直後に同請求権を行使されると、本スキームが破綻する。一方で、あまりに換価可能性を制約すると当該受益権の評価にかかわるため、民法908条が原則として５年の範囲で遺産分割禁止を可能としていることを参考に、A死亡後５年以降に限り請求可能という制限をおいた。そのほか、受益権強制取得の定めをおくことも考えられるが、無効リスク等との関係で慎重な検討が必要であることは前述のとおりである。

32　信託終了権に関し、承継者となる受託者の地位の安定の観点から、受託者との合意がなければ終了できない旨定めることも考えられるが、委託者兼当初受益者の自由意思による撤回変更の余地は残すべく、撤回不能信託とはしなかった。この点については、当事者へのヒアリングおよび十分な事前説明の上で、決すべきと考える。なお、この限界を指摘するものとして、金森健一「信託行為の別段の定めに限界はないのか？──『本信託は、委託者兼受益者と受託者との合意によって（のみ）終了させることができる』を題材に～『民事信託』実務の諸問題⑷」駿河台法学34巻１号（2020年）17頁以下参照。

⑴　前記委託者及びAの二女が死亡したとき

⑵　株式会社甲が解散したとき

⑶　前条第2項による信託終了権の行使があったとき

⑷　その他法定の終了事由に該当するとき

第18条（清算受託者・清算事務）

1　本信託の清算受託者は、本信託終了時の受託者とする。

2　清算受託者は、信託清算事務を行うにあたっては、本契約条項及び信託法令に従って、信託債権に係る債務を弁済し、残余財産を次条に定める者に取得させ、㈱甲に対して必要な手続をとるなど、信託財産に係る清算事務手続を行うものとする。

第19条（帰属権利者）

1　本信託が終了したときは、残余の信託財産は、信託終了時に存在する受益権の受益者に、受益権の割合に応じて帰属させる。

2　前項の規定にかかわらず、本信託が第17条第1号の事由により終了したときは、残余の信託財産は、Aの長女に帰属させる。ただし、同人死亡時は、同人の長男に帰属させる。

33　長女の育成だけではなく、二女の遺留分対策もあるため、「長女が○歳で終了」等の事由は定めていない。

Practice

第 **3** 章

民事信託の
適正活用の実践

＞民事信託士による実践例を素材に

Ⅰ　資産承継のための受益者連続型信託

1　事　例

　Aは、前妻Bの死亡後に、Cと再婚した（AとCの間に子どもはいない）。Aは、自分の死後、Cの生活が心配であった。Cには、甲不動産から安定的に収益を受け取ってほしい。また、乙不動産にて生活を続けてほしい。そのため、自分の相続で、甲、乙不動産をCに渡したい。ただ、Cの死後にC方の親族に自分の財産が相続されるのは避けたいので、Cに財産を遺す遺言を書くべきか悩んでいた。

　Aは、インターネットや書籍で民事信託を知った。民事信託（特に、受益者連続型信託）を利用することで、自分の悩みを解消できると期待し、子どもたちとも話し合い、専門家を交えて、民事信託について検討することになった。

　Aの資産状況は次のとおりである。

　複数の不動産を所有し、商業施設に賃貸中の土地である甲不動産は収益性が高い。現在は、乙不動産にて、Cと居住している。金融資産、非上場株式等の豊富な資産を有しており、ローンなどの長期負債は返済済みである。

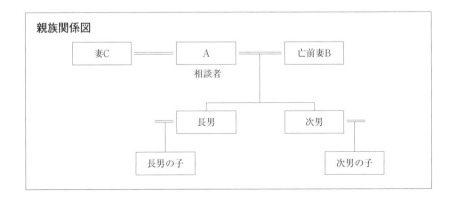

親族関係図

妻C ━━━ A ━━━ 亡前妻B
　　　　 相談者

長男　　　次男

長男の子　　　次男の子

2　信託スキーム

本事例における甲不動産に関する信託スキームは次のとおりである。

信託行為	Aと社団間の契約
信託目的	Aの希望する資産承継の実現、甲不動産の収益の親族への分配
信託財産	甲不動産 金銭（1年分の固定資産税相当額）
委託者	A
受託者	一般社団（A・長男・次男が社員。長男が代表理事）
第一次受益者	A
第二次受益者	C、長男、次男（受益権割合2：1：1）
受益権の内容	甲不動産から生じる収益（主に地代）の受領など
信託事務の内容	主に甲不動産の管理、賃貸借契約の維持に必要となる行為など
信託の終了事由	A、Cの死亡
清算と帰属権利者等	帰属権利者　長男、次男

本事例における乙不動産に関する信託スキームは次のとおりである。

信託行為	Aと社団間の契約
信託目的	AおよびCが乙不動産においてこれまで同様の生活を続けること
信託財産	乙不動産 金銭
委託者	A

受託者	一般社団（A・長男・次男が社員、長男が代表理事）
第一次受益者	A
第二次受益者	C
受益権の内容	乙不動産を生活の本拠として使用すること
信託事務の内容	主に乙不動産管理（電灯の交換など軽微な修繕は、受益者が自ら行う）
信託の終了事由	A、Cの死亡
清算と帰属権利者等	帰属権利者　長男

3　解　説

(1)　他の制度との使い分け

　遺言で実現できる資産承継については、民事信託を用いることなく、遺言で実現するべきである。なぜならば、信託財産の種類を増やせば増やすほど、信託契約が複雑になり、受託者の負担も増大することになるからである。本事例おいて、当初、Aはすべての財産を信託に入れて承継することを考えていたが、打合せの結果、甲不動産、乙不動産を中心に信託を組成し、その他の財産は遺言により承継することとなった。

　本事例において、受益者連続型信託を用いるうえで、明確にデメリットとなる点がある。それは、相続税の負担である。Cと長男、次男は親族関係にないことから、長男、次男は2割加算の相続税を納税することになる。そこで、相続税負担という観点からは、遺言でAの希望を解決できないか再検討する必要があった。

　Aは、Cに対し、甲、乙不動産を残したいと当初から考えていた。しかし、Cの生活を心配するということであれば、収益物件を残す以外にも方法がある。たとえば金銭の形で相続させるという選択肢もあるし、Cに自宅で引き続き生活を送ってもらうために、乙不動産を長男や次男に相続させたうえで使用貸借を受けるという選択肢もあり得た（なお、本事例は、平成30年法律第72号による配偶者居住権の新設前の事例である）。

148

しかし、相続税の試算から判明した納税額も考慮すると、遺言の書き方を工夫したとしても、甲不動産に頼らずにCに十分な資産を渡すことが難しいことが判明した。そのため、Aは、甲不動産については受益者連続型信託を設定したいとの結論に至った。これに対して、長男も、受託者として協力をしていくことを承諾した。ただし、100％の受益権をCに与えることについては難色を示した。何度かの打合せの結果、Aの死亡時に法定相続分と同じ割合（C：長男：次男＝2：1：1）で、それぞれが受益権を取得し、Cの死亡時に信託を終了させ、長男および次男が最終的に50％ずつの割合で甲不動産を共有することになった。

次に、乙不動産については、2割加算となる相続税をどう考えるかを相談することになった。相続税の2割加算を避けるためにAから長男が乙不動産を相続して、Cと使用貸借契約を締結するという考え方についても説明した。これについては、Aが難色を示した。Aは、使用貸借という契約に頼りないイメージがある一方で、長男との賃貸借として賃料を支払っていくことにも違和感があり、できるだけ所有権を残したいという考えがあった。そのため、いわゆる後継ぎ遺贈の遺言による承継を希望した。しかし、遺言による承継は、将来の撤回の不安を理由にして長男が反対した。協議をする中で、受益者連続型信託に乙不動産を組み込むことによって長男の不安を解消できることに加えて、受益権の居住権であれば賃貸借のように賃料を支払う必要がなく、使用貸借よりも安心感があると論点整理がされた。また、相続税の試算結果によると許容できる範囲の増額であったこと、双方が甲不動産とあわせて相続の方向性を確定させたかったことなどが理由となり、乙不動産についても受益者連続型信託に組み込むこととなった。

(2)　信託設定にあたっての留意点

⑦　委託者意思の確認

Aの思いは、前記1のとおりである。Aが主導となって、信託スキームの提案が行われており、委託者の意思確認に問題はなかった。

㈛　監督機能の導入

受益者による監督が期待できる関係性であるため、監督機能の導入は行っていない。

　　(ウ)　各専門職との連携

　前記(1)のとおり、受益者連続型信託の検証を行うにあたっては、大半のケースで相続税の試算が必要となる。受益者連続型信託の組成の相談を受ける場合は、相続税および信託税制について理解のある税理士に相談できる体制を整えることをお勧めする。

　初回相談後、税理士に相続税の試算を依頼し、その結果を踏まえて、Ａ、長男と再び面談の機会をもった。

　　(エ)　その他の問題点の検討

　　　(A)　信託契約の個数

　甲不動産が収益物件、乙不動産が自宅であることから、おのずと物件ごとに信託契約の目的が異なり、定めるべき条項も異なった。そこで、物件ごとに別個の信託契約を締結することとした。

　筆者は、同一当事者の間で、複数の不動産の信託を組成するにあたって、原則として、物件ごとに契約を分けていない。1つの信託として組成するほうが、信託財産となる金銭の整理が簡明となると考えているからである。たとえば、本件においても甲、乙不動産を1つの信託契約の中で信託財産として管理すれば、甲不動産から生じた収益である地代を信託口で管理し、その金銭から乙不動産の修繕費を支出するといった信託事務の処理が可能となる。一方、別の信託契約とすると、甲不動産の地代を受託者からＣに受益権として給付した後に、Ｃが、当該給付を受けた金銭を元手にして、乙不動産の修繕費として支出した受託者からの償還に応じたり、乙不動産の信託に金銭を追加信託したりするなど、受託者だけでなく、Ｃの行為が必要となる可能性が残ることになる。

　しかし、本事例において、甲不動産の第二次受益者が複数となる一方で、乙不動産の第二次受益者がＣのみとなるといった特殊な事情があった。受託者は、第二次受益者の段階で、3名の受益者である甲不動産から生じた収益を区分することなくＣのみが受益者である乙不動産の費用にあてるべきではないことから、両物件を同一の信託として進めた場合、信託財産たる金銭の管理が複雑になる可能性があった。また、後述の特殊事例により信託の開始時期が異なるなど、1つの契約とすることによって、信託契約の内容が複雑

になる要素も存在した。そのため、両物件を個別の信託契約として組成する方針を採用した。

　両物件を個別の信託契約として組成することで、乙不動産について、将来、受託者がCから費用の償還を受けられるか否かという点で懸念があった。この点については、A、長男と話合いを行った結果、Aから、数年後になるものの、乙不動産を信託財産とする信託について、将来の乙不動産の管理費用を賄うための金銭を追加信託したいとの申出があった。

　　(B)　受託者の選択

　当初は、長男個人を受託者（後継受託者として次男）という設計を想定した。しかし、受益者連続型信託のため、信託期間が長期間にわたる可能性が高いこと、受託者を法人とすることによって、決算などのタイミングで顧問税理士など第三者の目が定期に入ることから個人の場合よりも適正な運営が期待できること、すでに資産管理会社を運営しているなど法人の運営に抵抗がないこと、甲不動産のキャッシュフローから法人運営のランニングコストに問題がないことなどの理由から法人を受託者とすることとした。

　法人を受託者とすることが決定した後、株式会社とするか、一般社団法人とするかの検討を行った。最終的に、株式会社ではなく、一般社団法人を選択した理由は、受託者として株式会社を設立した場合、当該会社の株式を相続させるなど手続負担が増加するところ、これを避けたいと長男および次男の希望があったからである。

　(3)　特に問題となった条項例

　　(ア)　受益者連続の条項

　受益者連続型信託を設計する場合、受益者の連続について、さまざまな場合分けを想定して漏れがないように設計する必要がある。特に、受益者の死亡を条件とする受益者連続型信託の場合は、相続の順番を予測できないことから、当事者から予想される死亡の順番をすべて想定したうえで、信託契約の条項に落とし込む必要がある。

> 第○条（受益者）
> 1　本信託の当初受益者は、Aとする。
> 2　当初受益者が死亡したときは、第二次受益者としてC、長男及び次男を指定する。それぞれの受益権の割合は、Cが50パーセント、長男及び次男が各25パーセントとする。
> 3　前項の場合において、当初受益者より前に又は同時に長男が死亡している場合、委託者の孫である長男の子を次順位の第二次受益者として指定する。ただし、その場合委託者の孫である長男の子が複数存在する場合は受益権を均等の割合で取得する。
> 4　……

　本事例でも、想定される当事者死亡の順番を洗い出し、すべてのケースで受益者の連続が途切れないように条項を作成した。

　また、長男、次男に子ども（Aからすると孫）がいたため、長男、次男の相続がA、Cよりも先になってしまった場合の補充的な帰属権利者として、それぞれの孫を指定することにした。

　　㈡　乙不動産の管理・処分

　民事信託においては、受託者の信託事務について、意図的に詳細な規定をおかないケースも少なくない。たとえば、不動産の管理について、「信託不動産を管理し、その他保存行為をする」など包括的な条項を記載する場合である。

> 第○条（信託不動産の修繕の特例）
> 1　現に信託不動産に居住する受益者は、受託者に対し、信託不動産の修繕を指示することができる。ただし、受託者は、指示に基づく信託不動産の修繕について必要性がないと判断するときは、修繕内容の変更ないし修繕を行わないことができる。
> 2　前項の定めにかかわらず、以下に定めるもののほか、信託不動産に居住するために必要な日常消耗品の交換等については、現に信託不動産に居住する受益者が自らの負担において行うものとする。
> 　⑴　電球、蛍光灯、LED照明の取替え
> 　⑵　畳表の取替え、裏返し障子紙の張替え
> 　⑶　……

⑷　その他費用が軽微な修繕

3　現に信託不動産に居住する受益者は、受託者に対し、健康状態の悪化等自身の心身に生じた事由を理由として、建物のリフォーム、増改築等信託不動産の改良を指示することができる。ただし、その際に生じた費用は、現に信託不動産に居住する受益者の負担とする。

4　前項の指示については、第1項ただし書は適用しない。

第○条（受託者の義務）

受託者が前条第○号に基づく信託事務（＝信託不動産の売却）を行う場合には、受託者は、現に信託不動産に居住する受益者に書面による同意を得なければならない。

親子で信託契約を締結する場合などは、包括的な条項で問題がないケースも多いが、本事例のように、Aの死後、Cと血縁がない長男、次男が受託者たる一般社団法人の理事として乙不動産を管理するというケースでは、詳細を設定しておくべきである。たとえば、畳の取替えや電球の交換といった軽微な修繕についても、Cが長男・次男に対応をお願いするということになると、Cも、長男たちも互いに負担を感じる。そこで、信託契約の中で、受益者が対応するべき軽微な修繕については例を示すこととした。逆に、受益者が費用を負担できるという前提であれば、建物のリフォーム等を受益者の指図において、受託者が信託事務を行う条項も設定した。AのCに気兼ねなく住んでほしいという気持ちに配慮した条項である。

また、乙不動産の売却は、原則として想定していないものの、売却についてやむを得ない状況に陥る可能性もある。そこで、現に生活の本拠として使用する受益者と受託者の合意がある場合のみ売却ができる建付けとした。

以上のとおり、本件は、民事信託における原則的な受託者と受益者の人間関係よりも距離が遠い人間関係を前提として、受託者の信託事務を建て付ける必要があった。そこで、受託者・受益者双方の視点から信託事務に関する条項を通常の民事信託の条項よりも具体化する形で書き込むこととした。

⑷　**適正活用にあたっての考え方**

㋐　**セカンドオピニオンの積極的な活用**

民事信託を組成する際、専門家は委託者から依頼を受けるケースでは、受託者から信託契約の設計について、受託者有利となる要望があった場合の対

応として、委託者から依頼を受けた専門家は、利益相反のおそれがあることから、受託者からの要望に対し消極的な対応をとることになる。

　この点に関しては、民事信託を組成する当事者は、関係の良好な親子であることが大半である。そのため、依頼者に説明した際、委託者・受託者の意見が大きく異なるというケースはあまり多くない。そのため、前述した利益相反の問題について直面することは多くない。

　しかし、委託者と受託者は、本来的には契約の双方当事者であり、常に互いの利益が衝突する可能性がある。特に、受益者連続型信託においては、本事例のように、第二次受益者にとって血縁関係がない者が受託者として信託財産をコントロールするというケースが多くみられる。そのため、受託者から信託契約の設計について、積極的に注文を付けるということも少なくない。そういったケースでは、専門家として利益相反の問題から非常に動きがとりにくくなり、その後の進行が難しくなる。

　本事例においては、信託契約の内容について、詳細に深めていく過程で、Aの立場と長男・次男の立場で調整が必要となる部分がある。筆者としては、依頼者であるAの立場を中心として意見を述べることから、長男・次男としては、不安が募る部分もあった。そこで、長男・次男側にも、専門家に依頼していただき、セカンドオピニオンをとってもらえないかと打診した。最終的には、信託契約書案について、委託者・受託者双方の再度から専門家がレビューをする体制となり、長男・次男側の専門家も同席した打合せを行うことができた。

　受託者側が独自に専門家に依頼をして、セカンドオピニオンをとることにより、結果として委託者・受託者双方の満足度を高めることができた。その後も、受益者連続型信託などのスキームが複雑になる信託については、積極的なセカンドオピニオンの活用をお勧めしている。

(イ)　専門職としての情報収集と研鑽

　Aから、「受益者連続型信託のスキームを知ったとき、知ることができて本当によかったと思った」と感想をもらったことがある。Aは、Cと長男・次男の間で板挟みにならざるを得ない立場であり、長い間、相続の問題について悩んでいたようであった。同時に、親族に相談できない悩みでもあるか

ら、悩みを解消するための手の付けどころもわからない状態だったのではないかと思われる。本事例においては、民事信託を組成するという切り口によって、家族内で相続の話合いをすることができ、Ａの悩みを解消することができた。

　遺言作成の場合、遺言者のみで作成ができてしまうので、家族内での話合いをするきっかけとはなりにくい。他方、民事信託の場合、受託者として子ども世代の協力が必要になることから、自然と相続のことを話し合うきっかけとなるケースが多い。相続について、自然と家族で話し合うきっかけにできる点は、民事信託の隠れた（しかし大切な）効用である。

　また、Ａから、民事信託について十分に対応できる専門職がなかなか見つからず、苦労をしたという話も聞いた。当時よりも、民事信託に関する事例が増え、書籍等も充実しており、民事信託に対応可能な専門家の数も増加している。ただ、一方で、まだまだ、判例の集積が少ない柔らかな部分が多く残されており、早いスピードで実務の動きも変化している。民事信託に対応ができると表明する以上、しっかりと新しい情報を収集し、最善の契約書を作成できる体制を整えるように専門家としての研鑽を続ける必要がある。

Ⅱ　共有不動産のトラブルを回避するための信託

1　事　例

　X・Y・Zの三兄弟は父から賃貸不動産を共同で相続した。相続当時はあまり考えず、とりあえず3人の共有とした。現在3人はそれぞれ別の県に住んでいて、今後、賃貸不動産をどうするかについての話合いをなかなかできないでいた。

　三男Zだけは、賃貸不動産がある地方に住んでいる。定年後は自分の息子Aの助けを借りて、賃借人が変わるたびに、その明渡しや入居時の説明などその管理に努めている。

　そんな折、長男Xが突然病気で倒れ、現在は回復してきているものの、もし3人のうち誰かに相続が発生したら、賃貸不動産の修繕や建替えあるいは売却といった話は今以上に大変になるだろうと感じていた。

　そこで、毎年お盆の時期に兄弟が集まっているので、今のうちにどうするかを3人が知っている地元の税理士甲も交えて話し合うこととなった。

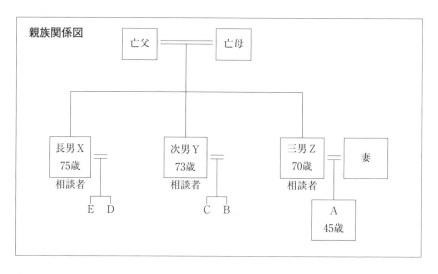

2　信託スキーム

本事例における信託スキームは次のとおりである。

信託行為	X・Y・ZとA間の契約
信託目的	①　委託者の財産管理の負担の軽減 ②　賃貸不動産の適切な経営と時宜に応じた処分による受益者の利益の確保
信託財産	賃貸不動産の建物と土地 金銭（敷金相当額X・Y・Z均等拠出）
委託者	X・Y・Z
受託者	A（Zの長男）
新受託者	E（Xの長男）
第一次受益者	X・Y・Z
第二次受益者	A・C（Yの長女）・E
受益権の内容	①　賃貸不動産の賃料から管理料、修繕積立金、固定資産税等の公租公課等いっさいの費用を控除後の残金を定期的に受領 ②　賃貸不動産の売却等の換価処分により得た代金から手数料、譲渡所得税等の公租公課等いっさいの費用を控除後の残金を受領
信託事務の内容	賃貸不動産の経営に伴う受託者の裁量による管理行為および一定期間経過後の売却等の換価処分行為
信託の終了事由	20年の信託期間の満了（建物の耐用年数から設定。なお、期間更新はできるようにした）
清算と帰属権利者等	賃貸不動産を現況有姿のまま帰属させるのではなく清算受託者が換価してその代金を終了時受益者へ帰属させる

3　解　説

(1)　他の制度との使い分け

　まず第一に、何もしないとどうなるのであろうか。兄弟3人で共同相続した不動産の建替えや売却は全員の一致が、また改築や修繕も規模により全員の一致または過半数で決めなければならない。これは民法249条ないし264条の共有の規定によるためである。

　したがって、1人が反対したり認知症等で意思表示ができなくなれば、建替えや売却等の処分はもちろん、大修繕等にも支障が生じよう。さらに3人のうちの誰かに相続が発生したら、よく知らない甥姪が共有者に入ってきて、今まで以上に皆の意見をまとめるのは困難となろう。

　このように3人の不安は的中することになる。本事例の共有者は皆高齢であり、その中の誰かに、いつ相続や意思能力の減退が起きても不思議ではないことから、何もしないという選択肢はないといえよう。

　第二に、不動産会社に賃貸アパートを一括管理してもらうのはどうであろうか。当然、相当の委託管理料がかかり、各人の今までの手取り額が減ることはもちろんのこと、さらに管理委託契約の更新時や変更時にX・Y・Zに相続発生や意思能力の減退があれば支障が生じるリスクは同じように残ることから、この方法もとり得ないといえた。

　第三に、売却してはどうかである。本事例の建物は築年もまだ10年程度で利便性もよいことから空室率も少なく、すぐに売却することは得策ではないため、賃貸を何年か継続するほうが有利とみられた。

　第四に、信託の検討である。信託会社に信託することは、経営規模からいって難しいことと、信託報酬が高額で割に合わないことから断念した。

　そこで相続以後、地元ということから三男Zが、最近はその長男Aが主に管理しており、受託者をAとして信託で各自の持分を移転し、Aに管理・処分を任せれば、今後Aが修繕や建替え等の管理・処分を決定できることになる。3人は、今後受益者として家賃や売買代金を持分に従って受け取ることができる。

　特に皆が一番心配していた、共有者のうちの誰かに相続や、意思能力の減

退が生じた場合でも、Ａによる賃貸不動産の管理や処分に信託なら影響を受けないこともわかり民事信託を採用することになった。

⑵　信託設定にあたっての留意点

㈎　委託者意思の確認

長男Ｘは、最近倒れたこともあって、早期に売却してその代金を分けることを望んでいた。次男Ｙは今までどおりでも売却でもどちらでもよかった。三男Ｚはすぐに売却するのはもったいないと思っていた。当該不動産が賃貸の立地条件によいことを知っていたからである。

結局税理士甲の試算から、建物の耐用年数等から20年ほど後の処分が有利と思われ、信託をＡと締結することを、Ｘ・Ｙ・Ｚそれぞれの家族との相談結果を待って決定した。この間３カ月あまりを要したことから、委託者の意思確認に問題はないと考える。

㈏　監督機能の導入

当初受益者３人が70歳以上ではあるが、その全員が受託者の監督ができなくなる事態は考えにくく、本件ではほかに監督機能の導入をとっていない。

㈐　各専門職との連携

担当税理士甲は、信託財産が賃貸不動産とその敷金相当の金銭であることから、信託契約書の起案と登記を知己の司法書士乙に依頼している。信託設定後も受益者の変更時等の税務や登記等で甲乙の関与が予想されるため、引き続き相談を受けられる体制（タイムチャージの支援契約）を、甲がとっている。

㈑　その他の問題点の検討

(A)　複数委託者のうちの一部の者を受託者とした場合

本事例ではＸ・Ｙ・ＺとＡとの間の信託契約という１つの信託行為としたが、共有者のうちの１人、たとえば三男Ｚを受託者にする場合は、Ｚの持分につき自己信託の方式を（受益者はＸ・Ｙ・Ｚとする）、他の共有者のＸＹの持分につき契約書の方式を（受益者はＸ・Ｙ・Ｚとする）と２つの信託行為を同時にし、それぞれに対応して登記申請も自己信託を登記原因とするＺ持分が信託財産に属したる変更登記と信託を登記原因とするＸＹ持分全部移転登記とを２件で申請することがあった。

　この点は登記先例[1]ではあるが、Ｚも加えたＸ・Ｙ・Ｚ全員が委託者となって不動産の全体を一体として管理処分する趣旨の契約の場合であれば、Ｚを受託者とする信託契約も有効[2]にすることができ、したがって登記も共有者全員持分全部移転を登記目的とし、信託を登記原因として１件で申請できるとされた。したがって、上記の信託行為を自己信託と契約に分け、かつ、それに対応した２件の登記申請をする必要はなくなっている。

　　(B)　受託者となる共有者の持分を除外した場合

　共有不動産の信託スキームにおいて、もう１つ多くみられるスキームが、受託者となる共有者の持分を除外して信託を設定している例である。

　本事例でいえば、三男Ｚの持分はそのままにしておき、他の共有者Ｘ・Ｙの持分だけ信託契約でＺへ信託するといったものである。Ｚは受託者として、また所有権の持分権者として不動産全部の管理処分権を掌握することから、このようにしているものと思われる。

　確かに、受託者として善管注意義務があり、忠実義務を受益者に負う受託者としては受益者を第一に信託事務を執行しなければならない義務がある以上、一括した管理処分が期待できるので十分であるとの考え方であろう。

　しかし、たとえば、受託者に転勤など何らかの事由で変更が生じたとき、新受託者と所有権の共有者が異なってくる可能性は否定できないことから、一括した管理処分を将来においても担保するには、たとえ登録免許税がＺの分だけ余計にかかろうとも、Ｚの持分を除外することなく他の共有者と伴に委託者となって信託契約を締結すべきものと考える。

　　(C)　受益権の準共有と複数受益者

　本事例は、当初受益者をＸ・Ｙ・Ｚの３名とし、１個の受益権を３分の１ずつ準共有するものである。これは、Ｘ・Ｙ・Ｚが受益権をそれぞれ１個ずつ保有し、受益者が３人いる複数受益者（信託法105条１項）のケースではない。したがって、信託法92条の単独受益者権以外の受益権の行使は民法249条ないし264条の共有の規定に拠ることになる。

1　平成30・12・18民二第759号民事局民事第二課長回答「複数の委託者のうちの一部の者を受託者とする信託の登記について」。
2　登記情報692号（2019年）58頁参照。

　したがって、複数の受益者の意思決定に関する信託法105条1項ただし書による別段の定め、たとえば「受益権の行使につき受益権者全員ではなくその過半数の多数をもって決する」などとすることは、本事例ではできないことに注意を要する[3]。

(3)　特に問題となった条項

　本事例では委託者の地位についての条項が問題となろう。

第○条　（委託者の地位）

　　委託者に相続が発生した場合、その地位は受益者に承継する。

　本事例は信託期間中は受益者全員の同意を得て、また終了後の残余財産給付においても、どちらも信託不動産は換価処分されその売得金を分配することになっているため、不動産自体を帰属権利者等に帰属させることがないので、1000分の4の相続に準じた登録免許税の適用は予定されていないこと、また本件では委託者も複数で地位を承継させると信託の運営に支障が生じうることからも上記のとおり委託者の地位は相続人ではなく受益者に承継するとした。

(4)　適正活用にあたっての考え方

　共同相続登記になっている事例は大変多く、一般の人にとって、どうすればよいか不安に感じている人も多いと思われる。また、これとは逆に、今は単独所有であるが、今後相続が発生した場合に共同相続となることを避けたいとするニーズ（特に多数の不動産を保有する地主にいえる）も当然出てくる。

　本事例は、前者のケースであり、共有者に認知症や相続が生じても、受託者による管理・処分に影響せず、利益を受け続けられるとするものである。

　このような点で、不動産の有効活用を目的とする、従来にない手法の民事信託の活用は信託法の改正時から大いに期待されていた。ただ、期待された割には、共有者のうちの1人へ他の共有者からその持分を移転して名義を変えること自体を嫌うケースが多いことや、共有者の経済状況次第では今すぐ現金化したいとか、あるいは自分たちの代で共有関係を解消し争いの種を後

3　道垣内弘人『信託法』（2017年・有斐閣）351頁参照。

に残したくないなどを理由として、信託ではなく即売却へと流れるケースは少なくないとされる。そのため世に共有不動産が多い割に、この信託の活用例は案外少ないと思われていた。

　しかし、最近、この共有不動産のトラブル回避または有効活用としての信託の相談事例が増えてきていると、三井住友信託銀行での民事信託に関する講演において、遠藤英嗣弁護士により報告されている。これはハウスメーカー等の不動産業者にも民事信託が浸透してきたことや、空き家予防として活用できるのではないかということが注目されていることもその一因となっているものと思われる。

コラム　10　空き家予防の信託

　空き家予防の信託とは、たとえば、親が元気なうちに自宅の名義を信託で子に移し管理・処分を任せることで、親の判断能力の減退や相続が発生しても、子がその自宅を貸したり売ったりできることから、現在、治安面・衛生面等で問題となっている、誰も管理しない空き家の発生を予防できるとする信託である。

　その実体は、まさに福祉型信託そのもので、高齢者の生活支援とその福祉の確保を目的とした信託を内容とし、副次的に空き家の発生を予防すことになるものといえる。スキームも基本的には、福祉型信託と同じである。また、現在共同相続されている不動産の空き家予防においても、本事例とスキームは基本同じとなる。

　空き家対策は今や国や地方の行政をあげての喫緊の社会問題であり、以上より民事信託の活用が大いに期待される分野といえよう。

Ⅲ　親亡き後の財産管理のための遺言信託

1　事　例

　相談者Ａ（80歳）の二男Ｙ（55歳）には障がいがあり、今までは長男Ｘ（60歳）や三男Ｚ（50歳）に援助を受けながらも、主にＡが面倒をみてきたが、自身もいよいよ高齢となってきたため、いわゆる親亡き後のことが心配である。

　現在、Ａは、「二男Ｙの面倒をみてもらうという負担付きで、長男Ｘ・三男Ｚに財産をあげる」という遺言をつくることを考えているものの、本当は、二男Ｙに遺産となる金銭を直接残してあげたいと思っている。そして、ずっといっしょに自身や二男Ｙを支えてくれてきた家族皆に、二男Ｙのための財産の管理を任せたいと思っている。このようなことを実現するため、自身の亡き後も、引き続き家族で二男Ｙの面倒をみてもらえるよう、家族皆で今後のことを話し合う機会をもちたいと考えている。

　一方で、長男Ｘは、前に一度父Ａから、「遺産はあげるが、その中から二男Ｙにお金を出してあげなさい、という負担付きの遺言を書く」と言われたことがあった。しかし、仮にそうなった場合、一度自分の財産としてもらっ

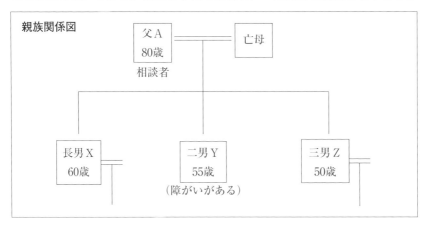

親族関係図

父Ａ　80歳　相談者 ── 亡母

長男Ｘ　60歳　｜　二男Ｙ　55歳（障がいがある）　｜　三男Ｚ　50歳

たものをどのように区別して管理し、「いつ」「いくら」「どのように」あげ
ればよいのかわからず不安であり、法的にもきちんとした形にしておいてほ
しいと思っていたところでもあった。

2　信託スキーム

本事例における信託スキームは次のとおりである。

信託行為	Aの遺言
信託目的	受益者の安定した生活および最善の福祉の確保
信託財産	金銭
委託者	A
受託者	X（Aの長男）
新受託者	Xの子
受益者	Y
受益債権の内容	信託財産からの金銭給付
信託事務の内容	善管注意義務・分別管理義務に従った管理処分
受益者代理人	Z（新受益者代理人＝Zの子）
信託の終了事由	Y死亡等
清算と帰属権利者等	長男および三男（ないしは同人らの直系卑属の法定相続人）

　父A（相談者）死亡後、Aの財産の一部である金銭を受益者二男Yのため
の信託財産として設定する遺言信託を組成することとし、長男Xには、受託
者として、その信託財産を自身の財産とは別に信託口口座で管理してもらい、
二男Yの今後の生活のために必要に応じて給付してもらうこととした。
　また、受益者二男Yには障がいがあるため、受益債権の適切な行使および
親族といえども受託者の監督のため、三男Zを受益者代理人とした。
　なお、信託した財産以外は、二男Yの遺留分に配慮しつつ、遺言にて長男

Ｘおよび三男Ｚに相続させることとした。

3　解　説

(1)　他の制度との使い分け

以下のとおり、①負担付き遺贈との比較、②成年後見制度との併用、③特定贈与信託との比較についての検討を行った。

(ｱ)　負担付き遺贈との比較

負担付き遺贈ないし相続させる遺言との比較においては、通常、①負担履行懈怠への懸念、②負担義務不履行時の遺言取消しが現実的か否か、という問題が指摘され、この点で信託の優位が説かれることがある。

ただ、これらは信託においても、①受託者が信託事務を懈怠すれば同じことであるし、②家庭裁判所への遺言取消請求さえできないようであれば、信託事務不履行時の受託者解任請求等も現実的には難しいため、単純な比較としては、説得力に疑問があった。

しかし、信託の場合、受益者代理人の選任により、受託者事務懈怠に対する対処が可能である。また、本事例では、相談者の「障がいのある二男Ｙに財産を直接あげたい」という願い、および長男Ｘの「一度自分の財産としてもらったものをどう区別して管理したらよいのかも、法的に明確にしてほしい」という願いの実現という観点にも照らして、受益債権を直接取得させつつも受託者において分別管理義務に基づく財産管理を義務づけられる民事信託を採用した。

なお、障がいのある子に遺言能力がなく、本事例とは異なり法定相続人がいない場合には、最終的な国庫帰属（あるいは少なくとも煩雑な特別縁故者の申し立て）回避のために信託を利用することは有意義であろう。

	負担付き遺贈	信　託
履行者	受遺者	受託者
懈怠時の対処	遺言取消請求	受託者解任請求等
後継ぎ遺贈	不可	受益者連続型信託も可能

┌─ コラム　11　相続人ではない負担付き遺贈の受益者 ─

　受益者が相続人でない場合には、同人は受遺者に対する負担の履行請求権を有しないのか否かという問題がある。

　民法1027条は、負担付き遺贈の受遺者が負担した義務を履行しないときに同人に対して履行を催告し、履行がないときに家庭裁判所に遺言の取消しを請求できる者を、相続人に限定している。そうすると、本事例とは異なり、受益者が相続人ではない場合には、負担付き遺贈について受益者は反射的な利益を有するにとどまり、受遺者に対して直接に債権（負担の履行請求権）を取得するものではないようにも思われる。

　もっとも、東京地判平成30・1・18判タ1463号201頁は、以下のとおり、相続人ではない負担付き遺贈の受益者も受遺者に対して負担の履行請求権を有するとしている。「負担付遺贈の遺言で示されている負担の中身が給付の適法性、実現可能性、確定可能性という債権の目的の一般的要件を備えており、かつ、特定遺贈の場合においては受遺者がこれを承認し、包括遺贈の場合においては受遺者がこれを単純承認（民法990条、921条）している限りにおいて、負担付遺贈の受益者は、遺言者の相続人であるか否かにかかわらず、民法537条2項の類推適用により、受遺者に対して利益享受の意思表示をすることにより、受遺者に対する負担の履行請求権を取得するものと解するのが相当である」。

　したがって、受益者が相続人でない場合にも、受遺者に対して利益享受の意思表示をすることにより、受益者は負担の履行請求権を取得することになると考えられる。

　(イ)　成年後見制度との併用

　①相談者自身の認知症対策、②子の身上保護を中心として、①任意後見および②法定後見の併用も検討され、各制度の説明を行った。

　しかし、本事例においては、相談者について今後特段の高額支出等は予定されておらず、その一方で、子どもら兄弟の財力・家族力ともに非常に高く、人的リソースにも恵まれていたほか、二男自身は「事理を弁識する能力を欠く常況にある」とまではいえない一方で、保佐や補助開始が必要かといえば、障害年金収入があるものの、必要な福祉支援費用についてはすべて口座振替

になっており、その他、子の身上保護面を含めても現状支障がなかった。

　もっとも、①相談者の認知症発症時や、②二男の病状次第では財産管理等について、今後、成年後見制度の必要が生じる可能性もあることは事実である。そこで、助言を行いつつ、現段階での成年後見制度の併用は見送った。すなわち、①必要になった段階では、法定後見制度を利用すべきであること、また、法定後見が必要となった場合に備え、②後述のとおり特定口座指定遺言を行うため、成年後見人による管理預貯金口座変更による遺言執行不能を回避すべく、事前に本人の意思尊重義務（民法858条）の前提ともなろうライフプランの書面化、③第三者専門職後見人の選任時は成年後見人に対して遺言の存在を示すべき旨、長男および三男に助言を行った。

　ただ、ここまで人的リソースに恵まれているケースは実務的には珍しいように思う（第4章ⅠQ13参照）。通常の同種事案では、民事信託に加えて、①任意後見ないし、②法定後見を併用すべきものが多いのではないか。筆者自身も信託のみならず必ず成年後見制度の説明も行い、ケースによっては実際に併用している。

　よって、成年後見制度の併用の要否については、個別の事案ごとに慎重な検討が必要であり、特に、遺言信託を選択する場合に、親亡き後の時点にばかり注意がいってしまうと、親自身の財産管理が必要な場合に対処不能となってしまう。したがって、このようなケースでは、任意後見制度も併用すべきである。

　㋒　特定贈与信託との比較

　親族を受託者とする民事信託では利用できないものの、特定贈与信託（第4章ⅠQ8参照）についても概要の説明を行った。具体的には、特別障害者については6000万円、特別障害者以外の特定障害者については3000万円を限度として贈与税が非課税となる（相続税法21条の4）というメリットはあるものの、受託者は信託銀行等でなければならないことを説明した。なお、法定要件ではないが、信託銀行の運用によっては、成年後見制度の利用を必須といわれるケースもあるため、実務上は注意が必要である。

　相談者としては、受託者を長男として御家族で完結したいという想いが非常に強く、高額ではなくとも相続税についての障がい者の税額控除（障がい

者が満85歳になるまでの年数１年（年数の計算にあたり、１年未満の期間がある
ときは切り上げて１年として計算）につき10万円（特別障害者の場合は１年につ
き20万円）で計算した額）により一定程度考慮されるのであれば、民事信託
を選択したいとのことであった。節税だけを考えると、特定贈与信託を利用
したほうがメリットは非常に大きいが、最終的には、家族の想いや、全体の
スキームとの関係で決定することが重要であると考える。

(2)　信託設定にあたっての留意点

㋐　委託者意思の確認

　以上のとおり、①負担付き遺贈との比較、②成年後見制度との併用、③特
定贈与信託との比較についての検討を前提に、それぞれのメリット・デメリッ
トを説明したところ、相談者Ａは、最終的に、民事信託の活用を希望した。

　そのうえで、契約信託とするか、遺言信託とするかの意向をうかがった。
理想をいえば、委託者の意思を確実に実現してもらえるよう、可能な限り契
約信託の手法によることが好ましいと考えている。

　しかし、本事例では、委託者に即時名義移転への抵抗感があった一方で、
生前の財産管理・有効活用は不要であったため、遺言信託の組成となった。
確かに同種事案では、できる限り、自身の財産管理に基づき子の面倒をみて
あげたい等との想いから、遺言信託を希望する相談者が多いと思われる。

　なお、停止条件または始期付き（信託法４条４項）契約信託の選択もあり
得た。確かに、法律上は、法効果発生までにタイムラグは生じないものの、
事実上は、委託者の死亡から受託者による財産管理開始まで死亡による預貯
金凍結等に伴う実際上のタイムラグが生じてしまう点は遺言信託と同じであ
るから、一般の方にもなじみ深いであろう遺言の方法によることとした。

㋑　監督機能の導入

　受益者二男Ｙには障がいがあるため、受益債権の適切な行使および親族と
いえども受託者の監督のため、三男Ｚを受益者代理人とした。当該事案では、
受益者保護関係人として受益者代理人の選任は必須であろう。

㋒　各専門職との連携

　前述のとおり、特定贈与信託との選択、相続税シミュレーションにおいて、
税理士への事前相談を実施した。

　㈍　その他の問題点の検討

　㈠　信託発効に伴う財産名義移転手続に備えた遺言執行者の指定

　遺言信託の場合、将来確実に委託者の意思を速やかに実現できるか、とい
う問題がある。たとえば、委託者の死後、信託発効に伴う財産名義移転手続
がスムーズに行えなければ、信託財産としての管理開始がそもそも不可能と
なってしまう。

　そこで、遺言執行者を指定しておくことが必要となる。また、スムーズな
手続実現のためにも、遺言執行者には専門職を指定しておくのが重要であろ
う。

　もっとも、それでも、死後において一定の手続を経て初めて受託者に財産
の名義が移転する以上、実際に受益者に対して給付等を行えるようになるま
でにはタイムラグが生じてしまうという点には注意が必要である。このタイ
ムラグがあったとしても受益者の生活に支障がないかという点について、慎
重な配慮が求められる。

　また、平成30年法律第72号によるいわゆる相続法改正により、相続による
権利の承継のうち、相続分を超える部分については対抗要件を備えなければ
第三者に対抗できなくなり（民法899条の２）、仮に遺言執行者がいても、遺
言執行妨害行為禁止規定に違反した行為について善意の第三者には対抗でき
なくなった（同法1013条２項ただし書）。よって、遺言があっても、相続財産
を勝手に処分ないし差押え等がなされてしまうと、遺言どおりの財産承継が
実現できないリスクがあることには、遺言信託においては注意が必要である。

　㈡　受託者候補者による信託引受けの拒否に備えた事前の引受承諾

　遺言信託の場合、遺言において受託者となるべき者が指定されていても、
信託の引受けは義務ではないため、その者を受託者とするためには、その者
の承諾が必要となる（信託法５条１項本文）。したがって、事前の説明がなけ
れば、受託者責任の重大性等から、受託者となるべき者が信託の引受けを拒
否することもありうる。

　なお、この場合は、信託法上は、裁判所が受託者を選任することになる（同
法６条１項）が、信託業法による制約等も考えると士業の選任は躊躇される
と思われる一方、信託会社等が個人の自宅等、非収益物件である中古不動産

を含めた高リスク低リターン財産を受託するのかという点も含め、この選任は、現実的には容易でないと思われる。

　実際にも、近時、遺言信託の受託者となるべき者として指定された者が信託の引受けをしなかったとして、信託法6条1項に基づき遺言信託の受託者の選任を裁判所に求めた事例がある[4]。

　裁判所は、一般社団法人信託協会から受託者の候補となりうる者として2社の推薦を受けた。しかし、1社は、管理型の信託会社であり指図人がいない限り受託者として引き受けることができないとして辞退し、もう1社は当該遺言信託の内容に合った不動産管理信託として受託することは困難であるとして辞退した。

　そこで、受託者候補者に十分に事前説明を行うのは当然のこととして、遺言のほかに、委託者と受託者候補者との間で、信託を引き受ける義務を負い、受託者となる旨の事前承諾・契約を締結しておくことが考えられる。この契約を締結しておけば、前述の原則論とは異なり、事前承諾している受託者候補者は信託引受けの義務を負うため、この拒否を防止できると解される[5]。

　　(C)　信託口口座の開設

　信託組成からわずか半年後、委託者Aは逝去された。遺言信託公正証書作成当時は、毎日、自身で買い物にも行き自炊もしており、元気に生活していたために信じられない突然の訃報であった。

　そこで、以下のとおり、遺言執行者として手続を行ったほか、事前の承諾に従い受託者および受益者代理人就任もスムーズに行えたことで、円滑な財産承継が実現できた。

　遺言執行者による相続財産の受託者信託口口座への送金手続については、遺言信託による財産移転承継も、遺言によりなされる被相続人による相続財産の処分行為である遺贈に準じて扱われる。ここで、遺贈の場合の遺贈義務者は相続人であり、また、遺言執行者がある場合には、遺贈の履行は、遺言執行者のみが行うことができるとされている（民法1012条2項）。よって、遺言信託の場合に遺言執行者が被相続人の相続財産（預貯金）を解約し、受託

4　東京地決令和3・3・24Westlaw Japan（文献番号2021WLJPCA03246014）。
5　道垣内弘人編著『条解信託法』（2017年・弘文堂）51頁。

者信託口口座への送金手続をすることも可能と考える。

　本事例においても、遺言の条項として、遺言執行者は、信託の効力発生後、遅滞なく、遺言者名義の特定の預貯金口座から払戻しを受ける権限およびこれを信託財産にあてる権限を有する旨、確認条項を定めており、これに基づき、遺言を執行した。なお、清算型遺贈のように、全預貯金を解約し、そのうちの一部の金銭を信託財産にあてる旨の条項も考えられた。しかし、相談者は、従前から口座ごとに、どの相続人に承継させるかを考えて管理されており、かかる特定口座指定遺言を行う強い意向があったため、上記のような確認条項とした。

　本事例では、受託者による信託口口座開設のサポートとして、金融機関への口座開設依頼を行い、店舗での開設手続に同行した。

　信託設定に関与した専門職として、当該業務は行うべきである[6]。

　　⒟　受託者への説明

　受託者に対しては分別管理義務の説明を予定していたところ、むしろ受託者長男Ｘのほうから、信託財産としての財産管理方法を尋ねられた（なお、長男Ｘは会計業務を長年経験していたとのことであった）。

　そこで、信託口口座開設を前提とした分別管理はもとより、成年後見制度の後見等事務報告で使用している財産目録や、収支予定表等の書式を提供しつつ、説明を行った。

　⑶　**特に問題となった条項**

　　㋐　法定後見利用時の想定

　通常の契約信託であれば、金○円を信託財産とする等、金銭を信託財産とすればよい。

　しかし、本事例では、前述のとおり、遺言信託、それも特定口座指定遺言としたため、万が一、想定外の法定後見申立てを余儀なくされ、それに付随して遺言により信託予定の財産が後見制度支援信託により同信託の信託財産とされてしまう可能性も想定し、この場合にも対応できる条項を遺言の内容に組み込むことを検討した。

6　そのほか、民事信託支援業務全般については、金森健一「民事信託業務についての覚書──『民事信託』実務の諸問題⑶」駿河台法学33巻2号（2020年）32頁参照。

　　　(A)　成年後見制度の利用時全般との関係

　特定口座指定遺言が問題となるのは、後見制度支援信託利用時に限らず、成年後見制度利用時全般との関係で問題となる。

　まず、後見制度支援信託を利用しない場合も、遺言の存在を（おそらくは専門職の）成年後見人に示すことで本人の意思を伝えて理解を求めることが必要となろう。

　また、万が一、成年後見人の管理預貯金口座集約等により特定口座指定遺言部分について遺言執行不能となったとしても、これに対応できるよう、（本事例では遺言者意向により実現できなかったが）金〇円と特定して信託財産とする旨の条項を設けておくことが考えられる。

　　　(B)　後見制度支援信託との関係

　後見制度支援信託により信託された信託財産については、残余財産の給付を内容とする受益債権が相続財産となる以上（第4章ⅡQ3参照）、これを遺言執行の対象として、同請求権を遺言執行により行使のうえ、払戻しを受け、信託口口座に送金（清算型遺贈的処理）ができるようにしておく必要がある。

　そこで、遺言者名義の口座に係る預貯金が後見制度支援信託契約における信託財産となっていた場合には、遺言執行者は、①同信託契約終了時の信託財産（残余財産）の給付を内容とする受益債権ないし、②（残余財産受益者ではなく帰属権利者とされていたと解された場合にも対応できるものとすべく）残余財産の給付をすべき債務に係る債権で遺言者の相続財産となったものから給付を受けた金銭のうち、金〇万円を第〇項の信託財産にあてるものとする旨の条項を定めておくことが必要となる。[7]

　なお、特定口座指定遺言を行う意向がないのであれば、清算型遺贈のように、相続財産を清算し、そのうちの一部の金銭を信託財産にあてる旨の条項で足りるように思う。遺言執行者の権限についても、もちろん確認条項を入れるべきであろうが、平成30年法律第72号による改正後の民法1012条1項では、「遺言執行者は、遺言の内容を実現するため、相続財産の管理その他遺言の執行に必要な一切の行為をする権利義務を有する」として、権限が明確

7　遠藤英嗣『全訂　新しい家族信託』（2019年・日本加除出版）75頁・459頁（2条2項の文例）も参照。

化されている。

　その他の手段としては、本事例では採用できなかったが、そもそも後見制度支援信託利用を避けるために、任意後見の併用で遺言者の意図を理解している人を任意後見受任者としておくことが考えられる。

　　㈡　受益者代理人の権限の範囲（受益債権の弁済を受ける権利等）

　受益債権の弁済を受ける権利などについては、受益者代理人に与えられておらず、原則論としては受益者代理人の権限から除外されてしかるべきとされている。[8]

　そこで、受益者自身での受領困難な本事例では、受益者代理人による受益債権の弁済受領権限を認める旨の条項を定めた。

　⑷　適正活用にあたっての考え方

　相談者からは、生前、「二男に財産を直接残してあげたいという気持ちが法律的にも実現できたのは本当によかった」。また、「皆で話し合うきっかけにもなり、これでようやく安心できた」と、しみじみとおっしゃっていたのが印象深かった。

　また、長男に信託口口座開設を前提とした信託財産の管理方法等をアドバイスしたところ、「前に父から『二男にお金を出してあげなさい、という負担付きの遺言を書く』と言われていた頃には、一度自分の財産としてもらったものをどう管理していけばよいか不安だったが、これなら、きちんと分けて、適切に管理していく方法もよくわかって安心した」とおっしゃっていただけた。

　以上のように、財産を託す側のみならず、託される側の不安の存在を知るとともに、信託口口座開設および後見等事務報告書類を利用した分別管理の実現を通じて、受託者の側の不安も解消できたことが、非常に有意義であった。

　また、信託行為における類型的・定型的なあるべき理想のスキームと、相談者や関係者の意向との間でギャップがある場合に、いかに専門職が創意工夫を行い、そのギャップを埋めていくのかが責務であると痛感させられた。

8　道垣内編著・前掲（注5）611頁。

今後も研鑽を積み、個別の事案に応じた柔軟な対応を実現していきたい。

　近時、民事信託の濫用や脱法ツール化への警鐘の声が聞かれ、残念ながらこれが疑われるような相談事例もないわけではない。

　しかし、その一方で、民事信託の検討を通じて、家族会議のきっかけにもなり、委託者の想いを実現できた事例も多数ある。今後も、このような健全な民事信託の発展のため、努めていきたい。

Ⅳ　賃貸建物の法人化信託

1　事　例

　先代から市内の不動産を多数相続した地主Xは、最近、長男Yに子、すなわち孫ができたこともあって、自身の資産承継について真剣に考えるようになった。

　というのも、先代からXへの遺産相続の際、先代の相続発生が早かったこともあり、相続税の納税資金を捻出するため、多くの優良不動産を手放した経験があり、自分の相続時にはこのようなことがないよう、できるだけ早めに納税資金を確保し、優良資産を後継相続人の長男に承継させたいと考えている。

　そこで、顧問税理士と検討したところ、一番収益性のよい5階建ての賃貸マンション（以下、「賃貸建物」という）を自己の資産管理会社Zへ移転し、その家賃収入をX個人から法人Zへ切り替えることで、法人個人全体としてのXのキャッシュフローを高める。他方、資産管理会社Zの役員に長男Yをあて、その役員報酬を納税資金としてプールさせる案となった。しかし、この

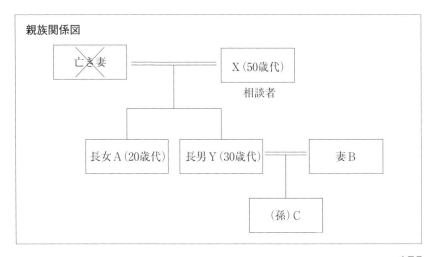

場合の賃貸建物の個人から法人への移転の仕方をどうするかについて、検討が必要であった。

2　信託スキーム

本事例における信託スキームは次のとおりである。

信託行為	Xの自己信託
信託目的	受益権譲渡後の受益者Zの財務内容の安定
信託財産	賃貸建物の建物のみ 金銭（敷金相当額）
委託者	X
受託者	X
第二次受託者	長男Y
当初受益者	X
受益権の譲受人	Z
信託監督人	Zの顧問税理士
受益権の内容	賃貸建物の賃料から管理料、修繕積立金、固定資産税等の公租公課等いっさいの費用を控除後の残金を定期的に受領
信託事務の内容	賃貸建物の経営に伴う受託者の裁量による管理行為
信託の終了事由	①　信託開始から30年経過（建物の耐用年数から設定、なお期間更新は可） ②　建物の滅失 ③　建物の売却
清算・帰属権利者	Z（ただし清算時に朽廃または期間満了後に建物は取り壊すのでZに引継ぐ財産は原則ない）

3　解　説

⑴　他の制度との使い分け

　法人に資産を間接保有させる際の移転方法は、通常売買贈与である。資産が不動産での贈与は、税務上の問題でとり得ない。そこで売買となるが、本事例の場合には、地主Xからその資産管理会社Zへの売買による賃貸建物の土地建物自体の所有権を移転する方法となる。その場合、買主Zには登録免許税が建物に関して2％、土地に関して1.5％、不動産取得税が原則4％課される。売主Xには土地の譲渡益に譲渡所得税が約20％または40％課税されることになる。したがって、代々相続してきた土地で評価額も高い不動産を個人から法人へ売買で移す方法も甚だとりにくい。

　そこで信託による移転の場合はどうかということになる。本事例の場合には、地主Xの不動産を信託し、Xが取得した受益権を売買で資産管理会社Zに移転する方法となる。この場合の買主Zの登録免許税は不動産1筆につき1000円、不動産取得税は非課税である。売主Xには、評価は高くても収益性自体は低い土地は信託財産に加えないことにしたので、譲渡益は生じず、譲渡所得税は課されない。

　このように不動産流通税（上記不動産の登録免許税と取得税の合計額をいう）の税務面からは、信託に優位性がある。そうなると、受益者Zのために信託を引き受ける受託者はどうするかを検討しなければならない。

　賃貸建物の経営を信託により任せるには、通常信託会社が受託者となる場合がまず想定される。だが、不動産の信託は長期に及ぶことから、どうしても信託報酬が嵩み費用対効果が得られない場合が多い。そのため、受託者を信託会社とすることは難しい。

　翻って本事例では、地主Xは今まで長年にわたり賃貸建物の管理運営を行ってきた実績がある。年齢も50歳代と比較的若い。信託事務も無理なく行うことができると思われ、信託報酬も不要でよい。また、本事例ではXに相続等が生じた場合に、新受託者に後継者の長男Yが就くことを承諾している。

　以上から、受託者には、委託者X自身がなるのが最適と思われ自己信託の方法となった。

(2)　信託設定にあたっての留意点

(ア)　委託者意思の確認

委託者たる地主Xは、50歳代という現役の不動産賃貸業の経営者であり、そのブレーンの顧問税理士と主要銀行の担当者を交えて、自己の資産承継スキームの一環として本信託を検討したものである。

したがって、信託の依頼者たる委託者自身が当初より相談者であり、委託者の意思能力および信託契約の締結能力に問題はない。

(イ)　監督機能の導入

受託者Xを監督する受益者は、受益権を譲り受けた資産管理会社Zであり、その代表者はXである。したがって、代表者Xが受託者Xを監督することになり利益相反の関係となる。

この利益相反の関係はXに代わり新受託者に後継者の長男Yが就任した場合も同じ関係になることが予想される。そのため会社の顧問税理士が信託監督人に就任することとなった。

(ウ)　各専門職との連携

不動産鑑定士に受益権の売買価格の算出のため、信託財産たる建物の鑑定を依頼した。また、本事例の自己信託では、建物所有者は受託者X、土地所有者は個人Xとなるため、建物のため何らかの土地使用権を設定しなければならず、受託者Xと個人X間の無償返還の賃貸借とし、土地の固定資産税額の2倍～3倍程度の地代設定とするため、税理士と連携を要した。

また、信託設定後は、信託監督人となった税理士の監督権行使に関する法務相談を当方で受諾している。

(エ)　その他の問題点の検討

(A)　当初受益者

当初受益者を、信託契約あるいは自己信託公正証書において相当の対価を支払うことにして資産管理会社Zとすることも考えられる。この場合、受益者も証書上署名押印をすることになろう。

しかし、自己信託でも、信託契約でも受益者は信託行為の当事者ではないことから誤解を招き、かつ、ただでさえ複雑とされる信託をさらに複雑でわかりづらいものとしてしまうおそれがある。したがって、当初受益者を委託

者とする信託と受益権の譲渡は別個の契約に分けてなされるのが通常である。

⒝　受益権譲渡日と信託設定日

受益権譲渡日と信託設定日を同日としなければならないとする法的要請はない。しかし、後日とする特別の理由がない限り、同日とするのが通常である。

この点に関しては、自己信託は公正証書等でする必要があり（信託法3条3号）、自己信託の自益信託、つまり委託者・受託者・受益者が同一人のケースでは、受託者と受益者が同一ということから1年で終了してしまうため（同法163条2号）、公証人によっては、そのような信託の組成は受け付けないとする者もある。そのため受益権の譲渡契約と同時であれば受け付けてもらえることもあって、同日となることが多い。

なお、公正証書等以外による自己信託では、信託設定日時の偽装防止のため受益者たる第三者への通知を信託の効力発生要件としている（信託法4条3項2号）。本事例の設定時の受益者はXで、Xはここでいう信託行為の当事者であり第三者とはいえないため、公正証書等以外による自己信託の方法では信託の効力を発生させることができないことになる。したがって、本事例のような自己信託で受益者も同一人の場合は、公正証書等以外の方法でなく公正証書等による自己信託の方法によらなければならない。

⒞　受益権の売買代金の財源

資産管理会社Zは先代から続く会社で留保金が厚く、また、建物だけが借地権設定による権利金を伴わず信託財産となったため、それほど多額の売買代金とならなかったことから、金利負担も考えて、本事例ではZの手持ち資金をもってあてることにした。

仮にZが金融機関からの借入金をもってあてる場合は、その売買代金でXに抵当債務が残っている場合は返済し、新たに受益者Zを債務者とする抵当債務となる。

この場合は、受託者Xに物上保証人たる抵当権設定の権限があることを信託行為の中で明記しておいたほうが現在の法務局の扱いからはよいといえよう。

(D)　信託終了事由

建物の耐用年数を考慮して30年の終了事由とした。ただし、終了時を調整できるよう更新は可能とした。出口戦略として、本事例の建物は築30年経過しているため期間中の朽廃等による取壊しをもって信託を終了させることにした。そのため、帰属権利者Zに建物自体引き継がれることは予定しておらず、不動産流通税を負うことはない。仮に何らかの理由で引き継ぐことになったとしても、建物の評価額は下落していることから、税負担をさほど心配する必要はないと考えた。

(E)　信託口口座の開設

金融機関によって口座開設の可否は異なるが、自己信託では信託口口座を開設できないとする金融機関が多くなっている。

そのため、家賃や経費の出入れを特定の受託者個人の口座に集中し信託以外の出納をしないことにして、信託法34条1項2号のロの「その計算を明らかにする方法」として分別管理義務を果たす方法でよいかということになる（第4章ⅡQ8参照）。

この場合、受託者に死亡・破産が生じると、遺産や破産財団への帰属で共同相続人や破産債権者との間でトラブルを生じうることを考えれば、これでよしとはなし得ない。

したがって、現時点では、本事例は、Xの不動産賃貸業に協力している後継者の長男Yを受託者とするか、一般社団法人をXと長男Yで設立して受託者とするか、自己信託としない方法をとらざるを得ないともいえよう。

(2)　特に問題となった条項

本事例では、受益権の譲渡、受益権の売買代金を借り入れる場合の受託者の権限、信託の終了事由についての条項が問題となろう。

第○条（受益権の譲渡）

　受益者は、受託者の同意がない限り、受益権を譲渡又は質入れその他の担保設定等の処分をすることができない。ただし、下記の者（以下、単に「Z」という）に対する受益権の譲渡については受託者の同意を要しない。

記

```
本店所在地　　　　　　○○市
名　　称　　　　　　　株式会社Z
```

第○条（受託者の権限）

1　受託者は、本信託条項に従い信託財産の管理処分を行い、本信託の必要経費等の支払い後、受託者が相当と認める額を受益者に給付する。

2　受託者は前項の信託の給付その他信託費用等の支払いのための金銭が不足するなど、本信託の目的を達成するうえで特に必要がある場合には、受益者の同意を得て、信託財産を換金処分すること、金融機関に担保提供して金銭の借入れを行うなどの処分ができる。

3　受託者は、令和○年○月○日付で締結する債務者Z、債権者である株式会社○○銀行との間の金銭消費貸借契約につき物上保証人として抵当権設定登記を信託不動産についてすることができる。

第○条（信託終了事由）

1　本信託の終了事由は、次のとおりである。

⑴　信託設定の日から30年経過したとき

⑵　信託不動産を売却したとき

⑶　信託不動産が取壊し等により滅失したとき

⑷　受託者及び受益者が合意したとき

2　前項第1号については、終了の日の6カ月前までに受益者と受託者の合意によりさらに10年間延長することができ、それ以後も同様とする。

⑷　適正活用にあたっての考え方

単に不動産流通税を節約したいがためだけで設定された信託、たとえば「実態は通常の売買であるがここは信託したことにして……」というような場合の信託が許されないことはもちろんである。[9]

本事例は、代々受け継がれてきた不動産を後継者に継がせる資産承継の一環として、後継者の納税資金の確保を主な動機としている。

また、不動産自体を取得する必要はなく、不動産から生じる収益を取得すればよいといった場合に、そのニーズにかなった信託の受益権を取得させて

9　松尾陽子＝河合保弘『ここまで使える！　自己信託＆一般社団法人を活用した資産承継・事業承継』（2018年・日本法令）205頁参照。

いるにすぎず、この点で、不動産流通化の下、商事信託として信託銀行等の信託会社が受託者となって従来から行われてきた信託スキームを、信託会社以外の者を受託者とする民事信託に置き換えた信託ともいえる。

　今のところ、受益者が会社という法人となるため、民事信託・家族信託という名称から、民事信託の活用事例にはあたらないとして、本事例を取り上げた民事信託の文献はほとんど見当たらない。

　しかし、金融機関の間では、賃貸建物の法人化あるいは法人・個人間売買、略して法個間売買の1つの手法として一般に知られるところであり、受益権の売買代金の融資が絡むこともあって大いに関心が寄せられる信託事例となっている。

第 **4** 章

民事信託の
適正活用の論点Q&A

I　信託組成に関する論点

1　委託者の意思確認

> **Q 1　受託者候補者（親族）と委託者のそれぞれの意向の確認**
> 　　民事信託の設定を希望して、受託者候補者（親族）と委託者がいっ
> しょに相談に訪れました。どのように対応すればよいでしょうか。
> **A 1**　当初は、いっしょに事情を聴取し、その後、個別事案に応じて、
> 　　複数回に分けるなどして、委託者のみの意思確認をしっかり行いま
> 　　しょう。

　信託契約上は、委託者と受託者は相反する立場となるが、委託者が受託者
候補者と共に相談に来ることは多く、この相談に契約当事者とはならない別
の親族が加わることもある。そのような場面で、親（委託者）が、目の前に
いる子（受託者候補者）を想う気持ちから、本心でなかったとしても子の希望・
意思に引きずられることは決して少なくない。あるいは、子から、「聞かれ
たことに『はい』と返事をしていればよい」などと質問も控えるように指示
されていることもあるようだ。

　民事信託の内容が複雑で、契約書で使用する文言が難解という理由からと
いうこともあるようだが、それを理由にして、委託者自身の希望や信託する
目的確認をしなくてよいというものではない。民事信託の設定にあたっては、
信託条項にとらわれず、何らかの形で、委託者と受託者の意思を個別に確認
する必要がある。その結果、委託者の希望が、受託者候補者から提案されて
いる財産の管理方法や処分の方法、死亡後の承継の内容と、異なるものであ
るときは、委託者の希望を尊重して進めるべきである。

　委託者や受託者、それ以外の家族の関係について、たった数カ月間ですべ
てを把握することは無理なことである。しかし、財産所有者は委託者であり、

その希望には理由があるはずである。受託者には委託者の希望や意思を時間をかけて理解してもらい、民事信託の利点を最大限に活かし、双方が納得する形で設定するということを心がけたいところである。

> **Ｑ２　委託者の判断能力に問題がある場合の対応**
> 　　委託者の判断能力は明らかに低下しているのですが、親族から民事信託設定の希望がありました。何とか親族の希望を叶えたいのですが、どのように対応すればよいでしょうか。
>
> **Ａ２**　委託者が死亡するまでは、委託者の財産です。委託者の判断能力が欠けている状況では、民事信託の設定はできないことを理解してもらいましょう。

　民事信託の設定に関する相談では、委託者が高齢者である場合が多いので、その意思確認については、専門職として慎重に対応されていることと思う。委託者との最初の面談で、すでに認知症が進行していることが判明した場合は、民事信託でなく、後見等開始の審判申立ての支援に切り替えることとなる。

　委託者に信託契約を結ぶ能力が欠けているにもかかわらず、家族が民事信託の設定を希望するといったケースは、成年後見人等が就任すると、財産が凍結されて預金の引出しや不動産を処分することができなくなるという誤った情報を得て、その対策として民事信託を設定するというものであることが多い。この点、民事信託の設定は委託者と受託者の契約であるので、委託者には信託契約をする能力が必要である。また、成年後見人等は、本人の生活上で必要と判断される場合には、不動産の処分は可能であることも理解していただく必要がある。

　委託者の判断能力が低下する以前から、財産処分を検討していた場合には、家族から成年後見人等に申し出てもらえば、成年後見人等は委託者の意思を尊重した処分を行うことができるのである。

　最近、専門家による民事信託の設定にあたり、委託者が意思能力を欠く状態であることが明らかであるにもかかわらず、推定相続人全員の同意を得て、

信託契約を進めた事案があるということを仄聞する。親族からの強い希望で
あったのか、専門家が積極的に勧めたのかは定かではないが、成年後見制度
を回避するためであろうことは想像できる。もちろん、意思能力を欠く法律
行為は無効であるから（民法 3 条の 2）、推定相続人が委託者の代わりに契約
を締結することは認められていないことを確認しておきたい。

　また、民事信託の活用事例を紹介する際に、認知症になると財産が凍結さ
れる、成年後見人が就任すると不動産が売却できないなどの誤った情報や誇
張された情報が取り上げられることが多く、成年後見人等の報酬があること
も成年後見制度を利用する際のデメリットとしてあげられることもあるよう
だ。親族受託者が無報酬で長期間の財産管理を前提としているのだろうが、
昨今、民事信託における受託者の不正等でトラブルとなっている事件が出て
いることから、成年後見制度は家庭裁判所の監督の下、適正に財産が管理等
されることが大きなメリットであるという点を再評価しなければならない。

2　成年後見制度との併用

> ### Q3　民事信託を後見潜脱的に用いる意向がある場合の対応
>
> 　　法定後見人（親族後見人）から、本人の財産管理について相談を
> 受けました。家族の財産のことなのに、家庭裁判所がわが家のこと
> にまで口出ししてくるため、財産の柔軟な管理・処分ができないと
> のことでした。そこで、何でもできるとインターネット広告に書い
> てあった民事信託を活用して、自由な財産管理を実現させてあげた
> いのですが、問題があるでしょうか。
>
> **A3**　家庭裁判所が監督権限を発動せざるを得ないような親族後見人に
> よる不当財産処分行為が想定されます。この親族後見人に対して、
> 後見潜脱のための民事信託を指南した場合、業務上横領罪や背任罪
> の共犯になりかねません。

　判断能力の低下・喪失に対する既存の財産管理制度である成年後見制度は、
本人の財産保護の観点から、家庭裁判所の監督の下、厳格な管理を行う重要

な制度であるところ、このような制度上の特徴を嫌い、いわば成年後見制度
の抜け道として、民事信託を後見潜脱的に用いる意向がうかがわれる相談事
例も、しばしばみられるところである。

　しかし、相談を受ける専門職としては、民事信託の組成支援が違法行為の
助長禁止規定等に違反すると判断された懲戒事例（平成27・1・29広島法務局
長懲戒事例（月報司法書士518号（2015年）114頁））の存在には、十分に留意し
なければならない。本事例では、本人である親Aの二男であり親族後見人で
あるBが、その成年後見人の地位に基づき、妻Cを受託者として、他の推定
相続人を排除する意図で、委託者をAとする親族間の信託を組成した。その
結果、BとCは業務上横領罪および背任の共犯として起訴され、双方とも、
懲役2年6カ月の刑が確定した。そして、当該信託契約の締結等が、これを
教示した専門職抜きでは考えられない巧妙なスキームである以上、当該専門
職についても、業務上横領幇助、背任幇助の各事実が認められるとして立件
されている（ただし、起訴猶予処分）。

　以上のとおり、後見潜脱型の信託は、民事上許容されないのは当然のこと、
刑事処分の対象にもなりうるのであり、士業としての「倫理」にも鑑み、不
法に助力しない姿勢が重要である。

Q4　民事信託と任意後見の併用の検討
　　民事信託を設定すれば、成年後見制度は不要と聞いたことがあり
　ますが、民事信託だけで十分なのでしょうか。
A4　民事信託では管理できない財産があり、また、判断能力が低下し
　てしまった場合に受益権を管理する人が必要です。そして、身上保
　護面は民事信託だけでは支援することができませんので、任意後見
　との併用を検討するとよいでしょう。

　相談者の中には、1つの制度や手続で、財産管理・承継・身上保護のすべ
ての希望を叶えられるのではないかと勘違いしていることがあるが、残念な
がら、現状の法制度では無理である。

　まず、民事信託は、受益者のために、特定の財産に対しての管理・処分を

する制度であり、受益者の判断能力が低下しても、受託者によって管理・処分される。しかし、受益権の管理や受益債権受領後の使途については、受託者が行うことができず、成年後見制度による支援が必要となる。

　そこで、財産管理処分と身上保護の双方を支援する体制を整えるため、民事信託と任意後見の併用が検討されてきた。任意後見は、任意後見監督人が就くことで委任者保護の面は強いが、本人以外の家族などの利益をも検討する場合、特に、福祉型かついわゆる後継ぎ遺贈型の受益者連続には、民事信託こそ有効であることはご承知のとおりである。ただし、年金受給権など信託財産に組み込むことができない財産や、身上保護面をカバーするには、任意後見と信託を併用することはメリットが大きいと考えられる。

　民事信託と任意後見の併用については、地位の兼併についても議論も進んできており[1]、それぞれ認める許容性や問題点・工夫が、次の①〜③のようにまとめられている。

①　任意後見人と受託者を兼任する場合には、受託者牽制のため、第三者の受益者代理人を就任させることの検討

②　任意後見人と信託監督人の兼任の検討

③　任意後見人と受益者代理人の兼任の検討

それぞれの職務範囲を調整することで、兼任は認められると考えるが、民事信託がクローズアップされた当初は、第三者が関与することなく家族・親族間ですべて解決する流れとなっていた。しかし、近年は、受託者の不正・暴走防止という点が着目され、第三者を関与させないことが、必ずしもメリットではないということも検討する必要があると考えられ、適正な民事信託の維持を行うには、むしろ第三者の関与を推し進める傾向に現在変わってきている。

Q5　受託者と任意後見人の兼任の可否

　　万一に備え、活用を目的とする不動産を民事信託契約で受託者に任せ、年金や自宅は任意後見契約で管理を任せていきたいと考えて

1　杉山苑子「信託と任意後見の一体的活用」信託フォーラム12号（2019年）15頁。

います。頼れる親族は少ないので、受託者と任意後見人を同一人と
しておきたいのですが、問題があるでしょうか。

Ａ５　信託関係人の有無や受託者を監督できる環境により、受託者と任
意後見人の兼任が認められる場合と認められない場合があると考え
られています。

任意後見人と受託者を同一人とした場合、信託財産に帰属する財産と受益
者（本人）固有の財産を管理することで、財産全体の状況を把握することが
でき、また、身上保護面の支援も行うこともできるので効率がよいとも考え
られる。

しかし、任意後見人は受益者代理人に準ずる権利・義務を有すると解され、
信託法上、受託者と受益者代理人の兼任は認められていない。受託者への適
切な監督権の行使が危ぶまれることになるからである。

そこで、両者の兼任を認めるならば、本来任意の機関である受益者代理人
を専門職等の受託者以外の者を就任させ、受益者（本人）の保護を図り信託
目的の達成に向けて合理的に信託事務を遂行させるという検討が展開されて
いる。

民事信託においては関与できる者が限られているケースが多いこともあり、
今後も実務において議論がさらに展開されることを期待したい。

Ｑ６　民事信託と法定後見の併用の検討

民事信託を設定していても、法定後見制度の併用が必要になるこ
とはあるのでしょうか。

Ａ６　身上保護への対応のため、併用が必要となる場合もありますし、
受益者代理人と法定後見人の兼任により円滑に財産管理を行うこと
も考えられます。

民事信託のみによる身上保護への対応は、法理論上困難であり（本章ⅡＱ
11参照）、介護契約等について、家族での対応が難しければ、別途、法定後
見制度の併用によるフォローも必要となってくる。

　この場合、ある程度複雑な財産管理等が想定される場合には、あらかじめ信託契約に、停止条件付きで専門職を受益者代理人とする定めを規定しておき、その後、当該専門職を法定後見人候補者として推薦し選任してもらい、受益者代理人と法定後見人の兼任により円滑に財産管理を行うことも考えられる（実際に、このような実例もある）。

Q7　法定後見人による信託設定の可否
　　法定後見人による信託の設定は可能なのでしょうか。

A7　後見制度支援信託のほか、遺言代用型信託以外の類型であれば、設定可能なケースはあると考えます。

　まず、後見制度支援信託は、法定後見人による信託法に基づく信託の設定にほかならないところ、これは有効になしうる。

　一方、法定後見人が、本人死亡後の財産承継を定める遺言代用型信託を設定することは、遺言が本人しか作成できないことからして、他人である法定後見人には作成できないと考える。すなわち、法定後見人は、遺言代用型信託となる、信託法182条1項による残余財産受益者ないし帰属権利者の指定を含む信託契約締結はできないと考える。

　もっとも、これら以外の類型においては、本人が希望している場合や判断能力が十分であった頃の発言などから、信託で実現すべき希望があると推測される場合に、法定後見人が信託契約を締結することは、法定後見人の裁量判断として許容される余地はあるのではないか。

　法定後見人による信託設定は一律不可ということではなく、あくまでも信託の内容によるのであり、信託目的、信託財産、受託者権限等を限定し、終了時の財産承継にも問題がなく、意思尊重義務にも反しないのであれば、法定後見人による民事信託も設定しうると考える。なお、実例として、本人と法定後見人との間に親子関係があり、法定後見人が家庭裁判所と協議したうえで、本人のために民事信託を設定した事例も報告されている。[2]

2　伊庭潔編著『信託法からみた民事信託の手引き』（2021年・日本加除出版）234頁。

3　特定贈与信託と障害者控除の比較

Q 8　特定贈与信託と障害者控除の比較
　　特定贈与信託は、障害者控除の適用と比較して、利用したほうが
有利でしょうか。

A 8　生前に特定贈与信託を使っても、相続時には障害者控除も適用で
きるため、特定贈与信託を利用したほうが税務上は有利といえます。

　特定贈与信託（特定障害者扶養信託）は、特定障害者（重度の心身障害者、
中軽度の知的障害者および障害等級２級または３級の精神障害者等）である子や
孫を受益者、信託銀行等を受託者として、契約期間中（特定障害者の死亡の
日まで）は、委託者が死亡した後も、特定障害者である受益者へ定期的に金
銭の支払い等がされる信託契約をいう。他益信託は原則的に、その効力が生
じた時に、受益者が委託者から信託受益権を贈与により取得したものとみな
されるが（相続税法９条の２第１項）、特定贈与信託の場合は、その信託契約
の際、障害者非課税信託申告書を納税地の所轄税務署長に信託銀行等を経由
して提出することにより、6000万円を上限として贈与税が非課税になる（同
法21条の４第１項）。この制度は贈与税が非課税となるため、相続開始前３年
以内の生前贈与加算は適用されず、相続財産から切り離すことができる。

　一方、障害者控除は、相続または遺贈により財産を取得した者（非居住無
制限納税義務者、居住制限納税義務者および非居住制限納税義務者を除く）が当
該相続に係る法定相続人に該当し、かつ、障害者である場合に〔その者が85
歳に達するまでの年数×10万円（特別障害者は20万円）〕を、その者の算出相
続税額から控除するものである（相続税法19条の４第１項）。また、控除を受
けることができる金額がその控除を受けることができる者の算出相続税額を
超える場合においては、その者の扶養義務者の算出相続税額から控除する（同
法19条の３第２項・19条の４第３項）。なお、扶養義務者とは、配偶者、直系
血族および兄弟姉妹その他一定の親族をいう（同法１条の２第１項１号、民法
877条１項）。

　そこで、障害者である子や孫の生活を支援する特定贈与信託と障害者控除が、相続税に対してどのような影響を与えるのかが問題になるところ、一般的には、「まず特定贈与信託を使う」ことが税務上は有利といえる。たとえば、推定相続財産2億円の以下の事例では、納付相続税額は、特定贈与信託利用なしで2540万円、利用ありで760万円となり、納税額に1780万円の差が生じることとなる（前提条件として、①相続人は子2人（うち1人が特別障害者）、②推定相続財産が2億円、③保有財産は2人の子に均等に渡す）。

（単位：千円）

財産総額	①生前贈与なし			②特定贈与信託あり			備考
	合計	子A（障害者）	子B	合計	子A（障害者）	子B	
相続財産	200,000	100,000	100,000	200,000	100,000	100,000	生前贈与前の金額
生前贈与	0	—	—	△ 60,000	△ 60,000		特定贈与信託（贈与税非課税）
相続財産	200,000	100,000	100,000	140,000	40,000	100,000	
基礎控除	△ 42,000			△ 42,000			法定相続人：2人
課税遺産総額	158,000	79,000	79,000	98,000	49,000	49,000	
（限界税率）		30%	30%		20%	20%	
（控除額）		△ 7,000	△ 7,000		△ 2,000	△ 2,000	
相続税の総額	33,100	16,700	16,700	15,600	7,800	7,800	
算出相続税額	33,100	16,700	16,700	15,600	4,457	11,143	
障害者控除額	△ 8,000	△ 8,000		△ 8,000	△ 4,457	△ 3,513	子Aが45歳と仮定
納付税額合計	25,400	8,700	16,700	7,600	0	7,600	

4　暦年贈与信託と相続対策

> ### Q 9　暦年贈与信託と相続対策
>
> 　　認知症になっても、信託なら贈与ができるのでしょうか。
>
> ### A 9
> 　　認知症になってしまった後は、信託を使った贈与において、将来の相続時に想定される相続税率よりも低い贈与税率で、次世代に財産の移転を進めるという目的を達成することは難しいといえます。

　認知症になっても相続対策のための暦年贈与を継続したいといったニーズは一定程度あり、実現するための手段として信託があげられることがある。将来の相続時に想定される相続税率よりも低い贈与税率で、次世代に財産の移転を進めることが目的の1つといえる。ただ、結論からいうと、認知症になってしまった後は、信託を使った贈与でこの目的を達成することは難しい。

　名称はそれぞれ異なるものの、さまざまな信託銀行の商品に「暦年贈与信託」というものがある。委託者となる親が金銭を信託財産として拠出し、毎年一定の時期に信託銀行が金銭を渡そうとする側（親）、もらう側（子、孫等）に贈与の意思確認を行ったうえで、贈与契約のサポートをすることが主な商品内容といえる。これは、信託銀行が関与しているものの、実質的には贈与者と受贈者とで民法上の贈与を行うことであり、委託者（贈与者）が認知症になってしまうと、それ以降の贈与を行うことはできなくなる。

　それでは、民事信託において、受託者の判断で受益者ではない子や孫へ金銭の給付を行うことは可能なのか。何も権限がない状態でこのような給付を行うことは、受託者として忠実義務に反する行為であり、受益者には受託者に対する原状回復請求権が生じることとなるため、結果的に上記のような相続対策の効果はない。そして、年間110万円の範囲内での信託財産の処分の権限を受託者に与えたとしても、脱法あるいは租税回避として無効であろう。また、受託者に対して単独での受益者変更権限を与え、委託者が認知症になったとしても、受託者の判断で当初受益者以外の者へ受益者変更をし、新受益者に対して金銭の給付をできるようにした場合、その変更時に新受益者に贈

与税課税の可能性も考えられる。

5　信託関係人に対する説明義務

> **Q10　信託関係人に対する説明義務の意義**
> 　　民事信託の設定を希望する相談者・依頼者ほかの信託関係人に対
> しては、どのような説明をすることが求められるのでしょうか。
> **A10**　相談者・依頼者ほか信託関係人は、信託法の知識や情報が乏しい
> 　　人が多いので、民事信託の設定に際しては、信託条項の内容を理解
> 　　してもらう前提として、信託設定後から信託財産がどのように管理
> 　　されるのか、信託終了時にはどのような手続が必要なのか、管理方
> 　　法を誤り、手続を怠った場合のリスクなどを理解してもらえるよう
> 　　に、継続して説明することが必要です。また、信託設定後にも、信
> 　　託の目的の範囲内で変更することができることを説明しましょう。

　裁判に至らないまでも、信託契約書の内容を理解していなかったことが原因で、信託を終了したい、信託を変更したいという相談が増えている。また、信託設定時には理解し、公正証書作成に至ったとしても、信託設定時点では問題点が見えず、一定期間経過した後に問題が発生するあるいはトラブルが起こる可能性が判明することもある。

　信託設定後に、当事者の状況によって、信託の目的の範囲内で信託条項を変更することは決して悪いことではない。問題なのは、委託者と受託者が理解しないまま契約することや、問題が発生する可能性があることが判明しても放置しておくことである。専門職としては、信託設定後にも定期的または個別相談に応じ、民事信託を維持するための情報収集・提供、リスク説明を行うことが必要である（東京地判令和3・9・17家判35号134頁）。

　ここでは、専門職から説明を受けておらず、こんなはずではなかったと、委託者や受益者が相談に来た2つの事例を紹介したい。

　1つ目の事例は、信託の設定にあたり、信託する不動産を活用する一環として、受託者が融資を受けること（いわゆる信託内借入れ）を希望していた。

委託者は、専門職にはその旨を伝えていたが、専門職は、委託者が銀行側に受託者に対して融資を行うかどうかを相談等しているかについての確認をせず、また、信託する金銭を分別管理することが必要であり、銀行に専用の口座を作成することのアドバイスをしないまま契約書を作成し、受託者への所有権移転および信託の登記申請を行った。しかし、委託者や受託者の取引している銀行すべてから融資を断られ、口座を開設することもできず、半年経過後に信託設定に関与した専門職に相談しようとしたところ、「忙しい」ことを理由に断られたというものである。

　2つ目の事例は、信託設定にあたり、専門職から「民事信託は簡単にできますよ」と言われ、公正証書で契約書を作成した。しかし、不動産の所有権が受託者となることは説明されていなかった。後日、委託者が当該不動産の全部事項証明書を取得した際、所有者が受託者となっており、「名義を変えることは知らなかった。名義は変えたくなかった」と、信託設定に関与した専門職に不信感をもったというものである。

　委託者や受益者からこのような相談を受ける事案は、信託設定が受託者主導で行われていたことが多い。依頼者となる委託者の希望をどのように聴取するかは、常に注意しなければならない（Q1参照）。

Q11　信託関係人に対する確認事項と説明義務の内容

　　民事信託の設定を希望する相談者・依頼者ほか信託関係人に対して求められる説明は、具体的にはどのようなものでしょうか。

A11　相談者・依頼者ほか信託関係人に対して、まずは①信託の目的（誰のために、どの財産を管理・処分したいのか意思確認）、②信託財産の引渡しや登記・登録、③受託者の選任方法、④信託財産の管理方法等、⑤受託者の義務などについて確認することが必要です。そして、相談者・依頼者等のほとんどは初めて信託関係人となることから、これらを確認しながら丁寧に説明する必要があります。

3　金森健一「ここからはじめる！民事信託実務入門(1)業務の始まり」信託フォーラム16号（2021年）98頁。

信託関係人に対する専門職による確認の目的と、委託者から相談された場合と受託者候補者から相談された場合の説明の内容は以下のとおりである。

(1)　信託の目的（意思確認）

信託の目的（意思確認）について説明するのには、詐害信託や一部の親族（受託者など）の利益のための契約でないことを確認するという目的がある。

委託者からの相談ならば、①受益者のために財産を管理・処分する制度であること、②信託の目的は、受託者の財産管理の指針になること、③信託では、身上保護の支援はできないことを説明したい。

一方、受託者候補者からの相談ならば、①受益者のために財産を管理・処分する制度であること、②委託者の希望が反映される信託の目的であることを説明したい。

(2)　信託財産の引渡しや登記・登録

信託財産の引渡しや登記・登録についての説明には、信託財産を実質的に受託者が分別管理する必要があることを確認するという目的がある。

委託者からの相談ならば、信託財産は、信託の目的を達成するために受託者名義となること（ただし、受託者固有財産とは区別されること）を説明する必要がある。一方、受託者候補者からの相談ならば、受託者名義となることが受託者固有財産とは完全に区別（分別）しなければならないことを説明する必要がある。

(3)　受託者の選任方法

受託者の選任方法についての説明には、①ふさわしい受託者のあり方、②財産隠しのためでないこと、③信託の目的を達成するための信託事務であること、④受託者の営業とみなされ、信託業法違反とならないようサポートをする必要があることを確認するという目的がある。

委託者からの相談ならば、①長子だから、長男だからと単純に決めないこと、②受託者候補者が（委託者兼）受益者の判断能力低下後にも信託の目的を達成するために信託事務を遂行する者としてふさわしい人物か、③受託者が（委託者兼）受益者よりも前に死亡するなど、信託事務を行えなくなってしまうことを想定して後任受託者を決める必要があることを丁寧に説明したい。一方、受託者候補者からの相談ならば、①委託者は受託者になることを

希望しているか、②受託者として信託契約に定められた信託の目的の範囲内で信託事務を行わなければならないこと、③信託法上の義務があり、信託事務は長期間にわたる可能性があることを説明したい。

(4)　信託財産の管理方法等

信託財産の管理方法等についての説明には、①名義信託（受益者の行為を認容するのみ）でないか、②信託の目的の範囲内であるか、③受託者の権限が過大とならないかどうか（重要な行為について受託者を監督できる体制があるかどうか）を確認するという目的がある。

委託者からの相談ならば、①分別管理が必要となり、不動産は所有権移転および信託の登記、金銭は信託専用口座（信託口口座）で管理し、委託者や受託者固有の財産でないことを明確にして管理すること、②信託専用口座（信託口口座）の開設が可能である金融機関や、受託者として借入れ（信託内借入れ）ができる金融機関は限られていることを説明する必要がある。一方、受託者候補者からの相談ならば、①信託の目的に沿った管理・処分の方法等でなければならないこと、②分別管理が必要であること、③受益者の利益のための管理・処分を行うこと、④信託専用口座（信託口口座）の開設が可能である金融機関や、受託者として借入れできる金融機関は限られていることを丁寧に説明したい。

(5)　受託者の義務と責任

信託法における受託者の主要義務は、信託事務の処理にあたって必要とされる善管注意義務（信託法29条）、受益者に対する忠実義務（同法30条。同法31条では利益相反行為を制限し、同法32条では競合行為を制限する）とされる。善管注意義務は、信託行為の定めにより軽減可能とされるが（同法29条2項）、注意義務を負わないとすることは、公序良俗に反し、認められない。また、利益相反行為と競合行為の制限については、任意規定とされ、信託行為において許容する旨の定めがある場合など、一定の場合に当該行為が認められるとされている（同法31条2項・32条2項）。そのほか、文献によって異なるが、おおむね、①分別管理義務（同法34条。信託財産に属する財産と受託者の固有財産、他の信託財産に属する財産とを分別して管理する）、②帳簿等作成・報告・保存の義務（同法37条。信託財産に係る帳簿その他の書類を作成し、毎年1回、

一定の時期に貸借対照表・損益計算書その他の書類を作成して、受益者にその内容を報告したうえで、信託に関する書類を一定期間保存する）、③信託事務の処理の状況についての報告義務（同法36条）、④自己執行義務を前提として、信託事務の処理の委託における第三者の選任・監督義務（同法35条）、⑤公平義務（同法33条。受益者が複数の信託において、受益者のために公平にその職務を行う）の義務がある。

　そして、受託者の任務懈怠により、信託財産に損失が生じた場合（信託法40条1項1号）または変更が生じた場合（同項2号）は、受益者の請求により、受託者は損失のてん補または原状の回復の責任を負うこととなる。また、受託者は、信託財産に属する財産の所有者であることから、土地工作物の所有者責任を負う（民法717条）。また、信託財産から生じた債務などについて、信託財産に属する財産のみならず、受託者固有の財産も責任財産となり、無限責任を負う（信託法21条1項）ことが多い[4]ということを理解してもらう必要がある。受託者が委託者や受益者の親族であることを理由に、権限を大きくする一方で過度に義務を軽減する事案も見受けられるが、信託財産に属する財産は受託者名義となる以上、信託法上の義務・責任が生じるということを支援する専門職は常に意識していく必要があるのではないだろうか。

　なお、受託者の任務が終了し、新受託者が任務を承継する場合は、その時に存する信託に関する権利義務を前受託者から承継したとみなされ（信託法75条1項）、新受託者に権利義務が承継される。ただし、前受託者は、信託財産に属する財産のみをもって当該債務を履行する責任（受益債権の給付義務等）以外の承継債務については自己の固有財産をもって履行責任を負い、新受託者は、前受託者の債務を承継した場合、信託財産に属する財産のみをもっての履行責任を負う（同法76条2項）ことに注意しなければならない。

⑹　その他

　委託者からの相談ならば、①委託者として信託法上の権利は放棄しない限り信託契約後にもあることとその内容、②信託でなければならないか（他の制度でも希望・目的が達成できるか）を説明したい。「はい／いいえ」で答え

4　金森・前掲（注3）99頁。

られるような確認をしないことが大切である。一方、受託者候補者からの相談ならば、委託者に対する説明・意思確認が必要であることを説明したい。

6　専門職による受託者支援

Q12　信託設定に関与した専門職による受託者支援の重要性

　　　信託設定に関与して間もないのですが、当事者から、信託契約書上の信託財産の管理事務を一部変更したいとの申出がありました。どのように対応すべきでしょうか。

A12　受益者や受託者の実情に即して信託の目的の範囲内で変更することは、当事者が信託に正しく向き合っている証です。民事信託は受託者が信託事務を継続することが重要ですから、信託契約後も継続して支援しましょう。

　民事信託を設定する際、委託者は高齢であることが多いので、当事者は設定することで目的が達成されたかのように思われることがある。しかし、親族受託者は、それまで受託者自身の財産以外の管理するということを経験したことがないことが多いので、実際の受託者の信託事務遂行の様子をみていくことも必要ではないかと考える。

　信託事務が開始されてから最初の信託事務報告時期くらいまでは、受託者の信託事務も多く、想定外の事情が発生することも少なからずあるので、専門職は民事信託を維持するための受託者に対する支援が必要となる。たとえば、信託口口座の開設、定期給付のための手続、受益者の生活状況から臨時給付として支払うべき事情を具体的に確認することである。特に、臨時給付とすべき具体的事情については、受託者が信託の目的や条項から判断することができず、受益者本人資産から支払うべきかを迷い、質問されることもある。また、活用を目的として信託された不動産について、活用資金の融資を受ける場合に、当初は金融機関を想定して定めたものの、金融機関以外から借り入れることとなり、信託条項においてその対応が可能となるよう変更することもある。

　当事者間の利益相反の問題について検討は必要であろうが、いつでも相談を受けることができるよう体制を整えて受託者を支援することが、結果として受益者の保護につながるという視点から、専門職としての支援方法を検討してはどうかと考える。この点、成年後見制度においては、市民後見人養成講座が開かれるなど、財産管理等の流れが統一化されている。同様に、民事信託の受託者に対しても、信託事務の流れをとりまとめ、受託者が確認していくことができる流れが確立できれば、信託設定後のトラブルを未然に防ぐことにつながるのではないだろうか。

　民事信託は、契約書作成がゴールでなく、スタートである。受託者が契約後に信託事務を実行できなければ、目的不達成ですぐに終了してしまう不適切な信託となってしまう。委託者の判断能力が低下する前であることが大前提であるが、信託設定に関与した専門職としては、設定後の調整や変更はあってよいという余裕をもつことも必要だと感じる。また、想定以上に信託事務が大きな負担となり、受託者が信託の事務を続けることが困難と感じた場合には、受託者の変更や商事信託への切り替え、あるいは、他の財産管理制度の活用を検討するなどして、民事信託を終了することも視野に入れた支援が必要ではないかと考える。

7　自己信託の活用

Q13　自己信託の有用な活用例
　いわゆる親亡き後信託において、自己信託が活用できると聞きましたが、どのようにするのでしょうか。

A13　障害をもった子のため、適当な受託者がすぐには見つからない場合などに、まずは親御さんが自分自身で受託者となってその子のために財産を管理していこうとするケースです。具体的には、当初受益者を親と子にし、子の受益権は扶養の範囲とする、親亡き後のための信託であることがはっきりわかるような信託設計とすることが、その後、公正証書にする際や信託口口座の開設時において重要と

　なってきます。

　高齢の親が世話をしてきた心身に障害をもった子に対し、親に代わって財産管理に努めてくれる適切な受託者のなり手が見つからなければ、当然、民事信託の組成はあきらめざるを得ない。

　このような事例においては、信託銀行等の扱う特定贈与信託（Ｑ8参照）を活用することが考えられるが、信託財産は金銭に限られ、自宅不動産は信託財産となし得ないことから、通常、高齢の親と障害をもった子が暮らす自宅不動産の管理等ができず、特定贈与信託ではニーズを十分に満たすことはできない。また、負担付き遺贈により障害をもった子の生活費を受遺者に負担させる方法なども行われてきたところであるが、この負担付き遺贈も、受遺者に受けてもらえるかどうかがわからず、受けてもらえたとしても確実に履行されるかがわからず、もし履行されない場合に遺贈を取り消したとしても、結局残された子の生活支援を達することとはならない。

　このように適切な受託者が見つからず諦めていた場合に、まずは自分自身が民事信託の受託者となってその子のために財産を管理していこうとする信託、すなわち自己信託を活用できるのではないかと考える。つまり、まずは信託をスタートさせることができ、信託報酬もかからず、今までの経験を活かした最適な信託事務を模索し構築できるのである。さらに、この信託事務を経験した受託者たる親が、その後の適切な受託者を見出す確率は各段に高くなるといえる。なぜなら、自身の経験則から、受託者のなり手の対象が明確に見えてくることや受託者のなり手に対する信託事務等の説明において説得力が全く違ってくるからである。そして、たとえ後継の受託者が見出せずに信託が終了したとしても特に大きな損失が生じるとはいえない。むしろ期間中は信託財産につき目的に縛られて消費者被害に遭いにくくなり、委託者がまだ仕事を続けている場合は、その倒産リスクからも信託財産は守られるということにもなる。

　なお、自己信託に関しては、公正証書等にする際に、また、その後の金融機関での信託口口座開設の際に支障が生じることがある。つまり、自己信託だから公正証書等の作成に応じられないとする公証人に対しては、たとえば、

当初受益者を親と子にし、子の受益権は扶養の範囲とする、親亡き後のための信託であるということがはっきりわかるような民事信託とすることで、財産隠し等の不法目的の自己信託ではないことをわかってもらうことにより、その支障は生じないと考える。また、このことは金融機関で信託口口座を開設するときも同様に、親亡き後のための信託であることがはっきりわかる信託内容とすることが肝要であるといえる。それでも自己信託を理由に信託口口座の開設がどこの金融機関にも認められないケースでは、後継の受託者が就任した際に信託口口座の開設を行うことを条件に、本信託自体の設定は許されてしかるべきと考える。

Ⅱ　信託条項に関する論点

1　信託財産

Q 1　信託できない財産等

　　信託することができない財産はあるのでしょうか。

A 1　将来取得する資産や債権も含めて、特定できるものであれば広く
　　信託財産に属する財産とすることは可能ですが、債務・保証債務・
　　年金受給権・農地のように信託できない財産や、給与債権のように
　　実務上信託になじまない財産があります。

　将来取得する資産や債権も、特定できるものであれば信託財産に属する財
産とすることは可能と考えられる。

　年金受給権は、厚生年金保険法41条および国民年金法24条等により、譲渡
禁止とされているため、信託することはできない。

　また、給与債権については、譲渡可能とされてはいるが、最判昭和43・3・
12判時511号23頁により、譲受人が、直接雇用主に支払いを請求することは
できず、給与を受領した労働者である譲渡人が、受領金を譲受人に渡すこと
ができるにとどまるという判断がされているため、信託することはできず（例
外として、本人の使者として受け取る場合、または、労働者が直接に賃金を受け
取れないような状況が発生した場合、家族が賃金を受領したとしても直接払いの
原則には反しないとされる）、実務上は信託になじまないと考える。

　この点、農地は、農地のまま信託財産とすることは認められていないが、
農地保有合理化法人による信託引受けや、農地転用後に信託財産とすること
は認められる（第1章Ⅲ 3⑼参照）。

Q 2　有価証券の信託

　　有価証券の信託は可能なのでしょうか。可能であれば、信託する
際の留意点を教えてください。

A 2　近時、有価証券の信託に対応し、信託口口座を開設することがで
　　きる証券会社も増えてきました。ただし、①信託契約書作成上の留
　　意点、②信託設定支援上の留意点、③税務上の留意点があります。

　有価証券を信託するにあたって、各証券会社において共通して留意すべき
ポイントを解説する。[5] ただし、厳密には個別の対応もありうるため、実際の
信託組成時には、必ず個別に問い合わせつつ支援されたい。

⑴　信託契約書作成上の留意点（必要な条件等）

　有価証券の信託には、特有の方式として、①契約書の作成に専門家が関与
していること、②信託契約書が公正証書により作成されていることが必要で
ある。また、内容上の制約として、①自益信託であること、②委託者と受託
者が一定の親等内（2親等～3親等）の親族であること、③委託者や受託者
が法人でなく個人であり、それぞれ1名であること、④原則として新受託者
の定めがあること、⑤当初委託者の死亡により信託終了の定めがあること（受
益者連続型信託は不可）、⑥信託財産が委託者の総資産に占める割合の上限が
存在するため、初回相談・信託スキーム設計当初段階からこれらを念頭にお
いておく必要がある。なお、証券会社ごとに異なるものとして、⑦受託者の
投資運用の権限、⑧証券会社所定の雛型に基づくこと、⑨法定相続人全員の
同意があることが求められる。

⑵　信託設定支援上の留意点

　信託設定支援上の留意点として、①口座開設基準、②信託財産にできる商
品であるか（移管可能な商品か、信託目録で銘柄が特定されているか）、③受託

5　清水晃ほか「有価証券の信託──法律関係の基礎」信託フォーラム14号（2020年）13頁以下、
　根本雄司ほか「有価証券の信託──信託契約書作成の際の留意点」同22頁以下、竹下祐史「有価
　証券の信託に係る税務上の諸問題について」同27頁以下、遠藤英嗣『家族信託の実務　信託の変
　更と実務裁判例』（日本加除出版・2021年）184頁以下参照。

者が無制限に取引できるわけではないことの説明（適合性原則との関係ほか）
がなされているか、④留意点や不利益が生じうることの説明[6]がなされている
か、⑤最低受託額（3000万円など）などについて、証券会社に事前確認のうえ、
依頼者に対して説明を行う必要がある。

(3)　税務上の留意点

①課税のタイミングと課税対象額（配当金受領時の配当金額であり、受託者
から受益者への給付時点の給付額ではないこと）、②損益通算（信託財産とした
不動産に係る不動産所得の損失とは異なり可能であること）、③信託口口座（一
般口座）で運用されること（受益者は譲渡所得等、原則確定申告が必要であるこ
と。ただし、配当所得については申告不要制度も選択することができること）な
どといった税務上の一般的な留意点は最低限把握しておき、依頼者に対して
説明する必要がある。そのうえで、詳細については税理士に個別確認するよ
う、助言すべきである。

Q3　後見制度支援信託契約終了時の信託財産の帰趨と法的構成

後見制度支援信託契約終了時の信託財産の帰趨と法的構成はどう
なりますか。

A3　信託期間中の受益者が残余財産受益者を兼ねていると解して、信
託終了時の受益権（残余財産）の帰属は、民法の相続や遺言のルー
ルに従うことになります（ただし、異論もあります）。

現在では、後見制度支援信託よりも後見制度支援預金の利用へとシフトし
ていると思われるが、今後、本人の死亡に伴い、過去に後見制度支援信託の
対象として信託された財産の承継（法律構成）が問題となる事例も想定される。

後見制度支援信託は、本人の死亡を指定金銭信託約款に係る契約信託終了
事由としているにもかかわらず、同信託の対象とされた財産に関して、本人

6　具体的には、ⓐ特定口座は利用できないこと（一般口座（特定口座やNISA口座で管理してい
ない上場株式等を管理する口座）のみ利用できること）、ⓑ株式の保有期間がリセットされるこ
と（長期保有資格を喪失すること）、ⓒ配当金交付は株式数比例配分方式のみを選択することが
できること（証券会社の信託口口座でのみ受け取ることができること）、ⓓ株主優待品を受託者
が受領することがあげられる。

死亡後の受益者や帰属権利者の定めはおかれていない。

　もっとも、信託銀行における従来からの実務では、残余財産受益者や帰属権利者が特に指定されていない限りは、信託期間中の受益者が残余財産受益者を兼ねていると解することが通常であるとして、信託終了時の受益権（残余財産）の帰属は民法の相続や遺言のルールに従うことになるとされている[7]。

　しかし、「信託期間中の受益者が残余財産受益者を兼ねていると解する」とは、信託法182条1項1号の黙示の指定もあると解するものと思われるが、このようなことはできないとする見解もある[8]。

　すなわち、後見制度支援信託は、スキームの組み方あるいは運用の仕方によっては本人死亡後の財産承継を定める、遺言代用型信託類似の遺産分割型信託となるところ、遺言は本人しか作成できないのであるから、成年後見人は遺言を作成することはできない。

　したがって、後見制度支援信託の場合、成年後見人はその契約において、遺言代用型信託類似の遺産分割型信託となる、信託法182条1項の指定を含む信託契約締結は不可であり、同条2項の問題となることが示唆されている。

　当該法律関係の検討にあたっては、このような指摘があることにも十分留意が必要であろう。

Q4　民事信託における限定責任信託

　　限定責任信託とした信託契約等をあまり見かけませんがどうしてでしょうか。有効活用事例があれば教えてください。

A4　限定責任信託は面倒な割に利用場面があまりないといわれ、現時点では信託法21条2項4号の責任限定特約を信託債権者との間で個別に合意するほうが費用対効果上よいとする意見が強いためと思われます。限定責任信託は、自宅不動産を中心とした管理型信託において有効に活用される可能性はあるように思います。

7　片岡雅「成年後見制度支援信託の現状と課題」銀行法務21第796号（2016年）15頁〜16頁。
8　遠藤英嗣「信託法制等から『後見制度支援信託』を考える（上）」実践成年後見56号（2015年）74頁参照。

　最近は、委託者のみならず受託者に対する説明義務の要請が民事信託でも強まり、「受託者は信託債権者に対し信託財産限りでなく自己の固有財産についても責任を負わねばならない」との説明がなされている。これを受けて、受託者のみならず、委託者からもそのような責任を受託者（特にわが子）に負担させたくないという声も聞かれるようになっている。

　このような声に応えるものとして、信託法では旧法時代から存在する信託債権者との間で個別に受託者責任を信託財産限りと合意する責任限定特約を同法21条2項4号で存続させ、一方これとは異なり個別に合意するのではなく広く信託債権者一般に対し受託者の責任を信託財産限りとする限定責任信託（同法2条12号）の制度（同法216条～247条）が設けられた。

　しかし、この限定責任信託に対しては登記を効力発生要件とし（信託法216条）、取引の相手方への都度の個別通知（同法219条）を対抗要件としたり、計算も厳格化するなど（同法222条・225条）、面倒な割に利用する場面があまりなく費用倒れとみられてきた。したがって、現時点では従前からある責任限定特約を信託債権者との間で個別に合意するのが現実に即していると考えられている。ただ、最近は、この限定責任信託の制度は、専門職も含めて単に慣れていないだけであって、それほど面倒なことでも費用が嵩むことでもないとの意見が聞かれるようになってきた。[9]

　また、そもそも旧法時代からあった責任限定特約は従来からほとんどなされておらず今後も期待できないことから、わざわざ信託債権者一般に対する責任限定としての法的効果のある限定責任信託を新設したという経緯がある。したがって、この限定責任信託に関して再検討すべき時機にきていると思われる。なお、限定責任信託の制度に対して、民事信託において受託者の義務や責任を取引の安全上、安易に軽減すべきでないとする意見が聞かれるが、信託法において取引の安全を考慮したさまざまな規定（たとえば、限定責任信託であることの登記による公示、取引相手への責任限定の個別の明示、帳簿や計算書類の厳格化や最低信託財産額の維持等）がおかれ、取引の安全に万全を期していることから、安易に受託者の義務や責任を軽減するものではないと

9　田中和明編著『新類型の信託ハンドブック』（2017年・日本加除出版）122頁。

いえる。

　ちなみに、この限定責任信託が実際に検討される典型事例の１つに、多数の不動産を信託財産とする場合の管理処分型の信託（不動産の建替え等）があげられる。土地工作物の無過失責任[10]や不動産の契約不適合責任など、不動産に関して受託者責任が多額になる可能性があり、その責任を信託財産に限定したいとのニーズがあるからである。

　しかし、この典型事例では建替え等で受託者による資金調達が通常必要であり、もしこのようなケースで信託を限定責任信託とした場合は、この受託者ローンによる資金調達が甚だ困難となることから限定責任信託をとり得ないとされる。だが、この受託者ローンに関しては、原則一般の担保評価と何ら変わらない扱いがされていることから、ノンリコースローン（特定の不動産のみを担保とし、その担保不動産から得られるキャッシュフロー（賃料収入や物件処分価値）を返済原資とするローン）として、受託者ローンを実行するならば、この典型事例でも限定責任信託とすることは可能といえよう。そうはいっても現時点で受託者ローン自体限られた金融機関しか行っていないことから、さらにノンリコースローンによる受託者ローンを金融機関に望むことはかなりハードルが高いとみるべきで、限定責任信託の採否はなお慎重に検討しなければならない。

　上記の典型事例と異なり、自宅不動産を中心とした管理型信託では、不動産に係る責任が受託者においてある程度想定でき高額となるおそれがなく、また受託者ローンによる資金調達の予定もない場合、限定責任信託とする必要性は乏しいものの、委託者・受託者が共に心情的にこの限定責任信託を強く望むような場合、その採否を検討すべき時機にきているといえよう。

10　土地所有者の工作物責任（民法717条１項ただし書）は限定責任信託をもってしても限定できないという意見がある。工作物所有者の責任による損害賠償債務について、信託財産責任負担債務に該当することは前提にしながらも、責任限定の効果が及ばない信託法21条１項８号（受託者が信託事務を処理するについてした不法行為によって生じた権利）に該当する信託財産責任負担債務とすべきだとする考えによる（能見善久＝道垣内弘人編『信託法セミナー(1)信託の設定・信託財産』（2013年・有斐閣）255頁〔道垣内弘人発言〕、橋本佳幸「信託における不法行為責任」信託研究奨励金論集33号（2012年）51頁）。

2　追加信託

Q5　追加信託の法的性質

　当初想定していた信託収支と異なる事態が生じた場合に備えるため、追加信託の条項を定めました。具体的には、受託者名義の信託口口座への入金をもって追加信託することができる旨の条項を定めました。これで万全でしょうか。

A5　追加信託の有効性に疑問が生じかねません。追加信託についての信託行為の定めを踏まえた法的性質を前提に、追加信託を行う者の意思能力の判断基準時、追加する財産拠出者単独での追加信託の可否、信託の併合手続（債権者保護手続）の要否を慎重に検討すべきです。

⑴　問題の所在

　相続紛争の実務上、遺産分割の付随問題として、被相続人生前の推定相続人による預貯金引き出しに伴う、いわゆる使途不明金問題が生じることが非常に多い。その際には、被相続人による委任契約能力、指示の有効性等が主要な争点となることがある。

　これと同様に、追加信託に関しても、委託者死亡後に、意思能力・追加信託の有効性が争いになることが想定される。その際には、当該追加信託の法的性格、これに鑑みた有効要件の充足・手続履践の有無が争点となろう。

　しかし、信託法上、「信託の追加」そのものの条文はない。また、当初信託財産に関する信託組成時とは異なり、追加信託についても公正証書にて行う旨の定めをおいている例は比較的少ないと思われ、信託設定時以上にこれらのリスクは高いと考えられる。

　そこで、以下、考えられる法的性質を踏まえたうえで、その法律構成に鑑み、信託の追加の要件（必要となる手続、いつ時点での意思能力が必要なのか）、限界（委託者あるいは受託者単独での追加信託等）について検討する。

⑵　委託者の出資義務が時間的・量的に分割された結果なされる信託財産

への加増

　まず、信託契約は諾成契約である以上、たとえば、毎年一定時期に一定金額を追加信託する旨を信託行為において確定的に定めているのであれば、委託者の出資義務が時間的・量的に分割された結果なされる信託財産への加増にすぎないと考えることがありうる。この場合、信託行為における義務の特定性に問題がなければ、これが確定している以上、たとえば、委託者が判断能力を喪失したとしても、後見人による義務履行行為としての追加信託もあり得よう。

　また、この場合、同様に、設定済みの自動送金についても、後記(5)の新たな信託設定構成とは異なり[11]、委託者兼受益者の判断能力低下後の自動送金も有効と考えられる。しかし、特に自動送金手続の終期（長くとも 5 年おきに更新手続が必要となる金融機関が多い）の問題もあり、専門職としては、委託者の判断能力低下後の対応・対策が練られているか（任意後見の併用等）を慎重に支援すべきである。

　もっとも、通常の民事信託では前述のような出資義務の特定・確定まではなされておらず、追加するかは委託者の裁量に委ねられているのが一般的であると考えられ、この場合は義務の履行とはいえない。よって、前述のように出資義務が確定されていない限り、当該法的性質と考えることはできない。

(3)　信託の変更

　次に、追加信託は、信託の変更と考えることがありうる。この場合、設問のような条項は、信託法149条 4 項の定める「信託行為に別段の定め」に該当するものとして有効であろうか。しかし、これが許容されるとすると、委託者単独あるいは受託者単独での追加信託さえ可能となりかねない。

　そもそも、財産の拠出（追加信託）後に生じる信託内での法律関係の説明はともかく、信託外からの拠出行為自体も「信託の変更」で説明できるのだろうか。ここで、会社法においては、出資に関し、募集株式の発行等の規定

11　委託者の意思能力に問題が生じた場合、委託者は「新たな信託設定」としての信託契約を有効に締結できず、自動送金の有効性について疑義が生じるとの指摘がある（日公連民事信託研究会＝日弁連信託センター「信託契約のモデル条項例(2)公証人及び弁護士による勉強会を経て提示するモデル条項例」判タ1484号（2021年） 8 頁参照）。

があることに対し、信託法においては、これに該当する規定が存在しない。よって、この部分については、単独行為により信託外の財産を信託内に移転させることは疑問がある以上、せめて、この点の根拠となる委託者と受託者の合意が必要と考えるべきではないか。[12]

⑷　追加信託者と受託者との贈与契約等の信託外財産移転契約＋信託法16条２号

このように合意の存在を前提とすると、追加信託者と受託者との贈与契約等の信託外財産移転契約＋信託法16条２号という構成も考えられうる。確かに、第三者からの追加信託であれば、このように構成するのが適切とも考えられる。

⑸　新たな信託設定＋信託の併合

しかし、当初信託における委託者と受託者間での「合意」の内容は、委託者の保有する財産を信託目的に従って管理処分することを受託者に託すために行う財産移転合意である以上、素直に考えれば、新たな信託の設定と考えられる。そこで、新たな信託設定＋信託の併合と考える見解もある。この場合、債権者保護手続が必要となりうる点が懸念されるが、通常の民事信託であれば、同手続の適用除外要件（信託法152条１項ただし書参照）を満たすのではないか。[13]

⑹　小　括

いずれにしても、相続税務上、名義預金と誤認されるリスクをも考えれば、合意ベースの追加信託条項を定めるのが適切と考える。なお、信託法上明確に許容されているしくみとしては、以上の追加信託とは別途、信託事務処理費用負担の前払い・償還合意（同法48条５項）を、受益者と合意しておくべきである。

⑺　委託者の死亡により委託者の権利を消滅させた場合における追加信託の可否

関連する問題として、「委託者の死亡により委託者の権利を消滅させた場

12　能見善久＝道垣内弘人編『信託法セミナー⑶受益者等・委託者』（2015年・有斐閣）277頁以下も参照。

13　能見善久＝道垣内弘人編『信託法セミナー⑷信託の変更・終了・特例等』（2016年・有斐閣）34頁参照。

合における追加信託の可否」という論点がある。

このような場合、（追加信託の法的性質につき新たな信託設定＋信託の併合と考えることが妥当であるから、追加信託時には委託者と受託者の合意が必要という理解を前提としたうえで）委託者の相続人は既存の信託契約に係る委託者の権利を取得しないため、既存の信託契約に設けられている信託の追加に関する条項を利用することができなくなるという指摘がある[14]。

しかし、既存信託の委託者の権利が消滅していたとしても、少なくとも、既存信託に設けられた追加信託の定めとは別途、これを利用せずに、委託者の相続人が新たな信託設定を行ったうえで、信託の併合を行うことにより、追加信託を実現することは可能と考えられる。

新たな信託設定はもとより、信託の併合についても、一般的な追加信託の限界を超えるようなものでない限り、既存信託の委託者の関与なくしても信託の併合手続が可能な場合を定めた信託法151条2項各号の要件を満たすと考えられる。また、当事者の合理的意思解釈として、通常は、委託者の相続人による追加信託をおよそ禁止する趣旨までは想定していないと考えられるためである[15]。

Q6　追加信託の登記

当初の信託契約で定めた信託財産のほかに、委託者の所有不動産を追加して信託することとなりました。登記申請で注意することはどのような点でしょうか。

A6　信託の登記は、追加信託された当該不動産について、信託財産に

14　伊庭編著・前掲（注2）69頁。

15　信託の併合手続における既存信託の委託者の関与について、既存の信託契約に設けた、追加信託に際しては委託者と受託者との合意が必要という条項が、信託法151条2項各号の定めをも排除する趣旨での、同条3項の「別段の定め」に該当すると考えた場合には、同委託者の権限行使の可否との関係で信託の併合手続ができず、結果、追加信託が実現できないことになろう（仮に、当該「別段の定め」に該当すると考えるのであれば、委託者の地位承継および委託者の権利消滅条項に、追加信託条項における委託者の権利を除く旨の除外文言を追記しておくことが考えられる）。しかし、当事者の合理的意思解釈として、別途直接的明示的に同条2項各号との関係を明らかにしつつ信託の併合手続を条項に定めていた場合はともかく、そうでない場合にまでそこまでの趣旨を読み込むことは適切ではないと考える。

属することを第三者に対抗するため、そして、委託者や受託者の固有財産と分別して管理するための制度ですから、その登記申請が必要です。その際、提出する信託目録には、追加信託された当該不動産についての管理方法、信託の終了の事由等を記載する必要があります（明確に示された文献がないため、筆者の個人的見解です）。

　不動産登記法上、信託の登記については、１個の信託契約等で複数の不動産が信託された場合、各不動産が同一の信託契約に基づくものであることを明確にするという性質ではなく、当該不動産が信託された不動産であることを公示するという性質であると考えられる。

　追加信託については、「新たな信託」ととらえるか、「財産を追加する信託の変更」としてとらえるか見解が分かれているが、当初の信託契約において、信託する財産として定めていなかったのであるから、追加信託を「新たな信託」ととらえるか「財産を追加する信託の変更」としてとらえるかにかかわらず、委託者（または信託する不動産所有者）と受託者が当該不動産を（追加して）信託することの意思が合致した日を原因日付として、信託の登記を申請するものと考える。

　また、信託の登記がなされたときに備える「信託目録」は、一不動産ごとに信託目録番号が付され、各管轄法務局内において、信託の登記がなされた不動産の数が表されることとされる。共同担保目録のように共同担保とされた全物件を公示するものとはされていないので、不動産登記法97条１項各号の信託目録に記載すべき情報は、当該不動産についての情報を記載することとなる。

　しかし、民事信託においては、複数の不動産を信託しても、不動産ごとに受益者や管理処分方法が異なる事案もあるため、その目的や管理・処分の方法によっては、同一信託契約で信託された不動産であることの関連性を公示することも必要であると考えられる。

　たとえば、同一信託契約の場合には、信託目録を共通番号とするなど、何らかの形で登記事項や信託目録情報を信託契約等の実態と合致させる手段を検討する必要があるのではないか。この点を重視すれば、追加信託の場合に

は、登記原因を「追加信託」、登記原因の日付を「追加の効力発生日」、信託目録情報で追加信託の登記申請日を記録するなど、新たな信託と誤認されないよう実態に合致した申請内容とすべきと考える。[16]

Q7　追加信託の税務

　　追加信託を行う際に税務上留意すべきことはあるでしょうか。

A7　委託者と受益者が各1人の自益信託で、受益者自らが追加信託をする場合には特に課税関係は生じませんが、自益信託であっても委託者と受益者が複数の場合や受益者以外の者が追加信託をする場合などは、譲渡・贈与等の課税関係が生じることもあります。

---

(1)　問題の所在

　委託者兼受益者Aの自益信託において、A自らが追加信託をしても課税関係は生じない。信託から生じた不動産所得の損益通算等に規制があることから、損失切捨てを避けるために別の不動産の追加信託を検討することがあるかもしれない。この場合、追加信託の契約書に当初の信託契約への追加である旨を記載し、さらに、信託の計算書も追加信託後のもので作成するなど、実体法上の信託の一体性を明らかにしておく必要がある。

　また、複数の者が関与する以下のようなケースにおいては、追加信託における税務上の影響にも留意する必要がある。

(2)　委託者兼受益者A・Bの自益信託（共有不動産を信託したもので、受益権割合は2分の1）において、A・Bがそれぞれ追加信託をするケース

　追加信託として、Aは時価1000万円の不動産を、Bは金銭1000万円を信託した場合、Aは時価1000万円の不動産の2分の1をBに譲渡したものとして、含み益に対して譲渡税の課税対象となる。

　追加信託する財産が、当初の信託財産と同様、持分が各2分の1であるA・Bの共有不動産である場合には、課税関係は生じない。

16　成田一正ほか『賃貸アパート・マンションの民事信託実務』（2019年・日本法令）157頁以下。

(3)　受益者Aの自益信託に対して、第三者Cが追加信託をするケース

当初の信託財産は不動産が中心であったが、何らかの事情により信託収支が悪化し、追加の金銭信託を検討しなくてはならないこともある。当初の受益者がAである信託（追加信託時の信託財産は不動産1000万円のみ）に、第三者Cが金銭1000万円を追加信託すると、①追加信託後も受益者はAのみとする場合には、AはCから金銭1000万円を贈与により取得したものとして、Aに贈与税の課税が生じる、②追加信託後の受益者はA・Cとし、各受益権割合を2分の1とする場合には、Aは信託財産である不動産の2分の1相当をCに譲渡したものとして、含み益に対して譲渡税の課税対象となる。

3　信託口口座

Q8　信託口口座と倒産隔離機能（民事執行実務の現実）

受託者支援業務として、受託者には、信託口口座に関し、屋号口座ではない、きちんとした信託口口座を開設できるという金融機関において、信託口口座を開設してもらいました。信託法23条1項もあることですし、これで、間違っても受託者の固有財産責任負担債務（同法22条1項参照）に関し、信託口口座に差押えがなされるようなことは避けられると考えてよいでしょうか。

A8　現状の執行実務を前提とすると、請求債権が、受託者固有の信託外債務（信託財産責任負担債務以外の債務）であっても、金融機関のリスク回避としては、信託口口座も差押命令の対象と判断される可能性が高いといえます。

(1)　問題の所在

信託法23条1項は、信託財産に属する財産に対する強制執行等の制限等として、「信託財産責任負担債務に係る債権（信託財産に属する財産について生じた権利を含む……）に基づく場合を除き、信託財産に属する財産に対しては、強制執行、仮差押え、仮処分若しくは担保権の実行若しくは競売（担保権の実行としてのものを除く……）又は国税滞納処分（その例による処分を含む

……）をすることができない」と定めている。よって、信託口口座の預貯金についても、法律上は受託者固有の信託外債務に関し、信託口口座に差押えがなされるようなことはないはずである。

　しかし、現状の民事執行実務に鑑みた金融機関の対応としては、このような対応がなされない可能性が高い。ここで、差押えの効力は、差押命令が第三債務者送達時に生ずる（民事執行法145条4項）。そのため、差押命令送達を受けた金融機関の対応としては、支払停止措置を行うべく、速やかかつ確実に差し押さえられた債権を識別しなければならないことになる。現時点の民事執行実務では、差押命令に係る請求債権目録には請求債権の性質に関する記載はされないため、差押命令の送達を受けた金融機関においては、請求債権が受託者固有の信託外の債権なのか、信託財産責任負担債務に係る債権なのかが不明である。よって、信託口口座が差押えの対象に含まれるかどうかを判別することは困難である。

　これを前提として、金融機関としてありうる対応としては、この後、①取立訴訟に当事者として巻き込まれるリスクを負いながらも信託口口座を差押対象外とする、②信託口口座を差押対象とし、あとは信託法23条5項に基づく異議の手続によって信託関係人の手続に委ねる、という2つの選択肢がある。しかし、金融機関があえてリスクを負ってまで①を選択することは考えがたい。日弁連信託センターによる「信託口口座開設等に関するガイドライン」（2020年9月10日）9頁においても、「受託者を差押債務者として、受託者名義の預貯金口座を差押える旨の債権差押命令の取扱いについては……いまだ定説があるわけではない。そこで、この点については、個々の金融機関において整理または取扱いが異なることも想定される。そのため、受託者としては、その整理または取扱いに応じて対応することになる」とされている。

(2)　検　討

　東京地判平成24・6・15判時2166号73頁（信託財産である預金債権に対する差押えがなされた事例の検討）は、「信託財産たる預金債権について、的確な公示手段やこれに係るルールが存在しない現状においては、当該預金が信託財産であるか否か〔筆者注：①〕や、具体的にいかなる権利関係にあるか〔筆者注：②〕は、被告銀行としては、（本件預金口座名義等からその可能性をうか

がい知ることができる場合はあり得るとしても）通常これを容易かつ的確に知る立場にはないから、特段の事情がない限り、預金債権の差押えやこれに基づく取立てにおいても、原告Ｘ5〔筆者注：受託者個人〕を預金債権者として扱えば足りる」と判示している。そこで、現状は、信託口口座のルールもできつつあり、①当該預金が信託財産であるか否かはわかる以上、個人としての受託者を預金債権者として扱っても免責されない余地があり、供託すべきなどと主張して、せめて供託してもらえるように働きかけることは考えられる。一方で、②具体的にいかなる権利関係にあるかは、前述のように、請求債権の性質が不明な現状は変わらない。よって、（提言と働きかけはともかく）やはり、金融機関の供託を期待することはリスクがあるのではないか。

　そのほか、近時、限定承認の場合と同様に、受託者において債務名義を取得される前に、責任限定の主張をすべきとの見解[17]もある。ただ、①執行認諾文言付き公正証書や先取特権の行使等、民事訴訟手続を経ないでなされる差押えについては上記責任限定の主張をするタイミングがそもそもない。また、②仮にその機会があった場合でも、債務超過状態の受託者において現実的に責任限定の主張も含めた誠実な訴訟追行を期待できるのかという疑問もある。

　以上を前提とすると、やはり、信託口口座も差押えを受けうることを十分考慮しなければならないと考える。ただし、この場合でも、金融機関の対応としては、陳述催告（民事執行法147条1項）に対して、差押えに係る債権が信託債権ではないことを想定して弁済の意思なしとしつつも、信託債権であれば弁済する意思がある旨について備考として記載するとの対応も提案されている[18]。金融機関としても、信託口口座として開設している以上、せめてこの対応を行うことで、差押債権者に情報を伝え、それでもなお差押債権者が当該口座を取立ての対象とするかの判断をさせるべきではないか[19]。

　もっとも、必ずしも望ましいこのような対応がなされる保証はない。そして、実際には、①差押命令送達後1週間の取立てまでに（民事執行法155条1項本文参照）、異議の手続＋現実的には執行停止を行うのが間に合わない、あるいは、②執行停止に必要な保証金が支払えない（受託者の信託口座は差

17　富越和厚「信託口口座に対する強制執行（試論）」信託フォーラム14号（2020年）71頁。
18　笹川豪介『Q&A民事信託の活用と金融機関の対応』（2018年・経済法令研究会）227頁。

押えで凍結中であり、受益者も金銭の大部分を信託していると受託者の信託口口座内に存在し多額の手元資金は不存在である）ということも想定される。

(3)　取立て後の段階（事後の救済手段）

そこで、ここでは取立て後の段階（事後の救済手段）について検討する。

まず、①適時に異議を主張しなかった受託者に対する損害賠償請求が考えられる。しかし、実際に債務超過状態が想定される受託者からの回収は現実的ではないと考えられる。

そこで、②債権者に対し、不当利得返還請求を行うことが考えられる。もっとも、この場合の返還請求権者については、以下のとおり、裁判例上は受託者と判断されたこともあり、受益者の現実的かつ実効的な救済については、やはり困難な問題が残る。すなわち、前掲東京地判平成24・6・15は、受益者は、依然として受託者に対し受益権を有するのであって、差押えおよび取立てによってこれを害されたものとは認められないとして、返還請求権者は、受託者と判断した。しかし、受益権が形式的に存在するとしても、金銭の取戻しが必ずしも保障されているわけではない以上、実質的には損失があるのではないか。また、受益者が直接に取り戻しうるとしたほうが、事案の公平かつ直截的な解決になるのではないか（金商1406号（2013年）54頁左段）。

(4)　小　括

以上のとおり、「なんちゃって倒産隔離口座」ともいうべき、信託口口座の問題点は大きい。ただし、少なくとも、受託者による分別管理の確保、受託者死亡対策としては有用性がある以上、信託口口座開設の必要性が失われるものではないと考える。

19　そのほか、第三債務者である金融機関としての対応に関し、「当該預金が信託口口座である旨、または請求債権が信託財産責任負担債務に係る債権であれば弁済する意思を記載し、差押債権者に当該口座が取立の対象となるかどうかの判断をゆだねるべき」とするものとして金法2167号（2021年）5頁右段。なお、同頁では、「金融機関実務において、民事執行による差押えは、おおよそ3〜4割程度にとどまり、その多くは国、地方公共団体、年金事務所などからの滞納処分によるものである。この場合には、大概、事前に預金調査が行われることから、その回答時に当該預金が信託口口座である旨を言い添えるよう配慮することが望ましい」ともされている。

4　信託登記

　仮に登記の留保を、信託行為（委託者の意思）による受託者義務の軽減の一種だととらえたとしても、そもそも、信託の登記を留保している間は信託不動産の所有権の登記名義も委託者にとどまっているため、委託者による受託者以外の第三者への権利移転およびその登記申請ができてしまえる状態である。したがって、信託財産中の、登記を留保する信託不動産の規模や信託設定の様態等によっては、信託設定の有効性の判断基準ともされる信託財産の委託者からの支配離脱性[20]あるいは信託行為の要件である当初信託財産の受託者への帰属の欠如[21]といった、信託設定の要件にかかわる問題になりうるとも考えられる。

　実務上も、信託設定後も信託不動産の信託登記を留保し信託財産に属することを第三者に対抗できない状態のまま委託者の意思能力低下問題等が発生した場合、受託者が当該信託不動産を対象にした信託取引を行うには難点が多いと思われる。たとえば、家賃の滞納者への受託者名義による請求（民法605条の2第3項）や、賃借人との新たな賃貸借契約締結でも困難を生じ、また、受託者が金融機関に対して委託者名義のままの信託不動産を担保にした信託内借入れを申し出たとしても、受託者は金融機関から、高リスクな取引だとしてこれを拒絶され、あるいは少なくとも融資申込みの事前に信託の登記を済ませておくことを要求される等が想定される。信託の登記は、受託者の単独申請ではあるが、委託者を登記義務者とする受託者への所有権移転の

20　新井誠『信託法』（2014年・有斐閣）128頁。
21　道垣内弘人『信託法』（2017年・有斐閣）29頁～30頁。

登記と同時に申請するため、この時点での委託者の登記申請意思を確認でき
なければ、不動産の名義を受託者に変える所有権移転はもちろん信託登記の
申請すらできないリスク[22]があることに注意を要する。

Q10　未登記建物の信託

　　未登記建物を信託財産とすることは可能ですか。可能な場合は、
その手続はどうなりますか。

A10　財産的価値があって受託者への移転も可能ですから、信託財産と
することはできます。建物の冒頭省略登記は可能ですので、受託者
において表題登記をして、その後、保存登記と同時に信託登記を申
請することになります。

　信託法34条により、受託者は、信託財産に属する財産と固有財産および他
の信託の信託財産に属する財産とを分別して管理しなければならず、信託の
登記または登録をする義務は、免除することができない。

　未登記建物を信託した場合、不動産登記法47条1項により、「新築した建
物又は区分建物以外の表題登記がない建物の所有権を取得した者は、その所
有権の取得の日から1月以内に、表題登記を申請しなければならない」とさ
れ、受託者が「表題登記がない建物の所有権を取得した者」に該当するため、
受託者名義で表題登記申請をして、所有権保存と同時に信託の登記を申請す
ることとなる。

　なお、倉庫や納屋として存在する建物が未登記の場合、所有者が同一であ
り、効用上一体として利用される状態にあるならば、不動産登記事務取扱手
続準則78条1項および2項によって、主である建物の附属建物として登記す
ることも考えられる。この場合、主たる建物に信託の登記があるので、当該
附属建物となった倉庫等には、信託の登記は不要である。

22　その他信託留保のリスクについては、渋谷陽一郎「信託登記における『信託の登記』の作法
　　──信託登記の強制主義に見る実体法（信託法）と手続法（不動産登記法）の交錯」信託フォー
　　ラム14号（2020年）44頁参照。

5　受益債権と身上保護

Q11　受益債権と身上保護

　信託事務として、受託者が介護サービス等提供に係る契約締結を行うことができる旨の条項を信託行為に定めておけば、信託による身上保護も実現できることとなり、成年後見制度の併用は不要となりませんか。

A11　受託者が身上保護に関する契約を締結することは、信託事務（あるいは受託者の権限）に含まれないと解されます。また、仮にこれが含まれるとしても、介護サービス等の提供を受けるという受益を判断能力の低下した本人に対して有効に帰属させるのは困難と考えられます。よって、法律上、身上保護のため成年後見制度の併用が不要となるものではないと考えます。

---

(1)　信託事務（あるいは受託者の権限）に含まれるのか

　実際の信託契約書条項例の中にも、信託事務（あるいは受託者の権限）として、受益者の身上保護に関する介護サービス等利用契約締結権限を有するとして、これらを盛り込んだものが散見される。しかし、そもそも、これらは信託事務（あるいは受託者の権限）に含まれるのであろうか。

　確かに、立案担当者によれば、「受託者は，信託目的の達成のために必要な行為であれば，どのような行為であっても行う権限を有することを明確にするものとした」としており[23]、そうであるとすれば、前述のような見解も導かれうる。

　しかし、信託法が信託財産を中心とした法律関係を定めていることに鑑みれば、信託行為に基づく受託者の信託事務も、あくまで信託財産の管理処分業務であると考えられる以上、これに直接かかわらない身上保護に関する契約締結をも信託事務ととらえるのは限界を超えると考えられる。

23　法務省民事局参事官室「信託法改正要綱試案　補足説明」（2005年）70頁。

　そこで、仮に受託者の信託事務として身上保護に関する事務が信託契約条項内に記載されていたとしても、法的にはこれは、事務委任契約と信託契約の複合契約と考えるのが自然であろう。

(2)　受益部分をどのように本人に帰属させるのか

　仮に、前記(1)の身上保護に関する介護サービス等利用契約締結が信託事務として可能だとしても、受益部分をどのように本人に帰属させるのか。本人によるその受益の意思表示がなければ権利は発生しないため（民法537条3項）、この点が問題となる。なお、当然のことであるが、委託者・受託者間の信託契約締結に基づく受益債権自体の当然取得（信託法88条1項）と、受託者が第三者と締結した契約による権利の取得とは別問題である。

　ここで、信託財産外の第三者から利益を受けることも受益債権の内容として規定できるのであれば、受託者が契約した信託外の介護サービス提供事業者等からサービスを受けること自体を受益債権の内容とすることで、信託契約締結により受益者の意思表示なくして当然に当該受益債権を取得する可能性がある。

　しかし、そもそも受益債権とは、「信託行為に基づいて受託者が受益者に対し負う債務であって信託財産に属する財産の引渡しその他の信託財産に係る給付をすべきものに係る債権」であり（信託法2条7項）、債務者は受託者である。

　よって、まず、受託者ではない介護サービス提供事業者等の第三者から介護サービス提供等を受けるという受益債権は、その定義および性質からして、受益債権として規定しうる権利内容の限界を超えると考える[24]。

(3)　小　括

　以上より、受託者という立場のみでの対応は困難であると解される以上、身上保護のため後見制度の併用が不要となるものではないと考える[25]。

24　以上2つの問題点について、岩田賢『親の療養監護・扶養・財産管理のための信託活用に関する一考察』信託フォーラム15号（2021年）103頁も参照。また、第三者たる受益者に給付すべき債務に係る債権が、信託財産たりうるかという観点から、受託者が身上監護に係る法律行為をすることは理論上これを否定するほかないとするものについて、岸本雄次郎「信託受託者の職務と身上監護」立命館法学375・376号（2017年）135頁以下も参照。

6　新受託者の選定

Q12　新受託者の選定の考え方

　　民事信託契約を公正証書で作成するにあたり、公証人から「新受託者（後任受託者）は誰にしますか」という連絡がありました。とりあえず、委託者兼受益者の配偶者を新受託者と定めようと考えていますが、注意することはありますか。

A12　新受託者の選定にあたり、もし、受託者が委託者兼受益者よりも先に死亡した場合のことを具体的に想定しておきましょう。

　親族を受託者とする場合には、万一に備え、一定事情が発生した際に新受託者（なお、一般的には「後任受託者」と呼ばれることが多いが、信託法上の用語は「新受託者」とされている（同法62条））を信託条項に定めることが多い。しかし、実際に信託期間中に受託者が先に死亡した場合を想定して定めていなかったのではないかと思われるケースも見受けられる。

　たとえば、受託者が信託期間中に死亡した場合、新受託者が遂行する事務として、実務上、次の①〜⑤の事務が考えられる。

①　信託口口座の解約と新受託者名義の信託口口座の開設

②　不動産を信託している場合、新受託者への所有権移転登記申請

③　不動産を信託している場合、火災保険の契約変更（解約・新たな契約とする保険会社もある）

④　不動産管理会社との契約変更

⑤　信託財産責任負担債務について、債権者との債務引受契約（信託法21条と76条との兼ね合いから、金融機関によって、新受託者に連帯保証人とな

25　なお、信託事務としての介護サービス等提供に係る契約締結ではなく、締結後のサービス費用等の事業者（＝受益者以外の第三者）への支払方法に関しては、「受託者による信託財産を受益者以外の第三者に交付する行為」の問題としてとらえることができる。この法的性質としては、たとえば、受益者の受益権を償還し、その残高を減額するための信託財産の交付の方法として第三者へ交付を行うものであり、これも受益者に対する受益債権の履行と考える見解がある（田中和明編著『信託の80の難問に挑戦します！』（2021年・日本加除出版）95頁参照）。

ることを求められることもある）と担保権の債務者変更登記申請

また、新受託者の責任（死亡した場合についてのみ）については、信託法では、次の⑥⑦のとおり定められている。

⑥　新受託者は、前受託者の任務が終了した時に、その時に存する信託に関する権利義務を前受託者から承継したものとみなされる（同法75条1項）

⑦　新受託者は、前受託者の債務を承継した場合、信託財産に属する財産のみをもって履行責任を負う（同法76条2項）

民事信託設定時の受託者としての責任や信託事務内容については、各方面の理解が得られるようになったが、死亡した場合の対応については、まだ、理解が得られていないこともある。特に、信託口口座の解約手続については、受託者の相続人でなければ手続を行えないとする金融機関もあるようだ。

上記のことを踏まえ、万一の場合にも新受託者がスムーズに事務を開始できるよう、専門家としては、金融機関等に対して、当初受託者の死亡の際に相続人にその地位は承継されず、新受託者が各信託事務を承継すること、その履行責任について説明し、次の①～③の点を確認しておく必要があるだろう。

①　当初受託者が信託口口座を開設するにあたり、名寄せ上も受託者固有財産とみなされず、受託者が死亡した際には、相続人が関与することなく新受託者から当該口座の解約ができること

②　火災保険変更は当初受託者相続人の関与なく新受託者において行うことができること

③　金融機関との信託財産責任負担債務の引受けを前提として、当初受託者の相続人全員を債務者としないこと

これらのことを想定して、新受託者の選定についてアドバイスしていかなければならない。

Q13　新受託者の選定に関する柔軟な規定

当初の受託者を委託者の子としましたが、当初受託者が任務遂行できない場合に備えて、信託設定時に新受託者を指定したほうがよ

いとアドバイスを受けました。ほかに適任者がいないため、子の配偶者を新受託者として指定しようと考えています。その際、注意すべきことは何でしょうか。

A13　受託者である子が任務遂行できなくなった際に、子の配偶者を新受託者とする場合は、その配偶者のみならず委託者もその就任に躊躇するなどの不安材料が考えらます。したがって、そのような状況に備えうるよう別の受託者も新たに指定できるよう、柔軟な規定を設けておくべきでしょう。

　福祉型信託では、信託期間は通常長く、受益者連続の信託ではなおさらで、その間受託者のみならず委託者や受益者等の判断能力、相互の信頼関係、生活環境や死別等の状況の変化が考えられる。

　特に当初受託者の配偶者を新受託者として指定した場合、多くの場合、年齢（推定寿命）は当初受託者と変わらず、受託者（子）が転勤等で引っ越せば配偶者も遠方へ引っ越すこととなり、あるいは離婚する可能性すらあり、長い信託期間において後任として務めを十分に果たすことができるか、不安材料が多いことに注意しなければならない。

　また、配偶者の立場からは、受託者であった自身の配偶者が死亡した後も、義理父母等である委託者や受益者のために信託事務を遂行できるか、義理父母等の立場からは、自らの子の死亡後において（多くの場合、自身の推定相続人ではない）子の配偶者に対して、財産管理等を安心して任せられるか、その両者の心情にも十分に配慮する必要があろう。

　契約書の作成段階で、規定に「離婚」「死別」「不信」等の条件を明記することは憚られ、関係が良好な間においてもそのようなケースを想定した議論は好まれない。

　したがって、新受託者の選定に関する柔軟な規定もおくべきものと考える。すなわち、配偶者の事前の就任承諾を得るよう努めることはもちろんのこととして、いざ当初受託者の任務終了時において、委託者や配偶者等が躊躇するようなときには、別の受託者を新たに指定できるよう、たとえば、委託者および受益者の合意または信託監督人等の第三者において、新受託者となる

べき者を指定できる規定（信託法62条1項）をおくことが考えられる。

7　信託報酬

Q14　信託報酬の有無とその基準

　　民事信託では、受託者の報酬は無報酬としなければいけませんか。

A14　必ずしも無報酬とする必要はありません。むしろ、信託関係人間の公平を図ることや信託の継続性を高めることから、信託業法に抵触しない範囲で、有償とすることはむしろ大事なポイントといえます。

　民事信託の受託者報酬は無報酬とするとするのが、市販の書籍でも圧倒的に多い。その理由は大きくいって2つある。1つ目は、受託者のなす信託事務は扶養義務の範囲の行為とみて報酬請求権は生じないとの考えからである。2つ目は、受託者が残余財産の帰属権利者になる場合が多いことから、そこで清算できるから期間中の報酬はなしとするとの考えからである。

　したがって、そのどちらにもあたらないような場合は無償とするわけにはいかないと考えるべきである。

　つまり、扶養義務や相続権のない、たとえば甥姪や友人・知人が受託者になる場合はもちろんのこと、それ以外でも子のうちの1人だけが受託者になる場合や後継受託者が当初受託者の妻等配偶者の場合などでも、無償とすることは望ましくないと考える。また、受託者が残余財産の帰属権利者等になる場合でも、何年後か定かでない帰属権利者を理由に無償とするのは、その間のモチベーションが維持できるかを考えると、やはり無償とすることは望ましくないと考える。

　したがって、信託業法に抵触しない範囲、すなわち費用と報酬を比較して報酬としての相償性を欠く額で、かつ、信託収支の許す範囲で有償とすべきものと考える。この考えに対しては、特に福祉型信託の場合、受託者は、そもそも金銭等の経済的利益を得ることを問題としていないのだから、原則無償でよいとする意見もあろう。

　しかし、当初受託者が委託者の実子の場合はともかく、その後、何らかの事由により受託者がその配偶者等他の者に変わった場合などを考えると、個人の情誼だけに頼ることは賢明ではなく、信託業法に抵触しない範囲で、かつ、信託収支の許す範囲で何らかのインセンティブを与える意味で有償とすることは、信託関係者間の公平と信託の継続性を図る意味からも大事なポイントとなると考える。

Q15　信託報酬の課税関係

　　信託行為により、受託者が信託財産から信託報酬を受領する場合の受託者および受益者の課税関係について教えてください。

A15　受託者が受領した信託報酬は、「雑所得」の対象となります。一方、受益者は、信託財産の属性により、信託財産から支払われる信託報酬の扱いが異なります。信託財産が自宅や金銭のみの場合には全額が家事費となりますが、賃貸アパートなど不動産所得を生じさせる財産が含まれている場合には、信託報酬を合理的に按分したうえで、不動産所得に係る部分は不動産所得計算上の必要経費になります。

　雑所得は総合課税の対象であり、他の所得が多い受託者の場合、信託報酬に係る税負担が重くなることも想定される。また、受益者にとっても、自宅管理などに係る部分の信託報酬は家事費扱いで必要経費にならないことを鑑みると、委託者兼受益者が認知症等になる前は、所得税の対象とならない暦年贈与（年間110万円の基礎控除あり）を活用することも検討できる。

　なお、生計を一にする親族間の信託報酬は、受け取った受託者側では所得とは考えず、支払った受益者側の必要経費にもならないが（所得税法56条）、社会通念上、明らかに高額な信託報酬の授受は、当然に贈与税課税の問題が生じ、また信託業法違反による懲役・罰金や信託法8条による無効原因の問題ともなりうる。

8　信託内借入れ

Q16　債務者を受託者とすることの留意点

　　受託者に借入権限があることを信託契約書で明記しておけば、受託者による、信託財産を担保にした金融機関からの借入れが認められますか。

A16　受託者として借入れを行う信託では、信託契約書の中で受託者の権限として借入れができることを具体的に明記するだけでなく、信託目的の達成のために借入れが必要であることがわかるような信託行為の定めにすることが重要です。また、受託者は、担保に差し入れた信託財産のみならず自己の固有財産も責任財産の対象になってしまうことを了承のうえ、さらに、融資の可否を決める金融機関からの承諾を得たうえで、信託行為の定めを確定していくことが求められます。

⑴　信託目的との整合性

　受託者が債務者となる借入れを行うためには、その前提として、そもそも信託によって達成したい目的は何であり、受託者による借入れが当該信託目的を達成するうえで必要な行為なのだという点が読み取れる定めにすることが求められる。この点の配慮が欠けた信託行為の定めである場合には、受託者による当該借入れが、信託目的の達成のために必要な行為ではなかったとされるリスクも考えられるところである。

　そこで、たとえば、委託者の財産を有効活用して資産全体の価値の維持・向上を図ること、さらには、それが委託者の希望する財産承継の一環として必要であること等も信託の目的の一部であり、その目的を達成するために受託者に借入権限があるのだといった点を読み取れるように定めることも一案である。

⑵　受託者の権限の明確化

　受託者に対して借入権限を付与する信託行為の定めに基づき、受託者が信

託財産のために借入れをした場合における当該借入れに係る貸金返還債務は、信託財産責任負担債務（信託法21条1項5号）となる。この受託者の行為は、客観的に受託者の権限の範囲内であることを要するとともに、その行為により生じる経済的な利益・不利益を信託財産に帰属させようとする受託者の主観的意思があることを要する[26]。

　ただし、これらの要件を満たした信託契約および受託者による取引であるか否かを第三者が判断することは容易ではない。そこで実務上は、円滑な取引のために相手方に解釈を求めることがないよう、借入れを受託者の権限として信託条項において具体的に明記することや、借入れが信託財産のためにしたものであることを金融機関の側で明らかにしておく趣旨で金銭消費貸借契約を「受託者」の肩書で締結する[27]等の手立てが考えられる。

(3)　信託財産責任負担債務

　受託者が金融機関から借り入れた金銭の返還債務は、信託財産責任負担債務として、信託財産のみならず受託者の固有財産も引当てになる。

　したがって、受託者が債務者となる借入れを検討している場合には、そのような重い責任を負うことを受託者が理解・了承のうえで、信託設定および金融機関からの借入れを進めていくことが求められる（なお、限定責任信託の活用についてはQ4参照）。

(4)　金融機関の承諾

　受託者の借入権限が認められる内容で信託法上も有効な信託を設定できたとしても、融資の可否を決めるのはあくまで金融機関である。したがって、金融機関からの融資を前提に考えている場合には、金融機関の意向が反映された内容の信託行為の定めにするために、金融機関の事前承諾を得たうえで各信託条項内容を確定させていくことが求められる。仮に、融資の申込みに際して、金融機関の事前承諾がないまま作成した信託契約書を提出し、金融機関から信託契約の修正を指摘された場合には、信託法および信託行為において定めた方法に従った信託契約の変更手続を行ったうえでなければ金融機関との取引は認められないことになる。

26　寺本昌広『逐条解説　新しい信託法〔補訂版〕』（2008年・商事法務）85頁。

27　成田ほか・前掲（注16）。

　また、金融機関は信託契約の当事者ではないが、金融機関の立場からすれば、融資取引を認めた信託の内容が関知しないうちに勝手に変更されてしまうことは、債権保全の観点からも望ましいことではない。そこで、金融機関の意向によっては、金融機関から事前に提示のあった特定事項（たとえば、受益者や帰属権利者の変更等）に係る信託変更については、事前に金融機関に通知し承諾を得ることを信託行為において定め、あるいは信託の変更に関する信託行為の別段定め（信託法149条4項）として金融機関の承諾を要件に加える等の手立てが考えられる。

　なお、実務上の取扱いとして、信託契約公正証書案の事前確認のうえ信託口口座の開設を認めた顧客の信託であったとしても、受託者への融資実行に際して、委託者の金融機関来所による意思確認を求める金融機関もあるという。これは、信託内融資を安全かつ有効に実行するために、当該融資が、委託者が意図した信託目的に反していないかの裏取りをする趣旨のようである（前記(1)参照）。しかし、受託者に信託財産のためにする意思および当該契約を締結する権限があり、そのことを取引の相手方が知っている場合には受託者による信託取引の効果が信託財産に帰属する[28]という信託法のしくみを鑑みれば、借入れの場面で初めて信託取引を行う受託者に対してはともかく、信託契約公正証書案の事前確認を経て信託口口座の開設に応じた顧客対応としては再考の余地があると考えられる。

Q17　債務者を委託者とすることの可否

　委託者の認知症対策を兼ねた信託で、受託者が金融機関に対して信託取引としての借入れを申し入れたところ、委託者を連帯債務者にする貸付けであれば応じる旨の回答を受けました。このような金融機関の意向どおりの借入れを行った場合に考えられる問題はありますか。

A17　信託財産に効果が及ぶ融資取引として、Q16のように受託者が債務者になる形態のほか、委託者を債務者とするケースは実務上あり

28　佐久間毅『信託法をひもとく』（2019年・商事法務）51頁～57頁参照。

> 得ます。しかし、受託者の固有財産も責任財産の対象になってしまう点や、債務者たる委託者の意思能力低下や死亡によるリスクの検討を要します。

(1)　信託法上の可否

　民事信託実務の多くは、委託者が受益者となる自益信託のケースである。そして、一定の資産を保有し金融機関に対して長年にわたって信用を築いてきた委託者に比べて、受託者の保有財産および信用力が劣るケースも往々にしてありうる。そのため、受託者から融資の依頼を受けた金融機関が、債権回収の観点から、委託者が債務者となり、そのうえで受託者を連帯債務者、連帯保証人あるいは信託財産を引当てにした物上保証人（以下、「連帯債務者等」という）とする融資であれば認めるといった審査結果が提示される事例もある。

　そのような、受託者が、借入れによって利益を得る受益者のために、受益者の連帯債務者等となる信託取引は、信託法上は有効な信託事務として認められるものと考えられる。これは、「信託の本質は、信託財産の対外的な所有者である受託者（いわば形式的な所有者）と、信託財産から利益を享受する受益者（いわば実質的な所有者）とが別に存在し、受託者が受益者のために事務処理を行うところにある[29]」といった解釈を根拠にすれば、当該受託者の信託事務処理は、信託の本質にかなった行為であると考えられる。

　なお、受益者を兼ねない委託者を債務者とする場合にあっては、受託者が連帯債務者等として関与する行為は受託者が受益者のために事務処理を行う行為とはいえず、したがってそのような信託取引は認められないとする考えもありうる。しかし、受託者は、信託行為の定めの背後にある委託者の意図すべきだった目的である「信託の本旨[30]」に従った信託事務をしなければならない（信託法29条1項）とされている点からすれば、信託の本旨によっては、受託者が委託者の連帯債務者等として関与する行為も、信託法上の効果が認められた信託取引だと考えられる。これは、受託者が、受益者や委託者では

29　寺本・前掲（注26）43頁。

30　四宮和夫『信託法〔新版〕』（1989年・有斐閣）247頁、寺本・前掲（注26）112頁。

ない第三者（たとえば委託者が経営していた法人等）の連帯債務者等となり当該債務を信託財産責任負担債務とすることについても同様であろう。

(2)　受託者の権限の明確化

受託者の権限の明確化については、Q16(2)を参照されたい。

(3)　信託財産責任負担債務

信託財産責任負担債務については、Q16(3)を参照されたい。

(4)　委託者個人に生じる事情によるリスク

委託者を債務者とする信託取引は、信託法上の効果が認められるものだとしても、委託者個人に生じる事情によるリスクを免れられない点に注意を要する。たとえば、委託者個人が高齢により意思能力に問題が生じた場合には、委託者が当事者となる債務の返済、履行の請求や金利等の借入条件の変更等が困難になるリスクがある。また、債務者である委託者が死亡した場合には、相続人たる親族が債務承継をめぐって登場し、当該相続人に分割承継された債務に関する手続をはじめとする債権管理が必要になるといった、金融機関にとっての、受託者のみを債務者とする場合には発生しないデメリットもありうる。

以上の点を鑑みれば、委託者を債務者とする信託取引は、受託者が、委託者の意思能力や死亡等の個人的事情の影響を受けずに財産を管理・処分できるといった信託の機能を活かしきれない取引形態ともいえよう。

Q18　債務者を個人としての受託者とすることの可否および担保権設定登記

受託者に就任している委託者（兼受益者）の子が、委託者が信託財産として拠出した土地を担保に、受託者としてではない個人として住宅ローンを組み二世帯住宅を建設し、そこに委託者と受託者でいっしょに住むことはできますか。

A18　信託財産に属する土地を受託者が建物所有目的で利用することは信託法31条1項1号に定める利益相反行為に、また、受託者の個人として住宅ローンを組むために信託財産に属する土地を担保とすることは同項4号に定める利益相反行為に該当すると考えられます。

したがって、受託者によるこれらの行為について、信託行為の許容の定めもしくは受益者の承認または合理的必要性・受益者の利益・正当理由等の禁止解除事由があることが重要です。

(1)　受託者による信託不動産の利用

「専らその者〔筆者注：受託者〕の利益を図る目的」で設定された信託は、信託法２条１項により無効であり、信託設定後に当該信託が「専らその者の利益を図る目的」のものとなった場合には、同法163条１号の信託目的の不達成に該当し、当該信託は即時に終了する。[31]この意味で、受託者を受益者としない信託の場合に受託者が信託財産を無償使用することは、信託設定行為に関して同法２条１項違反の問題が、信託設定後に受託者が信託財産を無償使用するに至った場合には「専らその者の利益を図る目的」を禁止する信託法８条違反の問題がある。

一方、本設問での受託者は、受託者が信託財産に属する建物および土地の双方を単に無償使用する場合と異なり、信託財産に属する土地を居住目的で無償使用する半面、同土地上に建てた受託者の固有財産である建物を受益者に無償使用させるものである。受益者側からみれば、信託財産に係る権利の一部を受託者に享受させるものの、受託者の固有財産である建物に居住できるという経済的利益が保護されるといった側面もあろう。

このような本設問の受託者の行為は、いわば信託法31条１項１号に規定する「信託財産に属する財産（当該財産に係る権利を含む。）を固有財産に帰属させ、又は固有財産に属する財産（当該財産に係る権利を含む。）を信託財産に帰属させること」に該当する行為だと考えられる。すなわち、受託者が信託財産に属する土地の使用借権を取得することは「信託財産に係る権利を固有財産に帰属させること」に該当し、受託者の固有財産である建物の使用借権を信託財産に帰属させ受益者がその利益を享受することは「固有財産に係る権利を信託財産に帰属させること」に該当し、いずれも、同条２項により禁止を解除できることになる。

31　道垣内・前掲（注21）47頁。

　したがって、本設問で、受託者が信託不動産上に自己名義で建てた二世帯住宅に受益者と共に居住することは、信託行為の定めによっては信託法31条1項の利益相反行為を許容する規定である同条2項の信託行為の許容の定め（1号）もしくは受益者の承認（2号）がある場合または合理的必要性・受益者の利益・正当理由（4号）があるものとして、具体的・実質的・個別的に「受益者の利益のために忠実に」行為すべき義務に反しない場合に該当する有効な行為になりうると考えられる。

(2)　信託不動産への担保設定

　旧信託法下、受託者が第三者の債務の担保として信託財産に抵当権を設定しその登記の申請があった場合、委託者および受益者の承諾があるときでも受理すべきでないとする登記先例（昭和41・5・16民甲第1179号民事局長回答）があった。旧信託法の下の不動産登記実務における解釈では、信託とは、受託者が信託目的に従って、受益者のために信託財産を管理・運用または処分するのであり、受益者以外の第三者の債務のために信託不動産に抵当権を設定することは、受益者の利益に反して第三者の利益を図ることとなり、信託の目的に反すると考えられていたからだという[32]。

　現行法においても、受託者は受益者のため忠実に信託事務の処理その他の行為をしなければならない義務を負っているところ（信託法30条）、特に典型的と思われる受託者の行為類型として列挙された利益相反行為（同法31条1項）には禁止解除事由がある（同条2項）。本設問の担保権設定は、同条1項4号で原則禁止とされる、いわゆる間接取引であるから、同条2項に定められた信託行為の許容の定め（1号）または受益者の承認等の利益相反行為の禁止解除事由があれば有効な登記として認められるものと考えられる。

　ところで、現行の不動産登記実務上、受託者に信託財産を処分する権限が与えられていることが登記された信託条項から明らかでないことが、登記官の形式審査において認められる信託財産の処分に係る登記の申請は、受理することができないと考えられるので、登記官としては、信託期間中にされる登記が信託目的等に違反するものでないことを常に審査したうえで、登記の

32　横山亘『信託に関する登記』（2013年・テイハン）621頁～622頁。

受否を判断する必要があるとする見解がある。この考えに基づけば、信託不動産への担保権設定の登記申請が受理されるためには、信託目録における受託者の権限に関する信託条項において受託者による担保設定権が明示されている、あるいは、登記原因について第三者の許可・同意または承諾をしたことを証する書面（利益相反行為の禁止解除事由を証する書面）として受益者の承諾書が提供されること（不動産登記令7条1項5号ハ）が必要だとする考えもありうる。

　ただし、信託法上、信託財産に属する財産について権利を設定し、またはこれを移転する行為は、受託者の意思のいかんを問わず、さらに、受託者としてその行為をする権限を有するか否かにかかわらず、信託財産のためにされた行為となり、その効果が信託財産に当然に帰属する（同法21条1項6号イ二重かっこ部分）と解釈されている。[34]したがって、仮に受益者の利益に反して第三者の利益を図る担保設定であっても、原則としてその効力は発生しているので、信託条項において担保権設定に関する受託者の権限の制限規定が明示されている場合（同法26条ただし書）を除いて、担保権設定の登記申請は受理されるべきものとも考えられる。

Q19　信託終了時の債務控除

　相続開始に伴う信託終了時に、受託者から帰属権利者へ引き継ぐ信託財産責任負担債務について、債務控除を適用することは可能なのでしょうか。

A19　条文上は明らかではありませんが、債務控除の適用は可能と考えられます。

　相続税法上、債務控除の対象となる債務は、「被相続人の債務で相続開始の際現に存するもの」（同法13条1項）、「確実と認められるもの」（同法14条1項）とされており、別途信託に関しては、「信託財産に属する資産及び負債を取得し、又は承継したものとみなして、この法律の規定を適用する」（同

33　横山・前掲（注32）615頁。
34　道垣内弘人編著『条解信託法』（2017年・弘文堂）136頁～138頁〔佐久間毅〕。

法9条の2第6項）と規定されている。しかし、受益者変更時等（同条1項～
3項）における規定のみで、信託終了時（同条4項）については明記されて
いない。このことから、信託終了時には債務控除の適用が受けられないので
はないかといった疑義が生じる。

　上記の相続税法上の条文に合わせるために、信託終了時に、帰属権利者と
なる者にいったん受益者変更をしたうえで債務控除を適用（同法9条の2第
2項の受益者変更時の債務控除規定）させ、その後に信託を終了させるという
受益者連続型信託（極端な例では受益者変更と信託終了が同日）の形式をとる
ことも、実務において散見される。

　しかし、次の①～③のような理由から、信託終了により、受託者から帰属
権利者へ直接債務の引受けがなされても債務控除の適用は可能と考えられる
が、課税庁からの解釈の明確化が待たれるところである。

①　平成19年6月22日に廃止された個別通達「土地信託に関する所得税、
　　法人税並びに相続税及び贈与税の取扱いについて」（昭和61年7月9日）
　　においては、「信託受益権の目的となっている信託財産に帰属する債務
　　があるときは、……債務控除の規定を適用する」旨の記載があった。個
　　別通達が廃止され、土地以外の資産にも対象が拡充され相続税法9条の
　　2第6項が新設されたが、この改正において、信託終了時の債務控除の
　　みを制限する意図はないと考えられる。

②　相続税法9条の2第6項は、信託法177条（清算受託者の職務）、同法
　　181条（債務の弁済前における残余財産の給付の制限）に基づき、信託終了
　　時には債務は弁済されていることを想定していると考えられるが、債務
　　の清算を行わなくても、債権者の同意を得て帰属権利者が債務引受けを
　　していれば実態として問題はないと考えられる。

③　信託が終了した場合には、清算が結了するまではなお信託は存続する
　　ものとみなされており（信託法176条）、さらに、帰属権利者は信託の清
　　算中は受益者とみなされることから（同法183条6項）、帰属権利者が取
　　得・承継した資産・負債は、受益者変更（相続税法9条の2第2項）によ
　　るものとも考えられ、そうであれば相続税法9条の2第6項の規定には
　　あてはまるのではないか。

　これらの理由と、受益者の死亡を信託の終了事由とせず、いったん他の者を受益者に変更してから信託を終了させるということが一般の人には理解しづらいこともあって、前述の受益者連続型信託の形式をとらない例（受益者に帰属権利者等を加えない、終了事由は単に受益者何某の死亡とする）も多くみられるところである。

　なお、帰属権利者が負担付き遺贈に基づき債務を承継したと解することもできる。負担付き遺贈により取得した財産の価額は、負担がないものとした場合における当該財産の価額から当該負担額を控除した価額によるもの（相続税法基本通達11の2－7）とされており、「信託財産の相続税評価額≧信託財産責任負担債務」という状況であれば、債務控除の規定の適用を考慮するまでもなく、財産の価額から負債を控除した価額で相続税の計算を行うこととなる。ただし、「信託財産の時価≧信託財産責任負担債務」で債務超過ではなくても、相続税評価額ベースでは「信託財産の相続税評価額＜信託財産責任負担債務」という状況は考えられる。このケースで負担付き遺贈と解した場合には、財産の価額から負債を控除した価額はゼロ（マイナスはない）であり、結果、負債超過部分が相続税の計算に反映されないこととなる。

9　受益権放棄

Q20　受益権放棄の課税関係
　信託期間中に第二次受益者の一部が受益権の放棄をした場合の課税関係について教えてください。

A20　一部の受益者が受益権の放棄等をすることにより、他の受益者には贈与税（または相続税）の課税が生じます。

　受益者として指定された者は当然に受益権を取得する（信託法88条）とされているものの、受益権はいつでも放棄でき（同法99条1項）、放棄後は当初から受益権を有していなかったものとみなされる（同条2項）こととなる。
　一方、相続税法においては、信託の一部の受益者が存しなくなった場合において、すでに当該信託の受益者である者が当該信託に関する権利について

新たに利益を受けることとなるときは、当該利益を受ける者は、当該利益を
当該信託の一部の受益者であった者から贈与（当該受益者であった者の死亡に
基因して当該利益を受けた場合には、遺贈）により取得したものとみなす（同
法9条の2第3項）とされている。

　つまり、信託に関する権利の一部について放棄または消滅があった場合に
は、当該放棄または消滅後の当該信託の受益者が、その有する信託に関する
権利の割合に応じて、当該放棄または消滅した信託に関する権利を取得した
ものとみなされ（相続税法基本通達9の2−4）、贈与税または相続税が課税
される。

　受益者の一部不存在については、次の①〜③のようなケースが想定される。

①　受益者A・B・Cのうち、Aが受益権放棄した場合　　Aから贈与に
　　より取得したものとみなしてB・Cに贈与税が課税される

②　受益者A・B・Cのうち、Aが死亡して受益権が消滅した場合（第二
　　次受益者の定めなし）　　Aから遺贈により取得したものとみなしてB・
　　Cに相続税が課税される

③　受益者A・B・Cのうち、Aが死亡して第二次受益者Dが受益権を放
　　棄した場合　　Aから遺贈により取得したものとみなしてDに相続税が
　　課税され、さらに、Dから贈与により取得したものとみなしてB・Cに
　　贈与税が課税される

以上より、受益権放棄による贈与税課税は、放棄を信託法上制限できない
以上致し方ないとしても、受益権の連続性を欠くことによる贈与税課税は避
けるよう注意しなければならない。自社株を信託して非後継者に受益権の一
部を取得させる場合など、非後継者にとっては、相続税評価額は高いものの
配当も少なく（無配も多い）、受益権を取得したくない、受益権を放棄したい
ということも考えられる。一定期間後に非後継者から株式を買い取ることを
前提にするなど、非後継者の理解を得られるしくみを検討しておくことも必
要である。

10　帰属権利者

> **Q21　受託者を帰属権利者とするときの法務**
> 　　受託者を帰属権利者とする民事信託の活用方法を問題視する声も
> あるようですが、これを顧客から求められた場合、信託組成に関与
> する専門職として、どのような点に注意が必要ですか。
> **A21**　受託者を帰属権利者とする信託を設定する行為や当該規定に基づ
> 　　き帰属権利者に残余財産を帰属させる行為は認められるものと考え
> られます。ただし、信託期間中における受託者の不正を予防するた
> めの手立ての検討が求められます。

(1)　問題の所在

　受託者を帰属権利者とする信託については、受託者による不正を懸念する
意見もあります。殊に不動産登記実務では、信託終了に伴い残余財産である
不動産の所有権登記名義人を帰属権利者たる受託者にするための登記申請に
おいて、受託者による不正を予防する一環としてなのか、受益者の相続人全
員を登記義務者として関与させる取扱いが一部でなされていることが問題と
なっている。

　この点に関して、信託の組成時において委託者の意思に基づく信託である
かを慎重に見極めることや、信託期間中における受託者の不正を予防するた
めの十分な手立てが重要であることはいうまでもない。一方、たとえ受託者
が帰属権利者になる信託だとしても、以下のとおり、信託終了に伴う清算手
続は、受益者の相続人全員が登場する場面ではないといえる。

(2)　信託設定時に係る検討事項

　受託者を帰属権利者として指定する定めのある信託を設定すること自体は
問題がないと考えられる。信託法の解釈上、受託者を帰属権利者として指定
することは妨げられないとされており、[35]信託法の条文上も、受託者が帰属権

35　道垣内編著・前掲（注34）788頁〔沖野眞已〕。

利者になることを禁止・制限する規定はなく、むしろ、受託者が残余財産の最終的な帰属主体となることを定めた規定（同法182条3項本文）や、受託者が帰属権利者になる場面があることを前提とした規定（同項ただし書）もあるためである。

　ただし、信託の組成に関与する専門職としては、本当に委託者の意思に基づいた内容なのかを慎重に見極める必要がある。仮に、受託者候補者が主導になった相続財産の囲い込み的な活用が目的になっていると判断できる場合には、そのような委託者の真意に基づかない設定行為は不適切であることを当事者に説明のうえ、信託行為の定めの再検討を促す等の対応が求められる。

(3)　信託期間中に係る検討事項

　受託者を帰属権利者と指定した信託は、長期にわたって信託財産の管理・処分権を有する受託者にとって、不正への誘惑が大きい点が懸念されているところでもある。[36] たとえば、帰属権利者である受託者が、長い信託の期間中に次第に翻意し、委託者の意図・目的に反して自身が最終的に帰属権利者として得られる利益の最大化を図るために、現存の受益者への給付を最小限に抑えてしまう（以下、「信託財産の過少処分」という）といった事態に陥ったとする。このような場合、受託者は、本来ならば自己の利益のためではなく目的の範囲で受益者の利益ために信託事務を処理しなければならない忠実義務を負っているところ、これに違反しているといえる。

　受託者による不正事務を予防するためには、たとえば、信託の組成に関与した専門家を中心に信託設定後も受託者への助言・支援、受託者の事務の監督を行っていく等のしくみや体制を整えるといった対策が考えられる。[37] また、受益者の生活支援を第一優先とする認知症対策の信託の場合には、信託行為において、現在の受益者の利益を図ることを受託者の信託事務の指針・基準における最優先事項としたうえで、将来の受益者（帰属権利者を含む）が取得できる利益はあくまでそのときになって残っている信託財産の範囲にすぎないことを明示的にし、その目的に沿う定めにしておくということも一案である。

　佐久間毅「民事信託における専門家の役割」金法2131号（2020年）17頁以下参照。

37　佐久間・前掲（注36）17頁以下参照。

(4)　信託終了時に係る検討事項

　上記のとおり受託者を帰属権利者とする信託を設定すること自体に信託法上の禁止・制限がない以上、この定めに基づき残余財産を帰属権利者たる受託者に帰属させることも、それ自体には信託法上の問題はないと考えられる。

　ところで、受託者の行為が、信託法31条1項で禁止されている利益相反行為（以下、「法31条の利益相反行為」という）に該当する場合には、これを例外的に許容する要件（同条2項）を充足しなければ、その行為の効力について無効ないし取消しと定められている（同条3項）。そして、不動産が信託財産となる信託で「法31条の利益相反行為」に該当する登記申請の場合には、受益者の利益を保護する観点等から、受益者を登記義務者として関与させる規定（不動産登記法104条の2第2項前段）が定められている。

　これに関して、一部の法務局においては、委託者（兼受益者）死亡を信託終了事由に残余財産を帰属権利者たる受託者に帰属させる登記申請は「法31条の利益相反行為」であるとして、不動産登記法104条の2第2項前段を根拠に、登記義務者を受益者とし、死亡している当該（委託者兼）受益者の相続人全員を登記義務者として関与させる取扱いがなされている。そこで、特に不動産を信託財産とする民事信託実務において、受託者を帰属権利者として指定する定めに基づき残余財産を帰属権利者たる受託者に帰属させる清算事務が、「法31条の利益相反行為」に該当するか否かが問題になっている。

　受託者を帰属権利者として指定する定めに基づき残余財産のうち特定の不動産を帰属権利者たる受託者に帰属させる清算事務には、残余財産である当該信託不動産の帰属を受託者から受託者個人（固有財産）に変更させる登記申請行為（本設問では、以下、「本件登記申請行為」という）の部分と、当該登記申請をもたらす原因となる（委託者の意図により受託者を帰属権利者として指定する定めの）信託の設定行為（本設問では、以下、「本件信託設定行為」という）の部分がある。上記の法務局の取扱いは、信託法31条1項1号が禁止の対象としている行為に、本件登記申請行為の部分をも含む見解だと考えられる。[38]

　この点、信託法の学説では、信託法31条1項1号において禁止されているのは、各財産に着目して帰属を変更することではなくそれをもたらす原因行

為のほうであろうとの有力な見解がある。すなわち、この学説によれば、受託者に帰属していた残余財産たる信託不動産を、受託者個人を帰属権利者として指定する定めに基づき残余財産を帰属権利者たる受託者に帰属させる登記申請手続は、委託者が目的として意図した信託行為の定めに基づく指示に従い単に各財産に着目して帰属を変更することにすぎず、それをもたらす原因行為（信託の設定行為そのもの）ではないため、「法31条の利益相反行為」には該当しない行為だと考えられる。

　また、本件登記申請をもたらす原因となる本件信託設定行為の部分は、委託者自身が目的として意図して信託行為に定め認めている行為のため、利益相反になると解することはできない。さらに、そもそも受託者を帰属権利者として指定する定めのある信託を設定すること自体は問題がないと考えられる点は前記(2)のとおりである。

　したがって、信託終了に伴う、受託者を帰属権利者として指定する定めに基づき残余財産を帰属権利者たる受託者に帰属させるための登記申請は、受益者の相続人全員を登場させることが想定された場面ではないといえる。

38　これを信託法31条1項が想定している場面だとするならば、委託者死亡により終了する信託で、同法182条3項の規定により受託者を帰属権利者として権利を帰属させる登記申請を行うような受益者の相続人が不存在の場合には誰が登記義務者として関与することになるのかについて、残余財産が不動産以外である場合と比べた合理的な説明が困難になると考える。なお、受益者の相続人全員が登記義務者として関与する場面がありうるとするならば、それは、信託期間中に受託者が信託財産を固有財産化する売買等の自己取引を行ったものの、当該取引に基づく登記申請を行う前に受益者が死亡したような場面であろう。

39　道垣内編著・前掲（注34）211頁〔沖野眞已〕。

Q22　遺言による帰属権利者の指定

　　帰属権利者の候補者が複数名いますが、現時点では、誰を帰属権
　　利者とするかまでは決められません。委託者が死亡までの間に、委
　　託者の遺言によって帰属権利者を指定することはできますか。

A22　信託行為において、委託者が帰属権利者を指定できる旨を定め、
　　委託者がその指定権を遺言によって行使することはできると考えら
　　れます。

(1)　帰属権利者の指定権を委託者に付与すること

　帰属権利者は、信託行為において指定の定めがない場合には委託者または
その相続人その他の一般承継人（以下、「委託者の相続人等」という）を帰属
権利者として指定する旨の定めがあったものとみなされることになるところ
（信託法182条2項）、信託行為で指定することができる（同条1項2号）。そし
て信託行為による帰属権利者の指定は、特定の者を帰属権利者として指定す
る場合に限らず、特定の地位や資格のある者を指定する場合や、指定権を第
三者に付与しその第三者が指定権を行使することで定まる場合などもあると
される[40]。この見解によれば、信託行為の定めによって、帰属権利者の指定権
を委託者に付与することができると考えられる。

　一方、受益者については受益者指定権による指定の規定（信託法89条）が
あり、信託終了前から受益者としての地位を有する残余財産受益者に関して
は同規定が適用されるところ、帰属権利者の指定権に関する規定はない点か
ら、そもそも帰属権利者を定める指定権というものがあるのかについての議
論がある[41]。信託行為の定めによって帰属権利者を指定していない場合に、信
託期間中に帰属権利者を指定または変更するときは、信託の変更（同法149条）
をすることになるという。ただし、信託行為の定めのいかんを問わず信託期
間中に帰属権利者を指定または変更することを信託の変更としてとらえた場
合であっても、信託行為の定めにより特定の第三者に対して信託の変更権限

40　道垣内弘人編著・前掲（注34）788頁〔沖野眞已〕。
41　能見＝道垣内編・前掲（注13）。

を付与できることを考慮すれば（同条4項）、帰属権利者の指定権を委託者[42]に付与することは、帰属権利者の指定に関する信託の変更権限を委託者に付与するのと同様にとらえることもできるだろう。

　以上により、帰属権利者の指定権に関する上記いずれの見解による場合であっても、信託行為により、信託期間中の委託者に帰属権利者の指定権あるいは帰属権利者の指定に関する信託の変更権（以下、「帰属権利者の指定権等」という）を付与する旨を定めることはできると考えられる。実務上は、帰属権利者の指定権等を「指定権」と「変更権」のいずれの表記にするかといった問題はあるが、少なくとも、信託期間中に委託者が帰属権利者を指定できる旨を信託行為で明確に定めておくことは求められるだろう。

(2)　委託者の遺言による方法で帰属権利者を指定すること

　信託行為によって帰属権利者の指定権を委託者に付与することができる見解に立つ場合、信託法において帰属権利者の指定権の行使方法を制限する規定がない以上、帰属権利者の指定方法として委託者の遺言による旨の信託行為の定めは、少なくとも信託法上は認められると考えられる。また、信託行為によって帰属権利者の指定権を委託者に付与することはできず信託の変更によるものとする見解に立つ場合においても、信託の変更権者および権利行使方法について別段の定めをすることができ（信託法149条4項）、変更できる事項についても特に制限は設けられていないとされていることからも[43]、前者の見解と同様に遺言による行使は認められると考えられる。

　ところで、遺言でできる事項は法律で定められた一定のものに限られるとする見解[44]があるところ、委託者の遺言によって帰属権利者を指定することができるかについて問題になりうる。これについて、信託行為によって帰属権利者の指定権を委託者に付与することができる見解に立つ場合には、そもそも委託者の単独行為である遺言による方法（以下、「遺言信託」という）での

42　寺本・前掲（注26）342頁。

43　道垣内編著・前掲（注34）639頁〔弥永真生〕。

44　中川善之助＝加藤永一編『新版注釈民法(28)相続(3)〔補訂版〕』（2002年・有斐閣）47頁。なお、遺言でできる事項について限定的な見解（遺言事項法定主義）に対して、民法が遺言事項法定主義をとっていると当然にいうことができるものではなく、その根拠と機能を問い直すべきだとする見解として上田誠一郎「遺言事項法定主義再考」同志社法学72巻7号（2021年）がある。

信託設定が信託法上認められており（同法3条2号）、帰属権利者を指定する定めがある遺言信託の設定も認められる点からも、契約信託による信託設定に関しても、委託者の遺言によって帰属権利者を指定する旨を定めることについて受託者が信託行為において合意するのであれば、その定めは認められるものと考えられる[45]。また、信託の変更によるものとする見解に立つ場合であっても、前者の見解と同様、遺言での信託設定が信託法上認められており、かつ、信託の変更権者および権利行使方法について特に制限なく別段の定めをすることができるため、受託者が信託行為において合意するのであれば、その定めは認められるものと考えられる。

(3)　遺言による行使と受託者への対抗

遺言によって帰属権利者の指定権等が行使された場合、遺言の存在および内容を知らない受託者の利益を保護する受益者指定権に係る規定（信託法89条3項）の趣旨[46]と同様に、受託者がこれを知らないときは、これにより帰属権利者となったことをもって当該受託者に対抗することができないと考えられる。したがって、実務上の対応として、委託者が帰属権利者を指定する旨の遺言をする場合には、遺言を容易に検索できるよう公正証書遺言の作成または法務局の自筆証書遺言書保管制度を活用するとともに、作成した遺言の形式および存在を相続人等に明らかにしておくこと等が求められるだろう。

なお、帰属権利者の指定権等は、受益者指定権と同様に、信託行為に別段の定めがない限り一身専属的なものとして、委託者の死亡により消滅すると考えられる（信託法89条5項）[47]。したがって、委託者が同指定権等を行使しないまま死亡した場合には、帰属権利者の指定権等の権利は消滅し、委託者の相続人等が帰属権利者とみなされる（同法182条2項）。

45　なお、遺言により保険金受取人の変更権の行使が認められている点から、信託法89条3項の類推適用により帰属権利者指定権を遺言によって行使することを認めてよいとする見解として田中編著・前掲（注25）172頁〜174頁〔富田雄介〕がある。

46　寺本・前掲（注26）254頁。

47　道垣内編著・前掲（注34）462頁〔山下純司〕。

Q23　推定相続人間での協議や受益権一部放棄による残余財産給付の決定①委託者の死亡を原因に終了する信託

　　委託者兼当初受益者Ａの死亡を終了事由とし、信託不動産甲・乙、Ａの相続人Ｂ・Ｃとする信託で、信託終了後に各帰属権利者に帰属させる財産内容を委託者が具体的に決めることまではできない場合に、給付内容をＢ・Ｃ間の話合いで決める方法はありますか。

A23　このような場合に関して実務上、たとえば、委託者の相続人を帰属権利者と指定しながらも残余財産の帰属内容については帰属権利者間での協議で決する旨の定め、清算期間中における信託の変更、帰属権利者間の権利放棄、さらには帰属権利者間の協議で決した事項について委託者死亡時までの遡及効を定める信託条項を設けること等の方法がとられたケースもありました。ただし、その多くは信託法上の解釈が定まっていないうえ、税務上のリスクもある点に注意を要します。

　信託終了後の残余財産の給付については、その帰属先である人物や、帰属させる内容あるいは割合について、信託行為において具体的に定めることが一般的だと思われる。しかし実務上、委託者において、誰を帰属権利者として指定したいかの希望はあるものの、帰属権利者が複数名おり、また、信託財産に複数の不動産が含まれているなどにより、信託組成の検討段階では各帰属権利者に帰属させる内容等を具体的に決めることができないため、帰属権利者間の話合いで決めてほしいとされるケースもある。

　このようなニーズに対応する手段として、たとえば委託者兼当初受益者Ａ（以下、「委託者Ａ」という）、信託不動産甲（自宅）・乙（賃貸）、Ａの相続人Ｂ・Ｃの場合には、以下のような方法も考えられてきた。

(1)　帰属権利者間の協議（共有物分割協議）

　信託行為による委託者Ａの共同相続人Ｂ・Ｃを帰属権利者として指定する定めがあるものの、残余財産の具体的な帰属内容は委託者Ａの死亡後に共同相続人Ｂ・Ｃの遺産分割協議で決める旨の定めの信託が組成されるケースも

みられた。

　このような場合のB・C間の協議の性質については、共有物分割協議だととらえる実務上の見解がみられた。この見解では、信託終了時に残余財産が帰属権利者等に帰属するのは信託契約に基づく効果であり相続に基づくものではない点等を根拠に、複数の帰属権利者としてして指定されたB・Cによる不動産の所有を、遺産共有ではなく物権共有と考え、したがって、B・C間による協議は、遺産分割ではなく共有物分割の手続に従って行われることになる。これは、AからB・Cへの権利移転時と、B・C間での権利移転時の双方で課税される、いわゆる二重課税のリスクを懸念する見解である。

(2)　帰属権利者間の権利放棄

　複数の帰属権利者のうちの一部の者が権利取得を放棄したとき、放棄した者が取得したであろう財産が誰に帰属するかは、委託者の意思にかかわる問題であり、信託行為の定めによって決せられる。そのため、信託行為において放棄された帰属権利者の権利が他の帰属権利者に帰属する旨の定めがある場合にはその定めに従うことになる。

　帰属権利者による権利放棄の効果について、信託法182条2項の規定により委託者の相続人の相続財産として帰属し、遺産分割の対象となるとする見解もある。この見解によれば、各帰属権利者が権利放棄した部分については委託者の相続財産に属する旨を信託行為に定めておくことで、結果として、帰属権利者たるAの共同相続人B・Cによる遺産分割協議で、残余財産の帰属内容を定めることができることになろう。

48　伊庭編著・前掲（注2）241頁～242頁、菊永将浩ほか『事例でわかる家族信託契約の変更・終了の実務』（2022年・日本法令）47頁・198頁参照。

49　なお近年、本間のような委託者Aの共同相続人である帰属権利者B・C間の協議について、後記のとおり、帰属権利者間の権利放棄や、帰属権利者間の協議の効果を委託者死亡時までの遡及させる信託行為の定め等により、遺産分割協議と類似の結果を導こうとする試みもなされている。

50　村松秀樹ほか『概説　新信託法』（2008年・きんざい）318頁注6参照。

⑶　帰属権利者間の協議で決した事項について委託者死亡時までの遡及効を定める信託条項を設けること

　法律要件の効力は、その成立以前に遡らないのが原則であり、法律に規定がある場合に限り、例外的に遡及効果が認められる。そこで、「帰属権利者間の協議で決した事項について委託者死亡時までの遡及効を定める」旨の信託条項がある場合、当該定めが、遺産分割（民法909条）のように、法律要件の効力について例外的に遡及効果が認められる規定だと解釈できるかが問題となる。

　信託行為の定めにより帰属権利者となるべき者として指定された者は、信託の終了事由が生じたとき当然に残余財産の給付をすべき債務に係る債権（以下、「残余財産給付債権」という）を取得する（信託法183条1項本文）。ただし、帰属権利者の残余財産給付債権の当然取得については、信託行為で別段の定めができ（たとえば、帰属権利者として指定された者の意思表示を要するなど）、そのときは信託行為の定めによるとされている（同項ただし書）[52]。

　上記信託条項の法的性質については、「当事者が条件が成就した場合の効果をその成就した時以前にさかのぼらせる意思を表示したときは、その意思に従う」という民法127条3項の定めを根拠にすれば、帰属権利者間の協議が調うことを条件とし委託者死亡時までの遡及効を定める信託条項を設けることは理論上可能だという解釈もあり得よう[53]。

51　遠藤・前掲（注3）168頁〜169頁、坂田真吾「信託の終了と財産の帰属変更の課税問題について」信託フォーラム15号（2021年）22頁〜24頁参照。ただし、「帰属権利者は、信託行為に定めがなければ委託者またはその相続人である（信託182条2項）が、委託者（被相続人）の相続人が帰属権利者となることは、当該信託財産が相続財産へと復することを意味するわけではなく、あくまで委託者の相続人という主体が残余財産の帰属先になることを意味する」とするものとして沖野眞已「信託法と相続法──同時存在の原則、遺言事項、遺留分」論究ジュリスト2014年夏号（2014年）134頁がある。そこで、信託契約に「帰属権利者として指定した者が権利を放棄し、信託法182条2項の規定に該当する場合、帰属権利者としての地位及び権利は、委託者に復帰し、相続により委託者の相続人に承継される」旨の規定を設けておくことが提案されており、このように考えられるのであれば、共同相続人間で、信託契約の記載と異なる合意をして承継したとしても、遺産分割協議に基づくものと理解されることになるとされている（坂田・前掲論文22頁〜24頁、伊藤信彦「被相続人の意思に反する財産の分割」税務事例研究183号（2021年）47頁）。
52　道垣内編著・前掲（注34）793頁〜794頁〔沖野眞已〕。

　委託者死亡により信託が終了する場合、帰属権利者は、信託財産を、信託終了直前の受益者から遺贈により取得したものとみなされる（相続税法9条の2第4項）。そのため、帰属権利者が権利を取得したことが確定した財産について、何らかの手段により取得者を変更することは、別途、交換や贈与の課税関係が生じることとなる。

　帰属権利者は、信託行為の当事者である場合を除き、受託者に対し、その権利を放棄する旨の意思表示をすることができるとされ（信託法183条3項）、この場合当初から帰属権利者としての権利を取得していなかったものとみなされる（同条4項）が、税務上は、信託に関する権利の一部について放棄があった場合には、放棄後の信託の受益者等が、放棄した信託に関する権利を、放棄をした受益者等から贈与により取得したものとみなすとされており（相続税法9条の2第3項、相続税法基本通達9の2−4）、帰属権利者は信託の清算中は受益者とみなされている（信託法183条6項）ことから、帰属権利者による放棄も同様に贈与税の課税関係が生じると考えられる。

　しかし、相続税法9条の2第4項において、残余財産を信託終了直前の受益者から遺贈により取得したものとみなすのは、条文上「当該給付を受けるべき、又は帰属すべき者となった時において」、「当該信託の残余財産の給付を受けるべき、又は帰属すべき者となった者」とされているが、委託者死亡時が必ずしも上記「なった時」「なった者」に該当するわけではないとも考えられる。この場合、帰属権利者として指定された者が、信託財産についてすでに相続税や所得税の申告を行っている場合は別として、「帰属権利者に対する相続税＋帰属権利者から残余財産を取得した者に対する贈与税」とはならず、確定的に残余財産を取得した者に対する相続税課税のみということになる。なお、相続税法基本通達9の2−5においては、相続税法9条の2第4項の規定の適用を受ける者として、「信託の残余財産受益者等に限らず、当該信託の終了により適正な対価を負担せずに当該信託の残余財産……の給

53　ただし、このような遡及効について、「債権的な効力については当てはまるとしても、残余財産の帰属は、所有権が帰属権利者に移転するという物権変動を伴います。この物権的な効力の発生時期まで任意に遡及させることができるのかははっきりしません」としたうえで、仮に遡及できるとした場合の登記上の問題点を指摘するものとして、菊永ほか・前掲（注48）48頁以下参照。

付を受けるべき又は帰属すべき者となる者」とされており、必ずしも残余財産受益者や帰属権利者のみを信託終了時の課税対象とはしていないため、確定的に残余財産を取得した者が仮に残余財産受益者や帰属権利者として指定されていない場合であっても、同項の適用により、信託終了直前の受益者からの「みなし遺贈」として整理できる余地があると考えられる。

Q24　推定相続人間での協議や受益権一部放棄による残余財産給付の決定②受益権を相続財産とする信託

委託者の死亡により信託を終了させた場合には、債務控除の適用が受けられないリスクがあると聞きました。Q24と同様に、委託者兼当初受益者A、信託不動産甲・乙、Aの相続人B・Cとする信託で、信託終了後に各帰属権利者に帰属させる財産内容を委託者が具体的に決めることまではできない場合に、給付内容をB・C間の話合いで決める方法はありますか。

A24　このような場合に関して実務上、たとえば、受益権の遺産分割協議およびその前提として受益権を分割する信託変更または受益権の放棄等の方法が考えられています。この場合、受益権の単位が、信託不動産甲・乙ごとに紐づけられた定め方になっているか否かもポイントになると考えられます。

Q24（1）で指摘した二重課税のリスクのほか、特に税務実務において、委託者の死亡により信託を終了させた場合には、債務控除の適用が受けられないリスクがあるのではないかといった疑義が生じていた（Q19参照）。そこで実務上、それらの問題を回避する手法として、以下のような、委託者の死亡により信託を終了させず受益権を相続財産とさせ相続人間で協議等のうえ信託を終了させる方法も考えられている。

(1)　受益権の遺産分割協議

委託者A死亡が信託の終了事由ではない信託でAが死亡した場合、信託財産それ自体は受託者に帰属している財産のためAの相続財産を構成しないが、Aが有していた受益権は、Aの相続財産に属するためAの相続人B・C間で

準共有の状態となり、遺産分割の対象となると考えられている。[54]

　ここで、あらかじめ信託行為において信託不動産甲・乙ごとに受益権の単位を明確に分けられていれば、どの相続人がどの信託不動産に紐づけられた受益権を相続するかを遺産分割協議により決めることができる。そして、信託終了事由発生時の受益者を帰属権利者とする旨が信託行為で定められていれば、遺産分割協議後に信託関係者全員の合意等により信託を終了させることで、委託者の相続人である各帰属権利者は、遺産分割協議で決した内容に従った残余財産の給付を受けることができると考えられる。

(2)　受益権を分割する信託変更および遺産分割協議

　上記(1)とは異なり、信託行為における受益権の定めが、受益権の単位が信託不動産甲・乙ごとに分割した内容で定められておらず信託財産全体からの利益給付を受けるものだった場合には、Aの相続人としてのB・Cは、Aの受益権について相続する準共有持分の取得割合を決めることができるにすぎず、信託不動産甲・乙いずれか特定不動産の単独所有権の取得を定めることはできないと考えられる。そして、受益権の相続後に信託が終了となった場合、帰属権利者としては、保有する受益権に係る準共有持分に従った残余財産の給付を受けることになり、信託終了後の信託不動産甲・乙はB・Cの共有不動産になる。したがって、受益権の単位が信託不動産甲・乙ごとに定められていない信託の場合、残余財産のうちどの不動産の所有権を取得するかについてのB・C間の協議は、遺産共有状態の相続財産たる受益権の権利関係をA死亡時にさかのぼって確定させる遺産分割協議ではなく、Aから確定的に取得した受益権の準共有持分に基づく給付を受けた信託不動産甲・乙の共有状態を解消させるための共有物分割協議になるものと考えられる。

　ここでB・Cそれぞれが、共有物分割によらずに信託不動産甲・乙のいずれか特定の不動産の単独所有権を取得するためには、信託法上の手続として受益権を分割する信託変更のうえ、B・C間で譲渡し合うことが求められるという見解もある。[55]ここでの「譲渡」に「遺産分割協議」（民法909条）を含めるのならば、B・Cは、A死亡時にさかのぼって、特定の信託不動産に紐

54　道垣内編著・前掲（注34）488頁〜489頁〔山下純司〕。

55　伊庭編著・前掲（注２）129頁〜131頁。

づけられた受益権を取得できるという解釈の余地もありうるだろう。[56]

　信託変更により受益権を分割する手続を経てから、甲不動産はB、乙不動産はCが取得する旨の遺産分割協議を行うのであれば、「共有取得（相続）＋交換（贈与・譲渡）」の課税が生じることなく、B・Cに対して、それぞれ甲乙不動産に係る相続税が生じるのみと考えられる。不動産を相続する場合に、遺産分割前に分筆を行い、分筆後の地番に基づき遺産分割協議を行えば、共有取得＋共有物分割・交換・贈与といった課税関係が生じることなく、一般的には分筆後の取得不動産に係る相続税の課税のみであり、受益権の相続の場面においても同様の課税関係で整理できると考えられる。

(3)　受益権の放棄

　受益者が受益権を放棄したとき、放棄した者が取得したであろう財産が誰に帰属するかは、委託者の意思にかかわる問題であり、信託行為の定めによって決せられる。[57]

　そうすると、仮にBが受益権を放棄した場合、Bが放棄した受益権は、信託行為において放棄された受益権が他の受益者に帰属する旨のいわゆる受益者連続信託に相当する定めがある場合にはCが取得することになると考えられる。ここでさらに、前記(1)と同様に、あらかじめ信託行為において信託不動産甲・乙ごとに受益権の単位が明確に分けられていた場合には、たとえば信託不動産甲に紐づけられた受益権についてBが放棄し、信託不動産乙に紐づけられた受益権についてCが放棄することが可能であれば、結果として信託不動産甲に紐づけられた受益権はCが、信託不動産乙に紐づけられた受益権はBが取得するという解釈もありうるだろう。[58]

　受益者は、受託者に対し、その権利を放棄する旨の意思表示をすることができるとされ（信託法99条1項）、この場合当初から受益権を有していなかったものとみなされる（同条2項）が、税務上は、信託に関する権利の一部に

56　ただし、「第二次受益者が取得する受益権の決定を第二次受益者全員の合意によって決する」との条項に関し、「受益権を分割するには信託の変更が必要になるはずであって、第二次受益者間の協議で決められるかの疑問があります（令和3年7月17日開催日本公証人連合会実務研修における伊庭潔弁護士の講演より。）」との指摘もある（「公証人の声（澤野芳夫公証人）」家族信託実務ガイド23号（2021年）16頁）。

57　受益者連続型信託との関係につき道垣内編著・前掲（注34）497頁～498頁〔山下純司〕参照。

252

ついて放棄があった場合には、放棄後の信託の受益者等が、放棄した信託に関する権利を、放棄をした受益者等から贈与により取得したものとみなすとされている（相続税法9条の2第3項、相続税法基本通達9の2-4）ことから、受益権取得に伴う相続税と受益権放棄に伴う贈与・交換・譲渡の課税関係が生じるものと考えられる[59]。

11　マンション法（区分所有法・管理規約）と信託法の関係

> **Q25　信託の設定により移転する権利・義務**
>
> 　　一棟のマンションのうち所有する一戸の建物部分（以下、「区分建物」といいます）を信託財産にする場合、これを引き受ける受託者にはどのような権利・義務が移転しますか。通常の一戸建ての不動産を信託財産にする場合と大きく異なる点はあるのでしょうか。
>
> **A25**　通常の一戸建ての場合と異なり、区分建物を信託財産にした場合、受託者は、居住部分に関する権利・義務だけではなく、他の居住者との共有部分に関する権利義務に関する民法以外の法律等による制約付きの所有権を引き継ぐことになります。

(1)　区分所有法・管理規約と信託法

　通常の一戸建ての不動産の所有者は、その所有する建物および敷地を、自己の生活のために自由かつ排他的に使用できる。一方、区分建物の所有者は、

58　一方、本文の事例とは異なり、受益権の単位が信託不動産甲・乙ごとに分割した内容で定められておらず信託財産全体からの利益給付を受けるものだった場合には、1つの受益権を分け合う場合として、1つの受益権の一部放棄が可能かという問題があり、信託の変更による受益権の分割（信託法97条3号・204条2項参照）の法的要件をクリアすれば可能とする見解がある。次に、いずれの事例においても共通すると思われる問題として、信託行為の当事者である者は受益権放棄ができない（同法99条1項ただし書）のではないかが問題となり、強行法規とは解すべきではないとの見解がある（以上の見解について、遠藤・前掲（注3）277頁）。

59　なお、「税も考えて総合的な遺産に準ずる受益権に関する分割の協議が成立することが大事であるというのが結論」とし、「放棄された受益権は、委託者が有する一般承継の対象となる財産に準じるものとの考え方から、委託者の相続人が持分権の量的割合を分割という名の下で合意するとこは法の認めるところであろう（民法250条は「推定」にとどまる）」とする見解もある（遠藤・前掲（注3）282頁）。

外廊下・階段・エレベーター、管理人室・集会室など一定の施設・設備および敷地を、マンション内の他の多数の所有者・居住者らと共有・共用することになる。

マンション内の共用の部分について、民法上の共有に関する規定をそのまま用いた場合には、たとえば外廊下について分割請求（民法256条）され、あるいはマンションに居住しない者に売却されるといった不都合が生じかねない。そこで、民法の特別法として、建物の区分所有等に関する法律（以下、「区分所有法」という）が制定されている。さらに、マンションの施設・設備および敷地の管理または使用に関する区分所有者相互間の事項は、規約で定めることができ（同法30条。規約自治の原則）、区分所有者やその特定承継人・占有者は、マンションの管理・使用について管理規約の拘束も受ける（同法46条・25条以下）。

したがって、区分建物を信託財産とする信託を設定した場合、信託行為の定めにかかわらず、受託者は、使用・管理に関して区分所有法と管理規約による拘束を受けた不動産の所有権を引き継ぐことになる。また、信託財産となった区分建物に受益者が居住する場合、受益者も、同拘束を受ける。

なお、多くの管理規約は、国土交通省（旧・建設省）が作成した「マンション標準管理規約」をモデルに作成されている。

(2) 区分所有権・区分所有者

マンションの各部分は、専有部分と共有部分に分かれる（区分所有法1条・2条）。このうち、他の建物部分とは独立した住居等として単独所有できる部分を専有部分という。そして専有部分を対象にした所有権を区分所有権といい、区分所有権を有する者を区分所有者という。したがって、専有部分を信託財産とする信託を設定した場合、区分所有権は委託者から受託者に移転し、以後、受託者が区分所有者となる。

(3) 共用部分に関する権利

信託財産の対象にできるのは専有部分であるのに対して、専有部分に属しない外廊下・階段等は、共用部分とされる。共用部分に関する権利は、専有部分の持分割合による共有とされ（区分所有法11条・14条）、専有部分の区分所有権と一体になり分離して処分することができず、専有部分の処分に従う

（同法15条）。したがって、共用部分に関する権利を信託財産の対象からはずし専有部分のみを信託財産の対象にすることはできないため、区分建物を信託財産とする場合の受託者は、否応なく共用部分に関する管理も行うことになる。

Q26　管理組合・理事会に関する受託者の地位・責務

　　信託行為において、受託者による管理組合の業務への関与を制限する旨、あるいは、管理組合の組合員の地位を委託者に留保して受託者を管理組合に加入させない旨を定めた場合、委託者は、信託設定前と同様に管理組合の業務や総会における議決権行使に関与できますか。

A26　専有部分の区分所有権が委託者から受託者に移転すると、何らの手続を要することなく当然に、委託者は組合員の資格を喪失し、受託者が組合員になります。これは信託行為における別段の定めによっても回避することはできず、信託設定後は、あくまで受託者が組合員としての権利義務を承継することになります。

---

(1)　組合員の資格

　区分所有法では、区分所有者の共同管理意識を高め、区分所有者をして自主的に区分所有建物等の適正な管理をなさしめるために、管理組合に関する規定が設けられている（同法3条）。この管理組合は、区分所有関係の成立と同時に法律上当然に構成される区分所有者の団体である。そのため、管理組合への区分所有者の加入・脱退を個別的に問題とすることはできず、組合員としての資格は、区分所有者となったときに取得し、区分所有者でなくなったときに喪失する。

　したがって、専有部分を信託財産とする信託を設定した場合、何らの手続を要することなく当然に、委託者は組合員の資格を喪失し、受託者が組合員になる。また、信託行為においてこれと異なる定め、たとえば、管理組合の組合員の地位を委託者に留保させる旨の定め、受託者が管理組合の組合員の地位を承継しない旨の定め、あるいは受託者が管理組合に加入しない旨の定

め等を設けることは、適切ではない信託だと考えられる。

(2)　組合員としての責務

　区分所有者は、対象物件について、その価値および機能の維持増進を図るため、常に適正な管理を行うよう努めなければならず（マンション標準管理規約20条）、また、マンションの管理に関し、管理組合の一員としての役割を適切に果たすよう努めなければならない（マンションの管理の適正化の推進に関する法律4条2項）。したがって、専有部分を信託財産とする信託を設定した場合、受託者は、区分所有者としてのこれらの義務を負い、役割を果たすことになる。

(3)　管理組合の総会

　管理組合では、管理組合の最高意思決定機関である総会において、建物等の管理に関する事項を決議する（区分所有法39条1項）。総会の議決権は、区分所有者本人が総会に出席して行使することが原則だが（同項）、代理人によって議決権を行使することもできる（同条2項）。総会における代理人の資格については、区分所有法上は特に制限が設けられていないが、管理規約によって代理人を同居者、賃借人等の一定範囲の者に限定することは許されると解すべきであるとされている[60]。

　したがって、委託者（受益者）が居住してきた専有部分を対象にした信託で、信託設定後も委託者（受益者）が引き続き居住し、かつ、当面の間は従前どおり総会の場に出席し意見を述べ、あるいは議決権を行使したいといった希望がある場合は、それをどこまで許容する管理規約（および管理組合）なのか、信託設定に際して調査を要し、場合によっては管理組合サイドとの事前相談をすることが求められる。

---

[60]　稲本洋之助＝鎌野邦樹『コンメンタール　マンション区分所有法』（2004年・日本評論社）221頁。

◎執筆者一覧◎

〔編　者〕

一般社団法人民事信託推進センター

〒103-0027　東京都中央区日本橋 2 -16-13

URL　https://civiltrust.com/

〔執筆者〕（50音順）

海野　千宏（うみの・ちひろ）

弁護士（みなと綜合法律事務所）

大貫　正男（おおぬき・まさお）

司法書士（司法書士法人大貫事務所）

鈴木　淳（すずき・じゅん）

税理士（辻・本郷 税理士法人）

鈴木　望（すずき・のぞむ）

司法書士（ビゼックス合同事務所）

田中　康敦（たなか・やすのぶ）

弁護士（弁護士法人 Y&P 法律事務所）

宮本　敏行（みやもと・としゆき）

司法書士（司法書士法人芝トラスト）

山﨑　芳乃（やまざき・よしの）

司法書士（こすもす司法書士法人）

民事信託の適正活用の考え方と実務

　2022年 3 月30日　　第 1 刷発行

　　　　　　　　　　　　　　　　　定価　本体2,700円＋税

編　　　者　一般社団法人民事信託推進センター
発　　行　株式会社　民事法研究会
印　　刷　文唱堂印刷株式会社

　　　発行所　株式会社　民事法研究会

　　　〒150-0013　東京都渋谷区恵比寿3-7-16
　　　　　　　〔営業〕TEL 03(5798)7257　FAX 03(5798)7258
　　　　　　　〔編集〕TEL 03(5798)7277　FAX 03(5798)7278
　　　　　　　http://www.minjiho.com/　info@minjiho.com

信託事務を書式で具体化した決定版！

民事信託の実務と書式
〔第2版〕
—信託準備から信託終了までの受託者支援—

渋谷陽一郎　著

A5判・638頁・定価6,050円（本体5,500円＋税10％）

▶第2版では、裁判例・懲戒例・学説が指摘する紛争リスクに配慮した資格者専門職による民事信託支援業務の手続準則や執務指針に論及するとともに、最新の実務動向に対応して大幅増補！

▶信託の準備・開始から終了・清算までの書式と実務上の留意点を一体として立体的・具体的に解説しているので、信託事務の全体像をつかみたい実務家にとって垂涎の書！

▶受託者の信託事務から遡行した信託組成（相談）および信託契約書作成にも有用！

本書の主要内容

第1章　民事信託支援の実務の基礎

第2章　信託設定に関する実務
　　　　【書式1～書式22】

第3章　信託期中（信託開始後）における日常の実務
　　　　【書式23～書式30】

第4章　受益者の指図権行使に対する実務
　　　　【書式31～書式36】

第5章　信託不動産の修繕に関する実務
　　　　【書式37～書式39】

第6章　信託の終了に関する実務
　　　　【書式40～書式45】

第7章　受託者の応用的な実務
　　　　【書式46～書式114】

第8章　司法書士による民事信託支援業務の法的根拠論と手続準則

発行　民事法研究会

〒150-0013　東京都渋谷区恵比寿3-7-16
（営業）TEL. 03-5798-7257　FAX. 03-5798-7258
http://www.minjiho.com/　info@minjiho.com

死を見据えた準備をすることで相談者と家族の未来を支援する！

新しい死後事務の捉え方と実践
―「死を基点にした法律事務」という視点に立って―

死後事務研究会　編

A 5 判・307 頁・定価 3,520 円（本体 3,200 円＋税 10%）

▶委任契約・法定後見に基づく死後事務の法的論点を整理し、相談者や家族が抱える不安を聴き取る相談の技法や、生前の相続対策から死後の財産承継までの多岐にわたる法的メニューを上手に選択するための指針を示した垂涎の書！

▶長期にわたる支援のモデル事例において、本人の希望に沿った手続とそれに必要な各種書式を掲載しているので、具体的なイメージを把握するときに至便！

本書の主要内容

発行　民事法研究会

〒150-0013　東京都渋谷区恵比寿 3-7-16
（営業）TEL. 03-5798-7257　FAX. 03-5798-7258
http://www.minjiho.com/　info@minjiho.com

高齢の依頼者から終活相談を受ける場合の必読書！

終活契約の実務と書式

特定非営利活動法人 遺言・相続・財産管理支援センター　編

A5判・約416頁・定価 3,960 円(本体 3,600 円＋税 10％)

▶財産管理・法定後見・任意後見・死後事務委任・遺言・見守り（ホームロイヤー）などといった各サービスを一括して受任する契約である「**終活契約®**」の実務を終活契約と関係する書式を織り込みながら、ポイントを押さえて解説！　　　　　※「終活契約」は編者の登録商標です。

▶高齢の依頼者からの「終活」について相談対応する際に知っておくべき事項を、法的知識のみならず、ペット、保険、税務や介護保険など社会実務上の知識も含め、網羅的に整理！　複数の情報源に当たって調べる手間がなくなり、実務に至便！

▶この分野に新たに取り組もうとする弁護士や司法書士等実務家にとって格好の手引！

発行　民事法研究会

〒150-0013　東京都渋谷区恵比寿 3-7-16
（営業）TEL. 03-5798-7257　FAX. 03-5798-7258
http://www.minjiho.com/　　info@minjiho.com